Springer-Lehrbuch

Springer
Berlin
Heidelberg
New York
Barcelona
Budapest
Hongkong
London
Mailand
Paris
Santa Clara
Singapur
Tokio

Volker Sperschneider
Barbara Hammer

Theoretische Informatik

Eine problemorientierte Einführung

Springer

Volker Sperschneider
Barbara Hammer
Fachbereich Mathematik/Informatik
Universität Osnabrück
49069 Osnabrück

Die Deutsche Bibliothek – CIP-Einheitsaufnahme

Sperschneider, Volker:
Theoretische Informatik : eine problemorientierte Einführung / Volker Sperschneider ; Barbara Hammer. - Berlin ; Heidelberg ; New York ; Barcelona ; Budapest ; Hongkong ; London ; Mailand ; Paris ; Santa Clara ; Singapur ; Tokio : Springer, 1996
(Springer-Lehrbuch)

NE: Hammer, Barbara:

ISBN-13: 978-3-540-60860-8 e-ISBN-13: 978-3-642-80130-3
DOI: 10.1007/978-3-642-80130-3

Umschlaggestaltung: Meta-Design, Berlin
Satz: Reproduktionsfertige Autorenvorlage
SPIN: 10519247 33/3142 - 5 4 3 2 1 0 – Gedruckt auf säurefreiem Papier

Vorwort

Das vorliegende Lehrbuch enthält im wesentlichen den Vorlesungsstoff einer vierstündigen Vorlesung „Grundlagen der Theoretischen Informatik“, die Volker Sperschneider seit 1987 jährlich als Grundstudiumsvorlesung im Gebiet Mathematik/Informatik anbietet. Seit 1995 betreut Barbara Hammer die zugehörigen zweistündigen Übungen.

Der Inhalt dieses Buches ist Standardstoff der Informatikgrundausbildung in Deutschland, wenngleich doch mit persönlicher Schwerpunktsetzung auf den Prozeß des Lösens von Problemen mit Hilfe von Rechnern. Es wurde versucht, dieses praktische Anliegen mit theoretischer Stringenz zu kombinieren.

Die Themenauswahl beschränkt sich dabei auf den absoluten Kern dessen, was zu Gebieten wie Programmiersprachensemantik, Verifikation, Logik, Berechenbarkeit, Komplexität und Chomsky-Hierarchie gesagt werden muß. Dem Leser, der lediglich eine kompakte Einführung in die wichtigsten Grundbegriffe der Theoretischen Informatik sucht, sollte dieses ausreichen. Der ambitionierte Leser sollte nach der Lektüre dieses Buches soweit mit den Grundbegriffen und formalen Methoden der Theoretischen Informatik vertraut sein, daß ihm dann ein tieferer Einstieg anhand der genannten Literatur ohne Probleme möglich ist.

Osnabrück, im Dezember 1995

Volker Sperschneider
Barbara Hammer

Mein herzlicher Dank geht an Manfred für seine Geduld während der Erstellung dieses Buches.

Barbara

Inhaltsverzeichnis

Kapitel 1

Einleitung – der rote Faden

Die Informatik entwickelt allgemeine Methoden zur Lösung von Problemen mit Hilfe von Rechnern. Der Begriff des Problems ist dabei in einem technischen, mathematischen, formalen Sinne, dabei aber recht weit gefaßt zu verstehen.

Wir geben einige Beispiele. Wir wollen im Urlaub möglichst viele touristische Attraktionen einer Region besuchen, dabei aber möglichst wenige Kilometer mit dem Auto fahren (Umwelt). Auf der Landkarte haben wir einige Dutzend Standorte eingezeichnet und sehen die vorhandenen Straßenverbindungen. Welche Rundreise planen wir? Dasselbe Problem stellt sich in mehr kommerzieller Darstellung als **Rundreiseproblem** etwa bei der Müllabfuhr.

Wir lassen das Auto vielleicht doch besser zu Hause und sehen uns die Attraktionen zu Fuß an. Da wir mehrere Tage unterwegs und sparsam sind, wollen wir uns selbst verpflegen. Wir wollen dazu verschiedene Dinge mit unterschiedlichem Gewicht und unterschiedlicher Bedeutung für uns in einen Rucksack packen, dabei aber das Maximalgewicht von 15 kg auf keinen Fall überschreiten. Durch welche Bepackung des Rucksacks nutzen wir das Zielgewicht von 15 kg optimal aus? Dies ist eine Variante des sogenannten **Rucksackproblems**.

Aus dem Urlaub zurückgekehrt, wenden wir uns wieder unserer Berufstätigkeit zu. Wir sind Glaser. Aus Glasrohlingen wollen wir eine Bestellung von einigen Hunderten von Scheiben unterschiedlicher Größe herausschneiden, so daß dabei möglichst wenig **Verschnitt** entsteht.

Wir sind gar nicht Glaser, sondern Kryptologiefachmann. Wir wollen moglichst **große Primzahlen** erzeugen. Ist beispielsweise

$$1600124628710388103$$

eine Primzahl? Der naive Ansatz hierzu erscheint uns aus naheliegenden Gründen ungeeignet. Was tun wir statt dessen?

Wenn wir Mathematiker und an Logik und Künstlicher Intelligenz (KI) interessiert sind, könnten wir ein Programm entwerfen wollen, das zahlentheoretische **Theoreme beweist** oder widerlegt. Ist beispielsweise die Aussage: *Alle natürlichen Zahlen lassen sich als Summe von vier Quadratzahlen schreiben*, als Formel:

$$\forall X\, \exists A\, \exists B\, \exists C\, \exists D \quad X = A^2 + B^2 + C^2 + D^2,$$

wahr? Oder die Aussage

$$\exists N\, \exists X\, \exists Y\, \exists Z \quad (N > 2 \wedge X^N + Y^N = Z^N)\,?$$

Gibt es eine Chance, ein Programm schreiben zu können, das vorgelegte Aussagen daraufhin überprüft, ob sie ein Theorem sind?

Wir schreiben einfach einmal ein solches Programm aufs Geratewohl. Können wir wenigstens garantieren, daß es bei jedem Aufruf terminiert (anhält)? Dies ist das **Halteproblem** für Programme.

Nach getaner Arbeit wollen wir uns am Abend noch ein wenig mit einem kleinen Puzzle entspannen. Dieses sieht wie folgt aus: Es sind endlich viele Paare von Wörtern (Zeichenreihen) mit jeweils mindestens einem Zeichen vorgegeben:

$$(u_1, w_1), (u_2, w_2), \ldots, (u_n, w_n)\,?$$

Kann man die Wörter der ersten Spalte in irgendeiner Reihenfolge und eventueller Mehrfachverwendung so zu einem Gesamtwort aneinanderreihen, daß die entsprechende Aneinanderreihung der Wörter der zweiten Spalte genau dasselbe Gesamtwort ergibt? Etwas formaler ausgedrückt ist dies die Frage, ob es eine Indexfolge $n_1, n_2, \ldots, n_k$ mit $n_i \in \{1, 2, \ldots, n\}$ gibt mit

$$u_{n_1} u_{n_2} \ldots u_{n_k} = w_{n_1} w_{n_2} \ldots w_{n_k}\,.$$

Dieses ist das **Postsche Korrespondenzproblem** (benannt nach dem Logiker Emil Post; meistens werden dabei nur binäre Wörter, d.h. Wörter über dem Alphabet $\{0, 1\}$ zugrundegelegt).

Frage: Wäre es zu irgendetwas gut, wenn wir das Postsche Korrespondenzproblem mittels eines Algorithmus lösen könnten?

Wozu wäre es gut, wenn wir irgendeines der früheren Probleme durch einen guten Algorithmus lösen könnten?

Es bleibt sicherlich das Gefühl zurück, bislang wenig über die Welt der Probleme zu wissen. Wie schwierig können sie sein? Wie hängen sie eventuell zusammen? Was bringt die algorithmische Lösung eines von ihnen? Wie findet man eine gute algorithmische Lösung? Oder aber, wie erkennt und beweist man, daß es keine algorithmische Lösung geben kann?

Der Nachweis der prinzipiellen Unlösbarkeit eines Problems verhindert, daß wir uns in der wissenschaftlichen Welt lächerlich machen, wenn wir nach Lösungen suchen, die es gar nicht gibt. Dies ist wie in der Physik mit dem Versuch der Konstruktion eines Perpetuum Mobile unter Mißachtung des Energieerhaltungssatzes.

Haben wir die Unlösbarkeit eines Problems oder aber die theoretische Lösbarkeit, aber die bei jeder Lösung notwendigerweise eintretende Überforderung von Rechnerressourcen (Rechnerzeit, Speicherbedarf) bewiesen, so muß man die Flinte noch nicht unbedingt ins Korn werfen. Was aber könnte in einer solchen Situation noch weiterhelfen?

Fragen wie diese stehen im Zentrum dieser Vorlesung. Wir werden ein Spinnennetz von Begriffen, Methoden, Theoremen und Theorien entwerfen, welches es uns erlaubt, konkrete Probleme zu taxieren und hinsichtlich ihrer Lösbarkeit einzuordnen, um auf der Basis dieser Einordnung dann vernünftige Wege zur praktischen Lösung bis hin zu ihrer programmiersprachlichen Implementation zu eröffnen.

Es sollte dabei bereits jetzt der Eindruck entstanden sein, daß es neben den einfachen Problemen, deren Lösung man fast schon vor sich sieht, und bei denen mehr die saubere Umsetzung in effiziente Programme zur Lösung die Hauptaufgabe ist, weit schwierigere Probleme gibt, die man ohne eine fundierte formale Durchdringung nicht lösen kann. Die oben skizzierten Probleme gehören allesamt zu dieser Kategorie, obwohl das eine oder andere vielleicht beim ersten Hinsehen gar nicht so problematisch aussehen mag.

Das Spektrum der Probleme ließe sich nun ohne weiteres ausdehnen in den Bereich der Probleme, die von jedem mathematisch und informatisch ein wenig vorgebildeten Laien als erkennbar schwer eingestuft werden sollten: Spracherkennung, Sprachübersetzung, Beweis mathematischer Theoreme, Simulation intelligenten Verhaltens, Robotersteuerung, Gesichtererkennung. Daß wir uns in dieser Vorlesung nicht mit solchen Herausforderungen befassen werden, hat einsichtige Gründe: Unmögliches erledigen wir sofort, Wunder dauern etwas länger.

Haben wir die prinzipielle Lösbarkeit eines Problems erkannt, ebenso seine effiziente Lösbarkeit, haben wir schließlich einen guten Algorithmus entworfen und als Programm einer höheren Programmiersprache codiert, so stellt sich das Problem der syntaktischen und semantischen Verifikation des vorgelegten Programms. Syntaktische Verifikation bedeutet nachzuprüfen, ob die äußere Form des Programms in Ordnung ist (Syntaxanalyse); semantische Korrektheit bedeutet nachzuprüfen, daß das Programm auch tatsächlich das tut, was wir von ihm erwarten (Programmverifikation). Wir werden uns mit beiden Themen näher befassen, zum einen, weil es inhaltlich das Ende des beschriebenen roten Fadens darstellt, zum anderen, weil es Paradefälle von Problemen sind, die wir mit den bisher entwickelten Methoden behandeln können.

Noch eine kleine Denkaufgabe am Schluß: **busy beaver**

Gesteuert durch ein sogenanntes Turingprogramm T soll ein anfänglich leeres, zweiseitig lineares Schreib- und Leseband mit möglichst vielen Balken gefüllt werden. Das Programm T muß nach endlich vielen Schritten anhalten.

T arbeitet in Abhängigkeit von seinem aktuellen Zustand $q \in \{0, 1, \ldots, 5\}$ und dem Zeichen $a \in \{\square, |\}$ auf dem aktuellen Arbeitsfeld (das ist dasjenige, auf das der Pfeil zeigt). T druckt dabei ein Zeichen $a' \in \{\Box, |\}$ auf das Arbeitsfeld, geht nach links oder rechts oder bleibt stehen und geht in einen neuen Zustand $q' \in \{0,1,2,3,4,5\}$. Gestartet wird im Zustand 1. Der Zustand 0 dient als Endzustand. T sieht wie folgt aus:

T	$\Box$	$\vert$
1	$a_{11}m_{11}q_{11}$	$a_{12}m_{12}q_{12}$
2	$a_{21}m_{21}q_{21}$	$a_{22}m_{22}q_{22}$
3	$a_{31}m_{31}q_{31}$	$a_{32}m_{32}q_{32}$
4	$a_{41}m_{41}q_{41}$	$a_{42}m_{42}q_{42}$
5	$a_{51}m_{51}q_{51}$	$a_{52}m_{52}q_{52}$

mit $a_{ij} \in \{\Box, I\}$, $q_{ij} \in \{0,1,2,3,4,5\}$, $m_{ij} \in \{\text{R, L, S}\}$.
Aufgabe: Wer schafft die meisten Balken?
Frage: Sei $bb(5)$ die maximale Anzahl von Strichen, die eine auf dem leeren Band anhaltende Turingmaschine mit Zuständen $0,\ldots,5$ erzeugen kann. Wer kann $bb(5)$ angeben?
Frage: Sei $bb(n)$ die maximale Anzahl von Strichen, die eine auf dem leeren Band anhaltende Turingmaschine mit Zuständen $0,\ldots,n$ erzeugen kann. Wer kann einen Algorithmus zur Berechnung von $bb(n)$ für beliebiges, gegebenes n angeben?

Kapitel 2

Notationen

2.1 Bezeichnungen

Wir wollen zunächst einige Notationen festlegen:
Zu einer endlichen Menge A gibt $|A|$ die **Anzahl der Elemente** in A an.

Sind A und B Mengen, dann bezeichnen wir mit $A \times B$ das **kartesische Produkt** dieser Mengen. Elemente a aus einem n-fachen Produkt $A_1 \times \ldots \times A_n$ von Mengen schreiben wir häufig als $\vec{a}$ oder $(a_1, \ldots, a_n)$. Für Elemente $\vec{a} = (a_1, \ldots, a_n)$ und $\vec{b} = (b_1, \ldots, b_n)$ aus einem Produkt bedeutet Gleichheit $\vec{a} = \vec{b}$ die Gleichheit aller Komponenten $a_i = b_i$. Ist jedes A_i mit einer Ordnung $\leq$ versehen, so schreiben wir $\vec{a} \leq \vec{b}$ abkürzend für $a_i \leq b_i$ für $i = 1, \ldots, n$.

Ist $R \subseteq A_1 \times \ldots \times A_n$ eine Relation, dann schreiben wir statt $(a_1, \ldots, a_n) \in R$ auch $Ra_1 \ldots a_n$ oder $R(a_1, \ldots, a_n)$ oder im Fall $n = 2$ in **Infixnotation** $a_1 R a_2$.

Unter einer **Funktion** $f : A \to B$ verstehen wir ein Tripel $(A, B, \text{graph}(f))$ mit einer Teilmenge $\text{graph}(f)$ von $A \times B$, so daß es für jedes $a \in A$ höchstens ein $b \in B$ mit $(a, b) \in \text{graph}(f)$ gibt. Wir schreiben $f(a) \downarrow$ ($f(a)$ ist **definiert**), falls es zu a so ein b gibt und bezeichnen dieses eindeutig bestimmte b mit $f(a)$. Falls kein b existiert, schreiben wir $f(a) \uparrow$ ($f(a)$ ist **nicht definiert**). Ist $A = A_1 \times \ldots \times A_n$ ein kartesisches Produkt, schreiben wir verkürzend $f(a_1, \ldots, a_n)$ statt $f((a_1, \ldots, a_n))$.

Sind Funktionen $(A, B, \text{graph}(f))$ und $(B, C, \text{graph}(h))$ gegeben, dann schreiben wir $g \circ f$ für die **Verkettung** der Funktionen $(A, C, \{(a, g(f(a)))\})$.

Der **Definitionsbereich** von $f : A \to B$ ist die Menge $\text{dom}(f) = \{a \in A : f(a) \downarrow\}$, der **Wertebereich** von $f : A \to B$ ist die Menge $\text{im}(f) = \{f(a) \in B : a \in A \text{ und } f(a) \downarrow\}$. Gilt $\text{dom}(f) = A$, nennen wir $f : A \to B$ **total**.

Wir werden nur f statt $f : A \to B$ schreiben, sofern die Mengen A und B aus dem Kontext klar sind.

Ist $f : A \to A$ eine Funktion, dann wird für jedes $n \in N$ die **n-fache**

Iteration von f als die Funktion $f^n : A \to A$ mit Graphen $\{(a,b) \in A^2 : \underbrace{f(f(\ldots f}_{n\text{-mal}}(a)\ldots)) \downarrow$ und $b = f(f(\ldots f(a)\ldots))\}$.

Die **charakteristische Funktion** einer Relation $R \subseteq A$ ist die Funktion $\chi_R : A \to \{0,1\}$ mit $\chi_R(a) = 1 \iff a \in R$.

Ein **Alphabet** Σ ist eine nichtleere Menge von sogenannten Buchstaben. Ein **Wort** über Σ ist eine endliche Folge $a = a_1 \ldots a_n$ von Buchstaben aus Σ. Es ist immer eindeutig in seine einzelnen Buchstaben a_i zerlegbar. Wir schreiben diese Buchstaben trotzdem unmittelbar hintereinander und sorgen jeweils durch die Notation dafür, daß die Zerlegung im Kontext klar ist. Ist $n = 0$, bezeichnen wir a als das **leere Wort** und notieren dieses mit ϵ. Die **Länge** eines Wortes $a = a_1 \ldots a_n$, geschrieben $|a|$, ist n. Die Menge aller Wörter über Σ bezeichnen wir mit Σ^*.

Für Wörter $a = a_1 \ldots a_n$ und $b = b_1 \ldots b_n$ über Σ wird ab als das Wort mit der Zerlegung $a_1 \ldots a_n b_1 \ldots b_m$ definiert. Ein Wort a heißt **echtes Präfix** von b, falls es ein Wort c mit $ac = b$ und $|c| > 0$ gibt. Ist auch $|c| = 0$ zugelassen, sprechen wir nur von Präfix.

Ist ein Wort u gegeben, so definieren wir für jedes $n \in \mathbb{N}$ die n-fache **Iteration** u^n von u als das Wort $\underbrace{u \ldots u}_{n\text{-mal}}$. Insbesondere ist $u^0 = \epsilon$.

Zu einem Wort $u = u_1 \ldots u_n$ mit Buchstaben $u_1, \ldots, u_n$ ist das **gespiegelte Wort** definiert als das Wort $u^{\mathrm{mi}} = u_n \ldots u_1$.

Eine **Sprache** L über Σ ist eine Teilmenge von Σ^*. Zu zwei Sprachen L und M über Σ können wir die **Vereinigung** $L \cup M$, die **Konkatenation** $LM = \{uv : u \in L, v \in M\}$ und die **Iteration** $L^* = \{v_1 \ldots v_n : n \in \mathbb{N}, v_i \in L \text{ für } i = 1, \ldots, n\}$ betrachten.

2.2 Kalküle

Zur Definition syntaktischer Kategorien bieten sogenannte **Kalküle** als ein einheitliches, oft benutztes begriffliches Mittel der Erzeugung syntaktischer Objekte eine gute Grundlage.

Ein Kalkül K ist ein Mechanismus, der mittels sogenannter Axiome und Regeln die Erzeugung gewisser Objekte, in der Regel Wörter über einem Alphabet, erlaubt.

Eine **Regel** ist dabei eine Vorschrift, die es erlaubt, ein bestimmtes Objekt κ, **Konklusion** der Regel genannt, zu erzeugen, sofern bereits vorher gewisse Objekte $\pi_1, \pi_2, \cdots, \pi_n$, **Prämissen** der Regel genannt, erzeugt worden sind. Eine suggestive Notation für eine Regel ist die folgende:

$$\frac{\pi_1, \pi_2, \ldots, \pi_n}{\kappa}$$

Mathematisch ausgedrückt ist eine Regel nichts anderes als eine Folge $(\pi_1, \ldots, \pi_n, \kappa)$ von Objekten. Ist hierbei $n = 0$, hat die Regel also keine

Prämissen, so sprechen wir auch von einem **Axiom**. Axiome erlauben das Erzeugen ihrer Konklusion κ, ohne daß vorher irgendetwas anderes bereits erzeugt sein muß. Mit Axiomen können wir also den Generierungsprozeß eines Kalküls initialisieren. Ist $n > 0$, so sprechen wir von einer **echten Regel**.

Ein Kalkül ist nun also eine Menge von Regeln.

Beispiel: Ein Beispiel von Hofstadter [3]: Der mu-Kalkül enthält für alle Wörter x und y aus $\{i, u, m\}^*$ die Regeln:

$$\frac{xi}{xiu} \quad \frac{my}{myy} \quad \frac{xiiiy}{xuy} \quad \frac{xuuy}{xy}.$$

Frage: Kann man aus *mi* das Wort *mu* ableiten?

Definition 2.2.1 *Sei K ein Kalkül. Eine* **Ableitung** *in K ist eine Folge $(\varphi_1, \varphi_2, \ldots, \varphi_n)$ von Objekten, so daß für alle $i = 1, \ldots, n$ φ_i die Konklusion einer Regel von K ist, deren Prämissen alle in $\{\varphi_1, \varphi_2, \ldots, \varphi_{i-1}\}$ enthalten sind.*

Anders ausgedrückt besagt dies: Die Konklusion eines Axioms darf man stets als weiteres (auch erstes) Objekt in eine Ableitung aufnehmen. Die Konklusion einer echten Regel darf man in eine Ableitung aufnehmen, sofern sämtliche ihrer Prämissen in der Ableitung in irgendeiner Reihenfolge bereits vorhanden sind.

Ein Objekt φ ist in K **ableitbar**, *falls es eine Ableitung in K mit letztem Objekt φ gibt. Wir notieren diese Eigenschaft in der Form $\vdash_K \varphi$.*

Ein Objekt φ ist in K **aus einer Menge** *M* **von Objekten ableitbar**, *falls es eine Ableitung in $K(M)$ mit letztem Objekt φ gibt, wobei $K(M)$ die Erweiterung von K um die Axiome*

$$\frac{\qquad}{\kappa}$$

für alle $\kappa \in M$ ist (die Objekte aus M werden wie zusätzliche Axiome behandelt). Wir notieren diese Eigenschaft in der Form $M \vdash_K \varphi$.

Es ist oft hilfreich, sich eine Ableitung in K als einen Baum vorzustellen, an dessen Blättern die Konklusionen von Axiomen stehen und dessen innere Knoten von der Form

mit einer echten Regel von K mit Prämissen $\pi_1, \ldots, \pi_n$ und Konklusion κ sind. Wir halten einige einfache Eigenschaften von Kalkülen fest.

1. Wenn $M \vdash_K \varphi$ und $M \subseteq M'$, so $M' \vdash_K \varphi$.

2. Wenn $M \vdash_K \varphi$ und $M \cup \{\varphi\} \vdash_K \psi$, so $M \vdash_K \psi$.

Man nennt (1) die Monotonie und (2) die Transitivität des Ableitbarkeitsbegriffs. (2) besagt, daß man die Verwendung eines ableitbaren Objekts in einer Ableitung stets wieder eliminieren kann.

Spezielle Kalküle zur Erzeugung von Zeichenreihen über einem Alphabet Σ, die für viele Zwecke Verwendung finden, sind die sogenannten Wortersetzungssysteme oder Semi-Thue-Systeme (nach dem norwegischen Mathematiker Axel Thue benannt).

Definition 2.2.2 *Ein* **Wortersetzungssystem** *ist ein Paar* (Σ, Π) *mit einem endlichen Alphabet* Σ *und einer endlichen Menge* Π *sogenannter* **Produktionen** *über* Σ. *Hierbei ist eine Produktion über* Σ *eine Zeichenreihe der Form*

$$l ::= r$$

(in der Literatur manchmal auch $l \to r$ *notiert) mit einem nichtleeren Wort* l *über* Σ *und einem beliebigen Wort* r *über* Σ.

Der durch (Σ, Π) **definierte Kalkül** $K(\Sigma, \Pi)$ *besteht aus allen Regeln*

$$\frac{ulv}{urv}$$

für beliebige Produktionen $l ::= r$ *in* Π *und beliebige Wörter* u *und* v *aus* Σ^*.

Die Idee hierbei sollte klar sein: Der durch (Σ, Π) definierte Kalkül erlaubt die Ersetzung einer linken Seite l einer Produktion in jedem beliebigen Kontext ulv durch die entsprechende rechte Seite r. Wir definieren für Wörter x und y aus Σ^* Ableitbarkeit im Wortersetzungssytem (Σ, Π) wie folgt:

$$x \vdash_\Pi y \iff \{x\} \vdash_{K(\Sigma,\Pi)} y \,.$$

Diesen Ableitbarkeitsbegriff sollten wir etwas genauer untersuchen und eine äquivalente Darstellung entwickeln. Dazu definieren wir Ableitbarkeit in Schritten wie folgt:

$$x \vdash_\Pi^1 y \iff \text{es gibt } l ::= r \text{ in } \Pi \text{ und } u, v \text{ in } \Sigma^* \text{ mit } x = ulv \text{ und } y = urv,$$
$$x \vdash_\Pi^n y \iff \text{es gibt } z_0, \ldots, z_n \text{ in } \Sigma^* \text{ mit } x = z_0, z_i \vdash_\Pi^1 z_{i+1} \ (i < n),\ z_n = y.$$

Es ist hierbei auch $n = 0$ zulässig. In diesem Fall gilt:

$$x \vdash_\Pi^0 y \iff x = y \,.$$

Damit ergibt sich offenbar der folgende Zusammenhang:

$$x \vdash_\Pi y \iff \text{Es gibt ein } n \in \mathbb{N} \text{ mit } x \vdash_\Pi^n y \,.$$

Einige **Induktionsprinzipien** tauchen im Zusammenhang mit Wörtern, Kalkülen und Wortersetzungssystemen häufig auf.

Das Induktionsprinzip in den natürlichen Zahlen ist das folgende: Ist eine Aussage A über natürliche Zahlen gegeben und möchte man zeigen, daß A für alle $n \in \mathbb{N}$ richtig ist, dann zeigt man, daß A für die Zahl 0 zutrifft und unter der Annahme, daß A für n gilt, A auch für $n+1$ zutrifft.

Soll jetzt eine Aussage für alle Wörter w über einem gegebenen Alphabet Σ gelten, dann kann man etwa Induktion über die Länge eines Worts aus Σ^* führen.

Will man eine Aussage für alle Wörter zeigen, die in einem bestimmten Kalkül ableitbar sind, dann kann man eine Induktion über die Länge einer Ableitung führen. Das bedeutet: Soll die Aussage A gezeigt werden, dann zeigt man als erstes, daß A für alle Axiome gilt. (Das sind alle in einem Schritt ableitbaren Wörter.) Als zweites zeigt man, daß, sofern alle Prämissen einer Kalkülregel die Eigenschaft A erfüllen, dann A auch für die Konklusion dieser Kalkülregel gilt. (Damit hat man auch alle in mehreren Schritten ableitbaren Wörter abgedeckt.)

Beispiel: Wir illustrieren das am mu-Kalkül: Es gilt für alle im mu-Kalkül aus dem Wort mi ableitbaren Wörter w, daß 3 nicht die Anzahl der i in w teilt. (Insbesondere folgt daraus, daß das Wort mu nicht aus mi ableitbar ist.) Es sei also M der um das Axiom $\frac{}{mi}$ erweiterte Kalkül. Wir bezeichnen mit $D(w)$ die Anzahl der i in w.

Sei w aus einem Axiom herleitbar. Dann ist notwendig $w = mi$ und $D(w) = 1$ nicht durch drei teilbar.

Sei w durch eine echte Regel gewonnen und für die Prämisse v (alle Regeln haben je nur eine Prämisse) gelte die zu beweisende Aussage. Wir unterscheiden nach den Regeln:

- $\frac{xi}{xiu}$: Dann ist $D(w) = D(v)$, da das Wort v lediglich um den Buchstaben u verlängert wird und daher die Anzahl der i gleichbleibt. Also ist auch $D(w)$ nicht durch 3 teilbar, wenn nach Induktionsvoraussetzung $D(v)$ nicht durch 3 teilbar ist.
- $\frac{my}{myy}$: $D(w) = 2 \cdot D(v)$ ist nicht durch 3 teilbar, wenn $D(v)$ nicht durch 3 teilbar ist.
- $\frac{xiiiy}{xiy}$: $D(w) = D(v) - 3$ ist nicht durch 3 teilbar, wenn $D(v)$ nicht durch 3 teilbar ist.
- $\frac{xuuy}{xy}$: $D(w) = D(v)$ ist nicht durch 3 teilbar, wenn $D(v)$ nicht durch 3 teilbar ist.

Aufgaben:

1. Die **Fibonacci-Zahlen** sind definiert durch $F_0 = 1$, $F_1 = 1$, $F_{n+2} = F_n + F_{n+1}$. Berechnet man für ein $n \in \mathbb{N}$ F_n rekursiv nach dieser Vorschrift, wieviele Additionen sind dann durchzuführen? (Etwa für $F_4 = F_2 + F_3 = (F_0 + F_1) + (F_1 + (F_0 + F_1))$ braucht man 4 Additionen.) Beweisen Sie Ihr Ergebnis durch vollständige Induktion. Wieviele Additionen braucht man dagegen, wenn man sukzessive $F_0, F_1, \ldots, F_n$ berechnet und dabei auf die schon vorhandenen Werte zurückgreifen kann?

2. Die **Ackermannfunktion** $A : \mathbb{N}^2 \to \mathbb{N}$ ist rekursiv wie folgt definiert:

$$\begin{aligned} A(0,y) &= y+1, \\ A(x+1,0) &= A(x,1), \\ A(x+1,y+1) &= A(x, A(x+1,y)). \end{aligned}$$

   Zeigen Sie durch geeignete Induktionen, daß für alle $x, y, y_1, y_2 \in \mathbb{N}$ gilt:
   (1) $A(x,y) > y$,
   (2) $A(x,y_1) > A(x,y_2)$, falls $y_1 > y_2$,
   (3) $A(x+1,y) \geq A(x,y+1)$,
   (4) $A(x+2,y) > A(x,2y)$.

3. Für Wörter u, v, x, y über einem Alphabet Σ gilt: Ist uv Präfix von xy, dann ist u Präfix von x oder x Präfix von u.

4. Finden Sie alle im Wortersetzungssystem

$$(\{Z, u, i\}, \{\epsilon ::= Z, Z ::= uiZ, Z ::= \epsilon\})$$

   ableitbaren Wörter.

Kapitel 3

Semantik von Programmiersprachen – Spezifizieren, Implementieren, Verifizieren

Um die in der Einleitung gebrauchte Formulierung der „Lösbarkeit“ von Problemen formal zu definieren, werden wir in diesem Kapitel den Begriff der „Programmierbarkeit über einer Algebra“ einführen. Hierbei modellieren wir mit dem Begriff der Algebra (z.B. von einer Programmiersprache zur Verfügung gestellte oder benutzerdefinierte) Datenstrukturen, auf denen wir mit Programmen einfachster Bauart, die lediglich die Kontrollstrukturen Zuweisung, Test und Schleife verwenden, programmieren. Die Wirkungsweise solcher Programme wird in zwei Arten von Semantik, die sich als äquivalent erweisen werden, festgelegt: Die denotationale Semantik definiert in kompositioneller Weise das Ein-/Ausgabeverhalten eines Programms, die operationale Semantik beschreibt die schrittweise Abarbeitung der Anweisungen eines Programms.

Ist mit der Semantik grundsätzlich gelöst, was ein Programm tut, so stellt sich die Frage, wie man bei einem gegebenen, konkreten Programm nachweist, daß es eine ganz bestimmte Verhaltensweise realisiert. Letzteres wird mit dem Begriff der partiellen Korrektheitsaussage formalisiert, einer Art logischer Spezifikation des Ein-/Ausgabeverhaltens eines Programms. Als Spezifikationssprache dient die Prädikatenlogik erster Ordnung, die wir in Grundzügen einführen. Der Nachweis der Gültigkeit einer partiellen Korrektheitsaussage vollzieht sich schließlich mit den Regeln des klassischen Hoareschen Kalküls. Wir definieren diesen Kalkül, illustrieren seine Verwendung an zahlreichen Beispielen und beweisen seine Korrektheit im allgemeinen und seine Vollständigkeit über sogenannten ausdrucksstarken, z.B. arithmetischen Algebren.

Zum Abschluß des Kapitels erweitern wir die behandelten Konzepte auf eine Programmiersprache mit (noch relativ einfachen) rekursiven Prozeduren.

Für sich an die Lektüre dieses Kapitels anschließende Studien verweisen wir auf das hervorragende Standardwerk von Loeckx und Sieber [5] sowie auf das Lehrbuch von Sperschneider und Antoniou [7].

3.1 Datenstrukturen

Die folgenden Zeichen haben in diesem Kapitel eine besondere Bedeutung und dürfen deshalb nicht zu anderen Verwendungszwecken herangezogen werden:

Strukturzeichen ( ) , : ×

Junktoren $\neg$ $\wedge$ $\vee$ $\rightarrow$ $\leftrightarrow$

Quantoren $\forall$ $\exists$

Gleichheit =

Programmiersprachliche Sonderzeichen := ;
WHILE DO END IF THEN ELSE

(Es werden später noch weitere Zeichen hinzukommen.)

Definition 3.1.1 *Eine* **Signatur** *ist ein Paar* (S, Σ) *mit einer endlichen Menge* S *von sogenannten Sortensymbolen oder Typbezeichnern und einer endlichen Menge* Σ *von Zeichenreihen einer der folgenden Bauarten:*

$$c :\rightarrow s$$
$$f : s_1 \times \ldots \times s_n \rightarrow s$$
$$p : s_1 \times \ldots \times s_n$$

mit $n > 0$ *und* $s, s_1, s_2, \ldots, s_n \in S$. *Das Zeichen* c *heißt ein* **Konstantensymbol**, f *heißt ein* **Funktionssymbol**, *das Zeichen* p *ein* **Relationssymbol**. *Keines der Zeichen* c, f *und* p *darf in verschiedenen dieser Zeichenreihen vorkommen.*

Definition 3.1.2 *Eine* **Variablenmenge** V *über der Signatur* (S, Σ) *besteht aus Zeichenreihen* $X : s$ *mit einem Variablenbezeichner* X *und einer Sorte* $s \in S$. *Kein Variablenbezeichner darf in zwei verschiedenen Zeichenreihen von* V *vorkommen. Ist* $X : s$ *in* V, *so nennen wir* X *eine* **Variable** *aus* V *vom Typ* s.

Diese beiden Begriffe legen also die Grundlage der Syntax fest, in der wir uns bewegen werden. Der folgende Begriff der Algebra füllt die in einer Signatur definierten Zeichenreihen mit Bedeutung.

Definition 3.1.3 *Sei (S, Σ) eine Signatur. Eine (S, Σ)-***Algebra** *A ist eine Abbildung, die jeder Sorte $s \in S$ eine nichtleere Menge s_A, jedem Konstantensymbol $c :\rightarrow s$ in Σ eine Konstante*

$$c_A \in s_A,$$

jedem Funktionssymbol $f : s_1 \times \ldots \times s_n$ in Σ eine Funktion

$$f_A : s_A^1 \times \ldots \times s_A^n \rightarrow s_A$$

und jedem Relationssymbol $p : s_1 \times \ldots \times s_n$ in Σ eine Relation

$$p_A \subseteq s_A^1 \times \ldots \times s_A^n$$

zuordnet. Die Mengen s_A für $s \in S$ heißen die **Grundbereiche** *der Algebra A.*

Wir schreiben auch

$$A = (s_A^1, \ldots, s_A^n, c_A^1, \ldots, c_A^m, f_A^1, \ldots, f_A^l, p_A^1, \ldots, p_A^o)$$

für eine Algebra A mit den Sorten s_A^i, Konstanten c_A^i, Funktionen f_A^i und Relationen p_A^i.

Definition 3.1.4 *Sei (S, Σ) eine Signatur, V eine endliche Variablenmenge über (S, Σ) und A eine (S, Σ)-Algebra. Ein* **Zustand** *z über A und V ist eine Funktion z, die jeder Variablen X mit $X : s$ in V einen Wert $z(X)$ in der Menge s_A zuordnet.*

Ist $X : s$ in V und $a \in s_A$, dann ist $z(X/a)$ der Zustand über A und V, der X den Wert a und allen $Y \neq X$ den Wert $z(Y)$ zuordnet. Entsprechend ist $z(X_1/a_1, ..., X_n/a_n)$, in Vektorschreibweise $z(\vec{X}/\vec{a})$, bei paarweise verschiedenen Variablen $X_1, ..., X_n$ und jeweils typgleichen Werten $a_1, ..., a_n$ definiert.

Beispiel: (Wir notieren gelegentlich Funktionen und Relationen und deren Symbole infix.)

- N

  Die zugehörige Signatur ist

  $$(\{\text{nat}\}, \{0 :\rightarrow \text{nat}, \text{succ} : \text{nat} \rightarrow \text{nat}\})$$

  mit der Interpretation

  $$\begin{aligned} \text{nat}_N &= \mathbb{N}, \\ 0_N &= \text{die Zahl } 0, \\ \text{succ}_N(x) &= x + 1. \end{aligned}$$

- *Nat*
  Die Algebra enthält dieselben Sorten und Funktionen wie N, die zugrundeliegende Signatur wird um die Funktionssymbole $+ : \text{nat} \times \text{nat} \to \text{nat}$ und $* : \text{nat} \times \text{nat} \to \text{nat}$ und das Relationssymbol $<: \text{nat} \times \text{nat}$ erweitert mit der Interpretation (infix notiert)

$$\begin{array}{rcll} x +_{\text{Nat}} y & = & x + y & (+ \text{ in } \mathbb{N}), \\ x *_{\text{Nat}} y & = & x * y & (* \text{ in } \mathbb{N}), \\ x <_{\text{Nat}} y & \Longleftrightarrow & x < y & (< \text{ in } \mathbb{N}). \end{array}$$

- *Boolean*
  Die zugehörige Signatur ist

$$(\{b\}, \{\text{true} :\to b, \text{false} :\to b, \text{not} : b \to b, \text{and} : b \times b \to b, \text{or} : b \times b \to b\}),$$

  mit der Interpretation

$$\begin{array}{lcl} b_{Boolean} & = & \{W, F\}, \\ \text{true}_{Boolean} & = & W, \\ \text{false}_{Boolean} & = & F, \\ \text{not}_{Boolean}(W) & = & F, \\ \text{not}_{Boolean}(F) & = & W, \\ \text{and}_{Boolean}(W, W) & = & W, \\ \text{and}_{Boolean}(X, Y) & = & F \quad \text{für } (X, Y) \neq (W, W), \\ \text{or}_{Boolean}(F, F) & = & F, \\ \text{or}_{Boolean}(X, Y) & = & W \quad \text{für } (X, Y) \neq (F, F). \end{array}$$

- $Set_d(A)$
  Sei A eine beliebige Algebra und d ein Sortensymbol der zugehörigen Signatur. Die Algebra $Set_d(A)$ dient zur Modellierung endlicher Teilmengen von d_A. Dazu wird die ursprüngliche Signatur um die Sorte set und die Funktionssymbole $\emptyset :\to \text{set}$ und $\text{insert} : \text{set} \times d \to \text{set}$ erweitert. Die Interpretation hiervon ist

$$\begin{array}{lcl} \text{set}_{Set_d(A)} & = & \text{alle endlichen Teilmengen von } d_A, \\ \emptyset_{Set_d(A)} & = & \text{die leere Menge}, \\ \text{insert}_{Set_d(A)}(M, a) & = & M \cup \{a\}. \end{array}$$

Aufgaben:

1. Geben Sie eine Algebra über der *Boolean* zugrundeliegenden Signatur an, die den Körper mit zwei Elementen modelliert.
2. Sei A eine (S, Σ)-Algebra. Erweitern Sie diese geeignet, um Arrays der Länge n für ein festes $n \in \mathbb{N}$ mit Elementen aus einer ausgezeichneten Sorte s_A von A beschreiben zu können.
3. Modellieren Sie die ganzen Zahlen $\mathbb{Z}$ mit einer Algebra.

3.2 Prädikatenlogik als Spezifikationssprache

Definition 3.2.1 Terme *über einer Signatur* (S, Σ) *und Variablenmenge* V *mit jeweiligem Typ sind induktiv wie folgt definiert:*

- *Ist* $X : s$ *ein Variablenbezeichner in* V*, so ist* X *ein Term vom Typ* s.
- *Ist* $c :\rightarrow s$ *eine Konstante in* Σ*, so ist* c *ein Term vom Typ* s.
- *Ist* $f : s_1 \times \ldots \times s_n \rightarrow s$ *in* Σ *und* t_i *ein Term über* (S, Σ) *und* V *vom Typ* s_i *für* $i = 1, \ldots, n$*, so ist die Zeichenreihe* $f(t_1, \ldots, t_n)$ *ein Term über* (S, Σ) *und* V *vom Typ* s.

Wir können die Menge der Terme auch als die von folgendem **Termkalkül** erzeugbaren Objekte darstellen (Typkompatibiltät unterstellt):

$$\frac{}{X} \qquad \frac{}{c} \qquad \frac{t_1, \ldots, t_n}{f(t_1, \ldots, t_n)} .$$

Beispiel: Terme über der N zugrundeliegenden Signatur sind z.B.

$$\text{succ}^n(0) \quad \text{oder} \quad \text{succ}^n(X)$$

mit $n \in \mathbb{N}$ und einer Variablen X.

Definition 3.2.2 *Sei* (S, Σ) *eine Signatur und* V *eine endliche Variablenmenge über* (S, Σ). **Boolesche Formeln** *sind wie folgt definiert:*

- *Eine Zeichenreihe* $p(t_1, \cdots, t_n)$ *mit* $p : s_1 \times \ldots \times s_n$ *in* Σ *und Termen* t_i *vom Typ* s_i *für* $1 \leq i \leq n$ *ist eine Boolesche Formel über* (S, Σ) *und* V*, genannt eine* **atomare Formel**.
- *Eine Zeichenreihe der Form* $t_1 = t_2$ *mit Termen* t_1 *und* t_2 *über* (S, Σ) *und* V *gleichen Typs ist eine Boolesche Formel über* (S, Σ) *und* V*, genannt eine* **Gleichung**.
- *Sind* φ *und* ψ *Boolesche Formeln über* (S, Σ) *und* V*, so auch die folgenden:*

$\neg\varphi$	*(gelesen als: nicht* φ*)*
$(\varphi \rightarrow \psi)$	*(gelesen als:* φ *impliziert* ψ*)*
$(\varphi \wedge \psi)$	*(gelesen als:* φ *und* ψ*)*
$(\varphi \vee \psi)$	*(gelesen als:* φ *oder* ψ*)*
$(\varphi \leftrightarrow \psi)$	*(gelesen als:* φ *äquivalent* ψ*).*

Prädikatenlogische Formeln *oder kurz Formeln erhalten wir, wenn wir die obigen Bildungsgesetze für Boolesche Formeln wie folgt erweitern:*

- *Eine Boolesche Formel ist eine Fomel.*
- *Ist φ eine Formel und $X \in V$, so ist auch $\forall X\, \varphi$ oder $\exists X\, \varphi$ eine Formel.*
- *Ist φ eine Formel, so ist auch $\neg\varphi$ eine Formel. Sind φ und ψ Formeln, so auch $(\varphi \wedge \psi)$, $(\varphi \vee \psi)$, $(\varphi \rightarrow \psi)$ und $(\varphi \leftrightarrow \psi)$.*

Im letzteren Fall heißt φ der **Wirkungsbereich** *des Quantors $\forall X$ bzw. $\exists X$. Eine in einer Formel auftretende Variable X heißt* **frei**, *sofern sie nicht im Wirkungsbereich eines Quantors $\forall X$ oder $\exists X$ auftritt. Anderenfalls heißt sie* **gebunden**.

Die Menge der Formeln wird von folgendem Kalkül erzeugt (mit Termen $t_1, \ldots, t_n$ von geeignetem Typ):

$$\frac{}{p(t_1, \ldots, t_n)} \quad \frac{}{t_1 = t_2}$$

$$\frac{\varphi}{\neg\varphi} \quad \frac{\varphi, \psi}{(\varphi \vee \psi)} \quad \frac{\varphi, \psi}{(\varphi \wedge \psi)} \quad \frac{\varphi, \psi}{(\varphi \rightarrow \psi)} \quad \frac{\varphi, \psi}{(\varphi \leftrightarrow \psi)}$$

$$\frac{\varphi}{\forall X\, \varphi} \quad \frac{\varphi}{\exists X\, \varphi}$$

Beispiel: Eine Formel über der zu N gehörigen Signatur ist etwa

$$\exists Y\, \mathrm{succ}(Y) = X.$$

In dieser ist die Variable Y gebunden, die Variable X frei.

Definition 3.2.3 *Eine* **Substitution** *σ über einer Signatur (S, Σ) und Variablenmenge V ist eine endliche Menge $\{X_1/s_1, \ldots, X_m/s_m\}$, in Vektornotation $\{\vec{X}/\vec{s}\}$, von Paaren mit folgenden Eigenschaften:*

- *$X_1, \ldots, X_m$ sind Variablen aus V,*
- *$X_1, \ldots, X_m$ sind paarweise verschieden,*
- *$s_1, \ldots, s_m$ sind Σ-Terme über V,*
- *X_i und s_i sind vom selben Typ,*
- *X_i und s_i sind verschieden.*

Für einen Term t über (S, Σ) und V und eine Substitution $\sigma = \{X_1/s_1, \ldots, X_m/s_m\}$ ist $t\sigma$ als das Resultat der simultanen Ersetzung eines jeden Vorkommens eines jeden X_i in t durch s_i wie folgt definiert:

- *$X_i\sigma = s_i$ für $1 \leq i \leq m$,*

- $Y\sigma = Y$ *für alle* $Y \in V \backslash \{X_1, \ldots, X_n\}$,
- $c\sigma = c$,
- $f(t_1, \ldots, t_n)\sigma = f(t_1\sigma, \ldots, t_n\sigma)$.

Beispiel: Es ist etwa $\mathrm{and}(X, Y)\{X/Y, Y/\mathrm{true}\} = \mathrm{and}(Y, \mathrm{true})$.

Definition 3.2.4 *Sei* (S, Σ) *eine Signatur,* V *eine endliche Variablenmenge über* (S, Σ), A *eine* (S, Σ)*-Algebra und* z *ein Zustand über* A *und* V*. Für jeden* Σ*-Term* t *über* V *definieren wir den* **Wert** *von* t *in Algebra* A *und Zustand* z*, kurz* $\mathrm{val}_{A,z}(t)$*, induktiv wie folgt:*

- $\mathrm{val}_{A,z}(X) = z(X)$ *für* $X \in V$,
- $\mathrm{val}_{A,z}(c) = c_A$,
- $\mathrm{val}_{A,z}(f(t_1, \ldots, t_n)) = f_A(\mathrm{val}_{A,z}(t_1), \ldots, \mathrm{val}_{A,z}(t_n))$.

Beispiel: Es ist etwa

$$\begin{aligned}
\mathrm{val}_{N,z}(\mathrm{succ}^5(0)) &= \mathrm{val}_{N,z}(\mathrm{succ}^4(0)) + 1 \\
&= \mathrm{val}_{N,z}(\mathrm{succ}^3(0)) + 1 + 1 \\
&\quad \ldots \\
&= \mathrm{val}_{N,z}(0) + 1 + 1 + 1 + 1 + 1 \\
&= 5\,.
\end{aligned}$$

Lemma 3.2.5 *(a) Für* t *vom Typ* s *ist* $\mathrm{val}_{A,z}(t) \in s_A$.
(b) Ist z' *ein weiterer Zustand über* A *und* V *mit* $z(X) = z'(X)$ *für alle in* t *vorkommenden Variablen* X*, so ist* $\mathrm{val}_{A,z}(t) = \mathrm{val}_{A,z'}(t)$.

Beweis: Übung

Lemma 3.2.6 (Substitutionslemma für Terme) *Gegeben seien eine* (S, Σ)*-Algebra* A*, eine Variablenmenge* V*, ein Zustand* z *über* (S, Σ) *und* V*, Variablen* $X \in V$ *und Terme* r *und* t *über* (S, Σ) *und* V*. Es sei* $a = \mathrm{val}_{A,z}(r)$*. Dann gilt:*

$$\mathrm{val}_{A,z}(t\{X/r\}) = \mathrm{val}_{A,z(X/a)}(t)\,.$$

Eine Substitution kann also bei der Termauswertung durch eine Zustandsmodifikation simuliert werden. Eine analoge Aussage erhält man bei einer simultanen Substitution mehrerer Variablen $\vec{X}$ *durch Terme* $\vec{r}$.

Beweis: (Wir führen eine Induktion über den Aufbau von t. Im folgenden Beweis markiert IV die Stelle, an der die Induktionsvoraussetzung verwandt wird.)
Ist $t = X$, dann gilt

$$\begin{aligned} \mathrm{val}_{A,z}(t\{X/r\}) &= \mathrm{val}_{A,z}(r) \\ &= a \\ &= \mathrm{val}_{A,z(X/a)}(X). \end{aligned}$$

Ist t gleich einer von X verschiedenen Variablen Y, so gilt

$$\begin{aligned} \mathrm{val}_{A,z}(t\{X/r\}) &= \mathrm{val}_{A,z}(Y) \\ &= z(Y) \\ &= z(X/a)(Y) \\ &= \mathrm{val}_{A,z(X/a)}(Y). \end{aligned}$$

Ist $t = c$, dann gilt

$$\begin{aligned} \mathrm{val}_{A,z}(t\{X/r\}) &= c_A \\ &= \mathrm{val}_{A,z(X/a)}(t\{X/r\}). \end{aligned}$$

Hat t die Form $f(t_1, \ldots, t_n)$, so ergibt sich

$$\begin{aligned} \mathrm{val}_{A,z}(t\{X/r\}) &= \mathrm{val}_{A,z}(f(t_1\{X/r\}, \ldots, t_n\{X/r\})) \\ &= f_A(\mathrm{val}_{A,z}(t_1\{X/r\}), \ldots, \mathrm{val}_{A,z}(t_n\{X/r\})) \\ &\overset{IV}{=} f_A(\mathrm{val}_{A,z(X/a)}(t_1), \ldots, \mathrm{val}_{A,z(X/a)}(t_n)) \\ &= \mathrm{val}_{A,z(X/a)}(f(t_1, \ldots, t_n)). \end{aligned}$$

□

Definition 3.2.7 *Sei A eine (S, Σ)-Algebra, V eine Variablenmenge und z ein Zustand über A und V. Für eine Formel ξ wird induktiv definiert, was es heißt,* **daß ξ in der Algebra A im Zustand z gilt**, *geschrieben:*

$$A \models_z \xi$$

Statt „$A \models_z \xi$ gilt nicht" schreiben wir auch $A \not\models_z \xi$. (X sei eine Variable vom Typ s).

- $A \models_z p(t_1, \ldots, t_n) \iff (\mathrm{val}_{A,z}(t_1), \ldots, \mathrm{val}_{A,z}(t_n)) \in p_A$,
- $A \models_z t_1 = t_2 \iff \mathrm{val}_{A,z}(t_1) = \mathrm{val}_{A,z}(t_2)$,
- $A \models_z \neg\varphi \iff A \not\models_z \varphi$,

- $A \models_z (\varphi \wedge \psi) \iff A \models_z \varphi$ *und* $A \models_z \psi$,
- $A \models_z (\varphi \vee \psi) \iff A \models_z \varphi$ *oder* $A \models_z \psi$,
- $A \models_z (\varphi \rightarrow \psi) \iff A \not\models_z \varphi$ *oder* $A \models_z \psi$,
- $A \models_z (\varphi \leftrightarrow \psi) \iff (A \models_z \varphi$ *und* $A \models_z \psi)$ *oder* $(A \not\models_z \varphi$ *und* $A \not\models_z \psi)$,
- $A \models_z \exists X\, \varphi \iff$ *es gibt ein* $a \in s_A$ *mit* $A \models_{z(X/a)} \varphi$,
- $A \models_z \forall X\, \varphi \iff$ *für alle* $a \in s_A$ *gilt* $A \models_{z(X/a)} \varphi$.

Ferner definiert man

$$A \models \varphi \quad \text{(gelesen: In } A \text{ gilt } \varphi) \iff \text{für alle } z \text{ gilt } A \models_z \varphi.$$

Beispiel: Es gilt etwa $N \models \forall Y\, \exists X\, X = \mathrm{succ}(Y)$. Dagegen ist die Gültigkeit von $N \models_z \exists Y\, X = \mathrm{succ}(Y)$ von $z(X)$ abhängig.

Wir müssen bei der Anwendung von Substitutionen auf Formeln Vorsicht walten lassen, wie das folgende Beispiel lehrt. Wir betrachten obige in N gültige Formel $\forall Y\, \exists X\, X = \mathrm{succ}(Y)$. Dem intuitiven Verständnis des Allquantors folgend sollte nach Ersetzung von Y in $\exists X\, X = \mathrm{succ}(Y)$ durch einen beliebigen Term eine Formel resultieren, die wiederum in N gilt. Dies ist auch tatsächlich richtig, wenn wir etwa Y durch 0 ersetzen:

$$N \models_z \exists X\, X = \mathrm{succ}(0)\,.$$

Es ist aber nicht richtig, wenn wir Y durch X ersetzen:

$$N \not\models_z \exists X\, X = \mathrm{succ}(X)\,.$$

Wie sich zeigen wird (und wie vielleicht bereits jetzt intuitiv klar ist), liegt der Fehler darin, daß wir in den Wirkungsbereich eines Quantors $\exists X$ einen Term substitutiert haben, der die Variable X enthielt. Dies müssen wir bei der Anwendung einer Substitution auf eine Formel verhindern. Am einfachsten geschieht dies dadurch, daß gebundene Variablen geeignet umbenannt werden.

Definition 3.2.8 *Sei* $\sigma = \{X_1/s_1, \ldots, X_m/s_m\}$ *eine Substitution. Induktiv über die Länge der Formel* φ *definieren wir* $[\varphi]\sigma$ *wie folgt:*

- $[p(t_1, \ldots, t_n)]\sigma$ *ist* $p(t_1\sigma, \ldots, t_n\sigma)$,
- $[t_1 = t_2]\sigma$ *ist* $t_1\sigma = t_2\sigma$,
- $[\neg\varphi]\sigma$ *ist* $\neg[\varphi]\sigma$,

- $[(\varphi * \psi)]\sigma$ *ist* $([\varphi]\sigma * [\psi]\sigma)$ *für* $* \in \{\wedge, \vee, \rightarrow, \leftrightarrow\}$,
- $[QX\varphi]\sigma$ *ist* $QY[[\varphi]\{X/Y\}]\sigma$ *für* $Q \in \{\forall, \exists\}$, *wobei* Y *eine Variable ist, die in* QX, φ *und* σ *nicht vorkommt.*

Warum haben wir die Anwendung einer Substitution σ auf eine Formel φ unter Verwendung von Klammern in der Form $[\varphi]\sigma$ geschrieben, während wir bei Termen t einfach nur $t\sigma$ notiert haben?

Beispiel: Im obigen Beispiel erhält man bei dieser Substitution die gültige Aussage

$$N \models_z \exists Z\, Z = \mathrm{succ}(X)$$

mit der nicht in der ursprünglichen Formel auftretenden Variablen Z.

Lemma 3.2.9 (Substitutionslemma für Formeln) *Sei A eine Algebra, φ eine Formel, $\vec{X}$ Variablen, $\vec{t}$ Terme vom selben Typ und z ein Zustand, der auf allen freien Variablen von $[\varphi]\{\vec{X}/\vec{t}\}$ definiert ist. Es sei $\vec{a} = \mathrm{val}_{A,z}(\vec{t})$. Dann ist $z(\vec{X}/\vec{a})$ auf allen freien Variablen von φ definiert. Es gilt*

$$A \models_z [\varphi]\{\vec{X}/\vec{t}\} \iff A \models_{z(\vec{X}/\vec{a})} \varphi .$$

Beweis: (Induktiv über den Aufbau von φ.) Wir betrachten nur den Fall $\varphi = \exists Z\, \psi$. Y sei eine Variable, die in ψ, Z und $\{\vec{X}/\vec{t}\}$ nicht vorkommt. Es gilt

$$\begin{array}{rcll}
A \models_z [\exists Z\, \psi]\{\vec{X}/\vec{t}\} & \iff & A \models_z \exists Y\, [[\psi]\{Z/Y\}]\{\vec{X}/\vec{t}\} & \\
& \iff & A \models_{z(Y/b)} [[\psi]\{Z/Y\}]\{\vec{X}/\vec{t}\} \text{ für ein } b & \\
& \overset{IV}{\iff} & A \models_{z(Y/b)(\vec{X}/\vec{a})} [\psi]\{Z/Y\} \text{ für ein } b & (1) \\
& \overset{IV}{\iff} & A \models_{z(Y/b)(\vec{X}/\vec{a})(Z/b)} \psi \text{ für ein } b & (2) \\
& \iff & A \models_{z(\vec{X}/\vec{a})(Z/b)} \psi \text{ für ein } b & (3) \\
& \iff & A \models_{z(\vec{X}/\vec{a})} \exists Z\, \psi . &
\end{array}$$

In (1) haben wir verwandt, daß Y nicht in $\vec{t}$ vorkommt, und daher die Gleichheit $\mathrm{val}_{A,z}(\vec{t}) = \mathrm{val}_{A,z(Y/b)}(\vec{t})$ gilt.
In (2) können wir Y im Zustand $z(Y/b)(\vec{X}/\vec{a})$ zu b auswerten, da Y nicht in $\vec{X}$ vorkommt.
In (3) haben wir verwandt, daß Y nicht in ψ vorkommt.

□

Corollar 3.2.10 *Für alle Algebren A, Zustände z, Formeln φ, Variablen X und Terme t vom selben Typ gilt*

$$A \models_z (\forall X\, \varphi \rightarrow [\varphi]\{X/t\}).$$

Aufgaben:

1. Zeigen Sie die Eindeutigkeit der Termsyntax: Seien $t_1 = f(s_1, \ldots, s_m)$ und $t_2 = g(l_1, \ldots, l_n)$ Terme mit $t_1 = t_2$ als Zeichenreihe. Dann gilt $f = g$, $n = m$ und $s_i = t_i$ für alle $1 \leq i \leq n$. Untersuchen Sie dazu zunächst, ob ein Term echtes Präfix eines anderen sein kann. Gilt die Eindeutigkeit der Termsyntax auch, wenn wir bei der Definition von Termen die Klammern und Kommata weglassen?

2. Zeigen Sie die Eindeutigkeit der Formelsyntax: Sind φ und ψ Formeln und $\varphi = \psi$ als Zeichenreihe, dann sind beide von derselben Form, d.h. beide eine Negation $\neg\varphi'$ bzw. $\neg\psi'$ oder beide eine Disjunktion $(\varphi' \vee \varphi'')$ bzw. $(\psi' \vee \psi'')$ oder ... oder beide eine existenzquantifizierte Formel $\exists X_\varphi\, \varphi'$ bzw. $\exists X_\psi\, \psi'$ und die auftretenden Teilformeln und Variablen sind gleich, d.h. $\varphi' = \psi'$, $\varphi'' = \psi''$ und $X_\varphi = X_\psi$. Gilt die Eindeutigkeit der Formelsyntax auch noch, wenn wir die Klammern weglassen?

3. Es seien σ und ρ Substitutionen über der Variablenmenge V und der Signatur (S, Σ). Zeigen Sie: Es gibt genau eine Substitution $\sigma \circ \rho$ über (S, Σ) und V, so daß für alle Terme t über (S, Σ) und V

$$t(\sigma \circ \rho) = (t\sigma)\rho$$

gilt. Zeigen Sie weiter für Substitutionen σ, ρ und τ

$$(\sigma \circ \rho) \circ \tau = \sigma \circ (\rho \circ \tau).$$

(Hinweis: Es ist hilfreich, vorher für Substitutionen σ und ρ über (S, Σ) und V die Äquivalenz : $\sigma = \rho \iff t\sigma = t\rho$ für alle Terme $t \iff X\sigma = X\rho$ für alle Variablen $X \in V$ zu zeigen.)

4. Wann gilt für eine Substitution $\sigma = \{X_1/t_1, \ldots, X_n/t_n\}$ mit Variablen X_i und Termen t_i die Gleichung $\sigma \circ \sigma = \sigma$?

5. Geben Sie in *Nat* gültige Formeln an, etwa die Peano-Axiome mit dem Induktionsprinzip für eine feste Formel φ.

6. Finden sie eine Formel in *Nat*, die ausdrückt, daß X eine Zweierpotenz ist.

7. Formulieren Sie in der Algebra der Arrays der Länge n über *Nat*, daß ein Array sortiert ist.

8. Zeigen Sie die Gültigkeit der Formel $\exists X\, (\varphi \rightarrow \forall X\, \varphi)$ in einer beliebigen Algebra.

9. Zeigen Sie das Koinzidenzlemma für Formeln: Sei A eine (S, Σ)-Algebra. Ist φ eine Formel über (S, Σ) und V und z und z' Zustände über V mit $z(X) = z'(X)$ für alle freien Variablen X von φ, dann gilt

$$A \models_z \varphi \iff A \models_{z'} \varphi.$$

10. Zwei Formeln φ und ψ über einer Signatur (S, Σ) und einer Variablenmenge V heißen **äquivalent**, falls für alle (S, Σ)-Algebren A und Zustände z von V gilt
$$A \models_z \varphi \iff A \models_z \psi .$$
Zeigen Sie, daß es zu jeder aussagenlogischen (S, Σ)-Formel φ eine äquivalente Formel φ^* gibt, die nur die aussagenlogischen Zeichen $\wedge$ und $\neg$ enthält.

11. Eine Formel φ heißt **Teilformel** der Formel ψ genau dann, wenn φ gleich ψ ist oder ψ die Form $\neg\varphi$ oder $(\varphi \text{ op } \psi)$ ($\text{op} \in \{\rightarrow, \wedge, \leftrightarrow, \vee\}$) oder $\text{Q}\, X\, \varphi$ ($\text{Q} \in \{\forall, \exists\}$) hat und φ Teilformel von φ bzw. φ oder ψ ist. Es sei φ^* die Formel, die man erhält, wenn man in φ eine Teilformel durch eine äquivalente Formel ersetzt. Zeigen Sie, daß dann auch φ und φ^* äquivalente Formeln sind.

3.3 Programme

Definition 3.3.1 *Ein* **WHILE-Programm** *oder kurz Programm α über einer Signatur (S, Σ) und einer endlichen Variablenmenge V ist eine Zeichenreihe der Form*
$$A_1\, A_2 \ldots A_n$$
mit $n \in \mathbb{N}$ und Anweisungen A_i $(1 \leq i \leq n)$. Hierbei ist auch $n = 0$ zugelassen. In diesem Fall ist α die leere Zeichenkette, die **leeres Programm** *genannt und mit ϵ bezeichnet wird. Eine* **Anweisung** *A über (S, Σ) und V ist entweder eine Zuweisung, ein Test oder eine Schleife. Eine* **Zuweisung** *über (S, Σ) und V ist eine Zeichenreihe der Form*
$$X := t;$$
mit einer Variablen X aus V und einem Term t über (S, Σ) und V, der vom selben Typ wie X ist. Ein **Test** *über (S, Σ) und V ist eine Zeichenreihe der Form*
$$\text{IF } B \text{ THEN } \beta \text{ ELSE } \gamma \text{ END;}$$
mit einer Booleschen Formel B und Programmen β und γ über (S, Σ) und V. Eine **Schleife** *über (S, Σ) und V ist eine Zeichenreihe der Form*
$$\text{WHILE } B \text{ DO } \beta \text{ END;}$$
mit einer Booleschen Formel B und einem Programm β über (S, Σ) und V.

Bemerkung: Sind α und β Programme, so ist auch $\alpha\beta$ ein Programm.

Definition 3.3.2 (Denotationale Programmsemantik) *Sei A eine (S, Σ)-Algebra, V eine Variablenmenge, z und z' Zustände von V und α ein Programm über (S, Σ) und V. Induktiv über den Aufbau eines Programms wird definiert, was es heißt, daß der Zustand z durch Abarbeitung von α in den Zustand z' überführt wird, notiert als $z[\![\alpha]\!]_A z'$.*

- $z[\![\epsilon]\!]_A z' \iff z = z'$.
- $z[\![X := t;]\!]_A z' \iff z' = z(X/\mathrm{val}_{A,z}(t))$.
- $z[\![\text{IF } B \text{ THEN } \beta \text{ ELSE } \gamma \text{ END};]\!]_A z' \iff$
  $(A \models_z B$ *und* $z[\![\beta]\!]_A z')$ *oder* $(A \not\models_z B$ *und* $z[\![\gamma]\!]_A z')$.
- $z[\![\text{WHILE } B \text{ DO } \beta \text{ END};]\!]_A z' \iff$
  es gibt eine Zahl $n \in \mathbb{N}$ *und Zustände* $z_0, \ldots, z_n$, *so daß gilt*
  - $z = z_0$,
  - $A \models_{z_i} B$ *und* $z_i[\![\beta]\!]_A z_{i+1}$ *für alle* $0 \leq i < n$,
  - $A \not\models_{z_n} B$ *und*
  - $z_n = z'$.
- $z[\![A_1 \ldots A_n]\!]_A z'$ *mit* $n \geq 2 \iff$ *es gibt Zustände* $z_0, \ldots, z_n$ *mit*
  - $z = z_0$,
  - $z_i[\![A_{i+1}]\!]_A z_{i+1}$ *für* $0 \leq i < n$,
  - $z_n = z'$.

Etwa bei einer WHILE-Schleife beschreibt $[\![\_]\!]_A$ also den Ablauf

	$z = z_0$	$[\![\beta]\!]_A$	z_1	$[\![\beta]\!]_A$	$\ldots$	z_{n-1}	$[\![\beta]\!]_A$	$z_n = z'$
B	gilt,	$\ldots$	gilt,		$\ldots$	gilt,	$\ldots$	gilt nicht mehr.

n ist die Anzahl der Schleifendurchläufe.

Man erhält so eine zweistellige Relation $[\![\alpha]\!]_A$ auf den Zuständen. Diese ist rechtseindeutig, aber nicht immer rechtsvollständig, d.h. aus $z[\![\alpha]\!]_A z'$ und $z[\![\alpha]\!]_A z''$ folgt $z' = z''$, aber nicht zu jedem α und z muß es ein z' mit $z[\![\alpha]\!]_A z'$ geben.

Eine alternative Weise, die Abarbeitung von Programmen zu charakterisieren, wird durch folgende Definition ermöglicht:

Definition 3.3.3 (Interpretersemantik) *Sei A eine (S, Σ)-Algebra und V eine Variablenmenge. Die Interpreterfunktion I_A ist eine zweistellige totale Funktion, die einem Programm α und Zustand z, das Programm α' und den Zustand z' zuordnet, die sich nach Abarbeitung der ersten Anweisung von α im Zustand z als Restprogramm und neuer Zustand ergeben. Es ist*

- $I_A(\epsilon, z) = (\epsilon, z)$,
- $I_A(X := t; \beta, z) = (\beta, z(X/\text{val}_{A,z}(t)))$,
- $I_A(\text{IF } B \text{ THEN } \gamma \text{ ELSE } \delta \text{ END}; \beta, z) = \begin{cases} (\gamma\beta, z) & \textit{falls } A \models_z B \\ (\delta\beta, z) & \textit{sonst} \end{cases}$,
- $I_A(\text{WHILE } B \text{ DO } \gamma \text{ END}; \beta, z)$
  $= \begin{cases} (\gamma \text{ WHILE } B \text{ DO } \gamma \text{ END}; \beta, z) & \textit{falls } A \models_z B \\ (\beta, z) & \textit{sonst} \end{cases}$

Diese beiden Begriffsbildungen sind äquivalent in folgendem Sinne:

Lemma 3.3.4 *Sei A eine (S, Σ)-Algebra, V eine Variablenmenge, z und z' Zustände über A und V und α ein Programm über (S, Σ) und V. Dann gilt*

$$z[\![\alpha]\!]_A z' \iff \exists t \in \mathbb{N}\ I_A^t(\alpha, z) = (\epsilon, z').$$

Beweis: Der Beweis wird durch Induktion über den Aufbau von α geführt. Wir zeigen hier exemplarisch nur zwei Fälle.

- α ist eine Zuweisung $X := t$; mit einem Term t.
  Es gilt $z[\![\alpha]\!]_A z'$ genau dann, wenn $z' = z(X/\text{val}_{A,z}(t))$ ist. Nach Definition ist aber auch $I_A(\alpha, z) = (\epsilon, z(X/\text{val}_{A,z}(t)))$.
- α ist eine Anweisungsfolge $A_1 \dots A_n$ mit $n \geq 2$.
  Gelte $z[\![\alpha]\!]_A z'$. Dann gibt es Zustände $z_0, \dots, z_n$, so daß die Aussagen $z = z_0$ und $z_i[\![A_{i+1}]\!]_A\ z_{i+1}$ für $0 \leq i < n$ und $z_n = z'$ gilt. Nach Induktionsvoraussetzung gibt es Zahlen $t_1, \dots, t_n$, so daß $I_A^{t_{i+1}}(A_{i+1}, z_i) = (\epsilon, z_{i+1})$ ergibt. Wir wählen die t_i je minimal und erhalten so mit $t := t_1 + \dots + t_n$

$$\begin{aligned} I_A^t(\alpha, z) &= I_A^{t_1+\dots+t_n}(A_1 \dots A_n, z_0) \\ &= I_A^{t_2+\dots+t_n}(I_A^{t_1}(A_1 \dots A_n, z_0)) \\ &= I_A^{t_2+\dots+t_n}(A_2 \dots A_n, z_1) \\ &\dots \\ &= I_A^{t_n}(A_n, z_{n-1}) \\ &= (\epsilon, z_n) \\ &= (\epsilon, z'). \end{aligned}$$

Sei umgekehrt $z[\![\alpha]\!]_A z'$ nicht gültig. Entweder gilt dann $z[\![\alpha]\!]_A z''$ für einen anderen Zustand z'', insbesondere auch $I_A^t(\alpha, z) = (\epsilon, z'')$, wie eben gezeigt, und also für kein t' $I_A^{t'}(\alpha, z) = (\epsilon, z')$; oder es gibt keinen Zustand z', so daß $z[\![\alpha]\!]_A z'$ folgt. Dann gibt es Zustände $z_0, \dots, z_k$ für ein $k < n$ mit $z = z_0$, $z_i[\![A_{i+1}]\!]_A z_{i+1}$ für $i < k$, aber es existiert kein z' mit $z_k[\![A_{k+1}]\!]_A z'$. Wie eben folgt $I_A^t(A_1 \dots A_k, z) = (\epsilon, z_k)$ für ein t. Ferner gibt es nach

Induktionsvoraussetzung kein t', so daß I_A A_k in t' Schritten auf dem Zustand z_k zum leeren Programm abarbeitet. Dann kann aber auch kein t'' existieren, so daß I_A $A_1 \dots A_k \dots A_n$ auf dem Zustand z zum leeren Programm abarbeitet.

□

Programme werden später dazu benutzt, bestimmte Funktionen zu berechnen. Dazu definieren wir formal:

Definition 3.3.5 *Sei A eine (S, Σ)-Algebra. Eine Funktion*

$$f : s_A^1 \times \dots \times s_A^n \to s_A$$

heißt **programmierbar**, *falls es eine Variablenmenge V über (S, Σ) mit paarweise verschiedenen Variablen X_i vom Typ s_i und Y vom Typ s und ein Programm α über (S, Σ) und V gibt, so daß für alle Zustände von V gilt:*

$$f(z(X_1), \dots, z(X_n)) \downarrow \Rightarrow$$

$$\textit{es gibt ein } z' \textit{ mit } z[\![\alpha]\!]_A z' \textit{ und } z'(Y) = f(z(X_1), \dots, z(X_n)),$$

$$f(z(X_1), \dots, z(X_n)) \uparrow \Rightarrow \quad \textit{es gibt kein } z' \textit{ mit } z[\![\alpha]\!]_A z'.$$

Aufgaben:

1. Zeigen Sie die Eindeutigkeit der Programmsyntax.

2. Zeigen Sie die Rechtseindeutigkeit der Relation $[\![\alpha]\!]_A$, d.h. gilt für Zustände z, z' und z'' $z[\![\alpha]\!]_A z'$ und $z[\![\alpha]\!]_A z''$, dann folgt $z' = z''$.

3. Zeigen Sie: Gibt es t und t' in $\mathbb{N}$ mit $\mathrm{I}_A^t(\alpha, z) = (\epsilon, z')$ und $\mathrm{I}_A^{t'}(\alpha, z) = (\epsilon, z'')$, dann gilt $z' = z''$.

4. Gelte $\mathrm{I}_A^t(\alpha, z) = (\epsilon, z')$ für ein nichtleeres Programm α und t sei minimal gewählt. Dann ist für jedes Programm β die Aussage $\mathrm{I}_A^t(\alpha\beta, z) = (\beta, z')$ richtig.

5. Die Programmsyntax wird um folgende Konstruktion erweitert: Eine Anweisung A über (S, Σ) kann außer einer Zuweisung, einem Test und einer Schleife, wie schon definiert, auch eine REPEAT-Anweisung sein der Form

   REPEAT α UNTIL B;

   für ein Programm α und eine Boolesche Formel B. Finden Sie eine formale Semantikdefinition dieses Konstrukts mit der intuitiven Bedeutung sowohl in der denotationalen Semantik als auch mit der Interpreterfunktion. Geben Sie weiter ein zu einer REPEAT-Anweisung äquivalentes

WHILE-Programm an und beweisen Sie die Äquivalenz. Dabei heißen zwei Programme α und β **äquivalent**, sofern für jede Algebra A

$$[\![\alpha]\!]_A = [\![\beta]\!]_A$$

gilt.

6. Wann sind die folgenden WHILE-Programme äquivalent:
   - WHILE B DO IF B THEN α ELSE β END; END;
   - IF B THEN WHILE B DO α END; ELSE β END;

   Dabei sind B eine Boolesche Formel und α und β Programme. Beweisen Sie unter Annahme geeigneter Zusatzbedingungen die Äquivalenz.

7. Vervollständigen Sie den Beweis der Äquivalenz von denotationaler und operationaler Programmsemantik.

3.4 Programmverifikation

Definition 3.4.1 *Sei (S, Σ) eine Signatur und V eine Variablenmenge. Eine* **partielle Korrektheitsaussage** *über (S, Σ) und V ist eine Zeichenreihe der Form $\{\varphi\}\alpha\{\psi\}$ mit einem Programm α und Formeln φ und ψ über (S, Σ) und V. Eine partielle Korrektheitsaussage heißt in einer (S, Σ) Algebra A* **gültig**, *falls für alle Zustände z und z' über V gilt:*

$$(A \models_z \varphi \text{ und } z[\![\alpha]\!]_A z') \Rightarrow A \models_{z'} \psi \, .$$

Wir schreiben genau wie bei Formeln $A \models \{\varphi\}\alpha\{\psi\}$ dafür, daß die partielle Korrektheitsaussage $\{\varphi\}\alpha\{\psi\}$ in der Algebra A gültig ist.

Eine partielle Korrektheitsaussage $\{\varphi\}\alpha\{\psi\}$ macht also die Zusicherung, daß das Programm α, wenn es in einem Zustand, in dem φ gilt, gestartet wird und wenn es terminiert, einen Zustand, in dem ψ gilt, berechnet.

Beispiel: Folgendes ist ein WHILE-Programm α über *Nat*

```
Y := 0; Z := 0;
WHILE ¬Y = X DO
        Z := succ(Z + 2 * Y); Y := succ(Y);
END;
```

α berechnet die Funktion $f(X) = X^2$ in der Variablen Z. Dieses folgt z.B. aus der (später noch zu beweisenden) Gültigkeit der partiellen Korrektheitsaussage

$$\{\text{true}\}\, \alpha \,\{Z = X * X\}$$

und dem Nachweis, daß α auf allen Eingaben terminiert.

Wir werden uns nicht weiter mit der Frage der Terminierung von Programmen befassen, sondern uns auf die Untersuchung der partiellen Korrektheit konzentrieren. Der tiefere Grund dafür ist, daß partielle Korrektheit eine logische Eigenschaft der zugrundeliegenden Algebra ist und mittels eines schönen, im folgenden präsentierten Kalküls behandelt werden kann, während Terminierung sehr viel mehr von algebraischen, nicht logischen Eigenschaften der zugrundeliegenden Algebra abhängt. Für Details zu dieser Problematik ziehe man [7] zu Rate.

Definition 3.4.2 (Hoaresches Kalkül) *φ, ψ und ξ seien Formeln über einer Signatur (S, Σ) und Variablenmenge V, X eine Variable aus V, t ein Term vom selben Typ, B eine Boolesche Formel und α und β Programme. Die folgenden Regeln, welche die Ableitung von partiellen Korrektheitsaussagen aus prädikatenlogischen Formeln oder partiellen Korrektheitsaussagen erlauben, bilden den* **Hoareschen Kalkül** *(kurz* HC*):*

Regel für das leere Programm:

$$\frac{(\varphi \rightarrow \psi)}{\{\varphi\}\,\epsilon\,\{\psi\}}$$

Regel für Zuweisungen:

$$\frac{(\varphi \rightarrow [\psi]\{X/t\})}{\{\varphi\}\, X := t;\ \{\psi\}}$$

Regel für Testanweisungen:

$$\frac{\begin{array}{c}\{(\varphi \wedge B)\}\,\alpha\,\{\psi\}\\ \{(\varphi \wedge \neg B)\}\,\beta\,\{\psi\}\end{array}}{\{\varphi\}\,\mathrm{IF}\ B\ \mathrm{THEN}\ \alpha\ \mathrm{ELSE}\ \beta\ \mathrm{END};\ \{\psi\}}$$

Regel für Schleifen:

$$\frac{\begin{array}{c}(\varphi \rightarrow \xi)\\ \{(\xi \wedge B)\}\,\alpha\,\{\xi\}\\ ((\xi \wedge \neg B) \rightarrow \psi)\end{array}}{\{\varphi\}\,\mathrm{WHILE}\ B\ \mathrm{DO}\ \alpha\ \mathrm{END};\ \{\psi\}}$$

ξ wird auch **Schleifeninvariante** *genannt.*

Regel für Anweisungsfolgen:

$$\frac{\begin{array}{c}\{\varphi\}\,\alpha\,\{\xi\}\\ \{\xi\}\,\beta\,\{\psi\}\end{array}}{\{\varphi\}\,\alpha\beta\,\{\psi\}}$$

Für eine Algebra A ist HC(A) *die Erweiterung von* HC *um die Menge aller in A gültigen prädikatenlogischen Formeln als Axiome.*

Bei der Anwendung der Schleifenregel ist eine geeignete Invariante zu finden. Bei der Anwendung der Anweisungsfolgenregel ist eine geeignete Zwischenformel ξ zu finden. Die Zuweisungsregel und die Regel für das leere Programm stellen die Schnittstelle von HC(A) zur zugrundeliegenden Datenstruktur A dar. Hier müssen mathematische Aussagen über die Datenstruktur bewiesen werden. Letzteres stellt erstaunlicherweise die eigentliche Schwierigkeit bei der Verifikation von Programmen dar.

Eine Ableitung im Hoareschen Kalkül sollte man möglichst platzsparend notieren, indem man bei der Verifikation von Tests, Schleifen und zusammengesetzten Programmen die verwandten Regeln mit Schleifeninvarianten, Zwischenformeln und Implikationen als eine Art Kommentar wie folgt in den Programmtext hineinschreibt:

$$
\begin{array}{l}
\{\varphi\}\ \text{IF } B \text{ THEN} \\
\qquad \{(\varphi \wedge B)\}\, \alpha\, \{\psi\} \\
\text{ELSE} \\
\qquad \{(\varphi \wedge \neg B)\}\, \beta\, \{\psi\} \\
\text{END; } \{\psi\}
\end{array}
$$

$$
\begin{array}{l}
\{\varphi\}\{\xi\}\ \text{WHILE } B \text{ DO} \\
\qquad \{(\xi \wedge B)\}\, \alpha\, \{\xi\} \\
\text{END; } \{(\xi \wedge \neg B)\}\{\psi\}
\end{array}
$$

$$\{\varphi\}\, \alpha\, \{\xi\}\, \beta\, \{\psi\}$$

Was dann letztlich zu zeigen verbleibt, ist

$$A \models (\varphi \to \psi)\,,$$

wenn $\{\varphi\}\{\psi\}$ oder $\{\varphi\}\,\epsilon\,\{\psi\}$ im kommentierten Programmtext vorkommt, bzw.

$$A \models (\varphi \to [\psi]\{X/t\})\,,$$

wenn $\{\varphi\}\, X := t;\ \{\psi\}$ im kommentierten Programmtext vorkommt.

Beispiel: Wir kommentieren das vorhin angegebene $f(X) = X^2$ berechnende Programm über Nat.

$$
\begin{array}{l}
\{\text{true}\} \\
Y := 0; \\
\{Y = 0\} \\
Z := 0; \\
\{Y = 0 \wedge Z = 0\} \\
\{(Y < X \vee Y = X) \wedge Z = Y * Y\} \\
\text{WHILE } \neg Y = X \text{ DO}
\end{array}
$$

$$\begin{array}{l}\{(Y < X \vee Y = X) \wedge Z = Y * Y \wedge \neg Y = X\} \\ \qquad Z := \mathrm{succ}(Z + 2 * Y); \\ \qquad \{Y < X \wedge Z = (Y+1) * (Y+1)\} \\ \qquad Y := \mathrm{succ}(Y); \\ \{(Y < X \vee Y = X) \wedge Z = Y * Y\} \\ \mathrm{END}; \\ \{(Y < X \vee Y = X) \wedge Z = Y * Y \wedge \neg\neg Y = X\} \\ \{Z = X * X\}\end{array}$$

Satz 3.4.3 (Korrektheit des Hoareschen Kalküls) *Ist die partielle Korrektheitsaussage $\{\varphi\}\alpha\{\psi\}$ in HC(A) ableitbar, so ist $\{\varphi\}\alpha\{\psi\}$ in A gültig.*

Beweis: Der Beweis wird durch Induktion über die Länge einer Ableitung von $\{\varphi\}\,\alpha\,\{\psi\}$ in HC(A) geführt: Die zuletzt angewandte Regel sei

- die Regel für das leere Programm:
  α ist ϵ. Da $\{\varphi\}\,\epsilon\,\{\psi\}$ in HC(A) ableitbar ist, muß $(\varphi \to \psi)$ in A gültig sein. Wir zeigen die Korrektheit von $\{\varphi\}\,\epsilon\,\{\psi\}$ in A. Seien hierzu z und z' Zustände mit $A \models_z \varphi$ und $z[\![\epsilon]\!]_A z'$. Also ist $z' = z$, und es folgt $A \models_{z'} \psi$.

- die Regel für Zuweisungen:
  α ist $X := t$;. Da $\{\varphi\}\,X := t;\,\{\psi\}$ in HC(A) ableitbar ist, muß $(\varphi \to [\psi]\{X/t\})$ in A gültig sein. Wir zeigen die Gültigkeit von $\{\varphi\}\,X := t;\,\{\psi\}$ in A. Seien hierzu z und z' Zustände mit $A \models_z \varphi$ und $z[\![X := t;]\!]_A z'$. Sei $a = \mathrm{val}_{A,z}(t)$ und $z' = z(X/a)$. Also folgt $A \models_z [\psi]\{X/t\}$. Mit dem Substitutionslemma erhalten wir $A \models_{z'} \psi$.

- die Regel für Testanweisungen:
  α ist IF B THEN β ELSE γ END;. $\{\varphi\}\,\alpha\,\{\psi\}$ ist in HC(A) aus $\{(\varphi \wedge B)\}\,\beta\,\{\psi\}$ und $\{(\varphi \wedge \neg B)\}\,\gamma\,\{\psi\}$ abgeleitet. Nach Induktionsvoraussetzung sind in A die partiellen Korrektheitsaussagen $\{(\varphi \wedge B)\}\,\beta\,\{\psi\}$ und $\{(\varphi \wedge \neg B)\}\,\gamma\,\{\psi\}$ gültig. Wir zeigen, daß dann auch die partielle Korrektheitsaussage $\{\varphi\}$ IF B THEN β ELSE γ END; $\{\psi\}$ in A gilt. Seien hierzu die Aussagen $A \models_z \varphi$ und $z[\![$IF B THEN β ELSE γ END;$]\!]_A z'$ für Zustände z und z' gültig. Im Fall $A \models_z B$ folgt $A \models_z (\varphi \wedge B)$ und $z[\![\beta]\!]_A z'$. Aus der Gültigkeit von $\{(\varphi \wedge B)\}\,\beta\,\{\psi\}$ erhält man die Behauptung $A \models_{z'} \psi$. Im Fall $A \models_z \neg B$ folgert man analog wegen $A \models_z (\varphi \wedge \neg B)$ und $z[\![\gamma]\!]z'$ mit $A \models \{(\varphi \wedge \neg B)\}\,\gamma\,\{\psi\}$ die Behauptung $A \models_{z'} \psi$.

- die Regel für Schleifen:
  α ist WHILE B DO β END;. $\{\varphi\}\,\alpha\,\{\psi\}$ ist in HC(A) aus $\{(\xi \wedge B)\}\,\alpha\,\{\xi\}$ für eine Formel ξ und den in A gültigen prädikatenlogischen Formeln $(\varphi \to \xi)$ und $((\xi \wedge \neg B) \to \psi)$ abgeleitet. Aus der Induktionsvoraussetzung folgt $A \models \{(\xi \wedge B)\}\,\alpha\,\{\xi\}$. Wir zeigen die Korrektheit der partiellen Korrektheitsaussage $\{\varphi\}$ WHILE B DO β END; $\{\psi\}$ in A. Sei hierzu $A \models_z \varphi$ und $z[\![$WHILE B DO β END;$]\!]_A z'$. Es gibt also ein $l \in \mathbb{N}$ und Zustände

$z_0, \ldots, z_t$ mit $z = z_0$, $A \models_{z_i} B$ und $z_i[\![\beta]\!]_A z_{i+1}$ für $0 \leq i < t$, $A \models_{z_t} \neg B$ und $z_t = z'$. Wir schließen daraus sukzessive:

$A \models_{z_0} \varphi$	wegen $z = z_0$
$A \models_{z_0} \xi$	mit $(\varphi \rightarrow \xi)$
$A \models_{z_0} (\xi \wedge B)$	denn B gilt in z_0
$A \models_{z_1} \xi$	wegen der Invarianz von ξ
$A \models_{z_1} (\xi \wedge B)$	denn B gilt in z_1
...	
$A \models_{z_{t-1}} (\xi \wedge B)$	denn B gilt in z_{t-1}
$A \models_{z_t} \xi$	wegen der Invarianz von ξ
$A \models_{z_t} (\xi \wedge \neg B)$	denn B gilt nicht mehr
$A \models_{z_t} \psi$	mit $((\xi \wedge \neg B) \rightarrow \psi)$
$A \models_{z'} \psi$	wegen $z_t = z'$.

- die Regel für Anweisungsfolgen:
  α ist $\beta\gamma$ mit Programmen β und γ. $\{\varphi\}\,\alpha\,\{\psi\}$ ist in HC(A) aus $\{\varphi\}\,\beta\,\{\xi\}$ und $\{\xi\}\,\gamma\,\{\psi\}$ mit einer geeigneten Formel ξ abgeleitet. Nach Induktionsvoraussetzung sind dann $\{\varphi\}\,\beta\,\{\xi\}$ und $\{\xi\}\,\gamma\,\{\psi\}$ in A gültige Korrektheitsaussagen. Wir zeigen die Gültigkeit von $\{\varphi\}\,\beta\gamma\,\{\psi\}$ in A. Sei dazu $A \models_z \varphi$ und $z[\![\beta\gamma]\!]_A z'$. Also gibt es einen Zustand z'' mit $z[\![\beta]\!]_A z''$ und $z''[\![\gamma]\!]_A z'$. Die Gültigkeit von $\{\varphi\}\,\alpha\,\{\xi\}$ ergibt $A \models_{z''} \xi$. Mit $\{\xi\}\,\beta\,\{\psi\}$ folgt dann die Behauptung $A \models_{z'} \psi$.

□

Bevor wir einige Programme mit Hilfe den sich aus dem Hoareschen Kalküls ergebenden Zusicherungen, die wir als Kommentar in den Programmtext schreiben, verifizieren, wollen wir noch eine Regel für Zuweisungsfolgen einführen, um bei Verifikationen Schreibarbeit zu sparen.
Der Hoaresche Kalkül, erweitert um die Regel

$$\frac{(\varphi \rightarrow [\ldots[\psi]\{X_n/t_n\}\ldots]\{X_1/t_1\})}{\{\varphi\}\,X_1 := t_1; \ldots; X_n := t_n;\ \{\psi\}}$$

für Variablen X_i und Terme t_i vom selben Typ ist korrekt. Dieses folgt sofort, da sich die Regel durch Anwenden der Regeln

$$\frac{(\varphi \rightarrow [\ldots[\psi]\{X_n/t_n\}\ldots]\{X_1/t_1\})}{\{\varphi\}\,X_1 := t_1;\ \{[\ldots[\psi]\{X_n/t_n\}\ldots]\{X_2/t_2\}\}},$$

$$\frac{([\ldots[\psi]\{X_n/t_n\}\ldots]\{X_i/t_i\} \rightarrow [\ldots[\psi]\{X_n/t_n\}\ldots]\{X_i/t_i\})}{\{[\ldots[\psi]\{X_n/t_n\}\ldots]\{X_i/t_i\}\}\,X_i := t_i;\ \{[\ldots[\psi]\{X_n/t_n\}\ldots]\{X_{i+1}/t_{i+1}\}\}}$$

für $i = 2, \ldots, n$ und iteriertes Anwenden der Anweisungsfolgenregel simulieren läßt. Als Kommentar in den Programmtext schreiben wir die Regel wie folgt:

$$\begin{array}{l} \{\varphi\} \\ X_1 := t_1; \\ \dots \\ X_n := t_n; \\ \{\psi\} \end{array}$$

und müssen dann $(\varphi \rightarrow [\dots[\psi]\{X_n/t_n\}\dots]\{X_1/t_1\})$ zeigen.

Beispiel: Ein korrekt kommentiertes Programm über einer beliebigen Algebra, das den Wert der Variablen X und Y tauscht, ist (X, Y, A und B seien Variablen vom gleichen Typ):

$$\begin{array}{l} \{(X = A \wedge Y = B)\} \\ T := X; X := Y; Y := T; \\ \{(Y = A \wedge X = B)\}. \end{array}$$

Man achte hierbei darauf, daß die Zuweisungen in rückwärtiger Reihenfolge in Substitutionen umgesetzt werden. Nur diese Reihenfolge garantiert eine korrekte Simulation der Zuweisungsfolge durch eine Substitutionskette.

Ein Programm über die um die nichtnegative Subtraktion erweiterte Algebra *Nat*, das zu zwei natürlichen Zahlen den größten gemeinsamen Teiler berechnet, ist etwa folgendes Programm: ($\mathrm{ggt}(X, Y) = Z$ drückt dabei aus, daß Z der größte gemeinsame Teiler von X und Y ist. Als Formel ausgeschrieben ist das etwa

$$(Z|X \wedge Z|Y \wedge \forall V\ ((V|X \wedge V|Y) \rightarrow V \leq Z)))$$

mit der Abkürzung $X|Y$ für $\exists V\ V * X = Y$. Wir schreiben Konjunktionen von Formeln auch als Aufzählung.)

$$\begin{array}{l} \{X > 0, Y > 0\} \\ A := X; B := Y; \\ \{X > 0, Y > 0, \mathrm{ggT}(X,Y) = \mathrm{ggT}(A,B)\} \quad \text{kurz } \{\xi\} \\ \text{WHILE } A \neq B \text{ DO } \{\xi, A \neq B\} \\ \qquad \text{IF } B < A \text{ THEN } \{\xi, A \neq B, B < A\} \\ \qquad\qquad A := A - B; \quad \{\xi\} \\ \qquad \text{ELSE } \{\xi, A \neq B, \neg B < A\} \\ \qquad\qquad B := B - A; \quad \{\xi\} \\ \qquad \text{END; } \{\xi\} \\ \text{END; } \{\xi, A = B\} \\ \{A = \mathrm{ggT}(X,Y)\}. \end{array}$$

Die nachzuweisenden Implikationen sind:

- $(X > 0 \wedge Y > 0) \rightarrow [[\xi]\{B/Y\}]\{A/X\}$, d.h. $(X > 0 \wedge Y > 0) \rightarrow (X > 0 \wedge Y > 0 \wedge \mathrm{ggT}(X,Y) = \mathrm{ggT}(X,Y))$.

- $(\xi \wedge A \neq B \wedge B < A) \rightarrow [\xi]\{A/A-B\}$, d.h. $(X > 0 \wedge Y > 0 \wedge \mathrm{ggT}(X,Y) = \mathrm{ggT}(A,B) \wedge B < A) \rightarrow (X > 0 \wedge Y > 0 \wedge \mathrm{ggT}(X,Y) = \mathrm{ggT}(A-B,B))$.
- $(\xi \wedge A \neq B \wedge \neg B < A) \rightarrow [\xi]\{B/B-A\}$, d.h. $(X > 0 \wedge Y > 0 \wedge \mathrm{ggT}(X,Y) = \mathrm{ggT}(A,B) \wedge A < B) \rightarrow (X > 0 \wedge Y > 0 \wedge \mathrm{ggT}(X,Y) = \mathrm{ggT}(A,B-A))$.
- $(\xi \wedge A = B) \rightarrow A = \mathrm{ggT}(X,Y)$, d.h. $(X > 0 \wedge Y > 0 \wedge \mathrm{ggT}(A,B) = \mathrm{ggT}(X,Y) \wedge A = B) \rightarrow A = \mathrm{ggT}(X,Y)$.

Diese sind entweder trivialerweise in *Nat* gültig oder entsprechen einfachen zahlentheoretischen Zusammenhängen.

Wir schreiben ein Programm über den natürlichen Zahlen mit Division und Modulofunktion, das zu zwei Zahlen X und Y die Zahl X^Y berechnet; wir verwenden in der korrekten Kommentierung die Formel $A^B = Y$; wie wir später sehen werden, könnte das auch als Formel über der zugrundeliegenden Algebra der natürlichen Zahlen ausgedrückt werden.

```
{0 = 0}
X := A; Y := B; Z := 1;
{X^Y * Z = A^B}
WHILE ¬Y = 0 DO {¬Y = 0, X^Y * Z = A^B}
        IF Y mod 2 = 0 THEN
                {¬Y = 0, Y mod 2 = 0, X^Y * Z = A^B}
                Y := Y div 2; X := X * X;
                {X^Y * Z = A^B}
        ELSE
                {¬Y = 0, ¬Y mod 2 = 0, X^Y * Z = A^B}
                Y := Y - 1; Z := Z * X;
                {X^Y * Z = A^B}
        END; {X^Y * Z = A^B}
END; {Y = 0, X^Y * Z = A^B}
{Z = A^B}.
```

Die zu beweisenden Implikationen sind:

- $0 = 0 \rightarrow A^B * 1 = A^B$,
- $(\neg Y = 0 \wedge Y \bmod 2 = 0 \wedge X^Y * Z = A^B) \rightarrow (X * X)^{Y \operatorname{div} 2} * Z = A^B$,
- $(\neg Y = 0 \wedge \neg Y \bmod 2 = 0 \wedge X^Y * Z = A^B) \rightarrow X^{Y-1} * Z * X = A^B$,
- $(X^Y * Z = A^B \wedge Y = 0) \rightarrow Z = A^B$.

Die Gültigkeit dieser Formeln nachzurechnen, verbleibt als Übung.

Die zur Korrektheit duale Fragestellung ist die nach der Vollständigkeit des Hoareschen Kalküls: Kann man jede in A gültige partielle Korrektheitsaussage auch im Hoareschen Kalkül ableiten? Für beliebige Algebren gilt dieses nicht. Um geeignete Zusatzbedingungen an eine Algebra stellen zu können, benötigen wir folgende Begriffsbildung:

Definition 3.4.4 *Sei A eine (S,Σ)-Algebra, α ein Programm und φ eine Formel über (S,Σ) und V die Menge der in α und φ auftretenden Variablen. Die* **schwächste Vorbedingung** $\mathrm{wlp}_A(\alpha,\varphi)$ *von α und φ über der Algebra A ist die folgende Menge von Zuständen über V:*

$$\mathrm{wlp}_A(\alpha,\varphi) = \{z \,:\, \forall z' (z[\![\alpha]\!]_A z' \Rightarrow A \models_{z'} \varphi)\}\,.$$

Die **stärkste Nachbedingung** $\mathrm{spc}_A(\varphi,\alpha)$ *von φ und α über der Algebra A ist die folgende Menge von Zuständen über V:*

$$\mathrm{spc}_A(\varphi,\alpha) = \{z \,:\, \exists z' (A \models_{z'} \varphi \wedge z'[\![\alpha]\!]_A z)\}\,.$$

Sei Z eine Menge von Zuständen über einer Algebra A und Variablenmenge V. Z heißt in A **definierbar**, *falls es eine Formel φ mit*

$$Z = \{z \,:\, A \models_z \varphi\}$$

gibt.

Folgendes Lemma ergibt sich unmittelbar aus der Definition.

Lemma 3.4.5 *A sei eine Algebra, α ein Programm, φ und ψ Formeln und z und z' Zustände über der sich ergebenden Variablenmenge. Es gilt:*

- *Aus $z \in \mathrm{wlp}_A(\alpha,\psi)$ und $z[\![\alpha]\!]_A z'$ folgt $A \models_{z'} \psi$.*
- *Aus $A \models \{\varphi\}\,\alpha\,\{\psi\}$ und $A \models_z \varphi$ folgt $z \in \mathrm{wlp}_A(\alpha,\psi)$.*
- *Aus $A \models_z \varphi$ und $z[\![\alpha]\!]_A z'$ folgt $z' \in \mathrm{spc}_A(\varphi,\alpha)$.*
- *Aus $A \models \{\varphi\}\,\alpha\,\{\psi\}$ und $z' \in \mathrm{spc}_A(\varphi,\alpha)$ folgt $A \models_{z'} \psi$.*
- *$\mathrm{wlp}_A(\alpha,\psi)$ sei in A durch eine Formel $W_{\alpha,\psi}$ definierbar. Dann gilt die Aussage $A \models \{W_{\alpha,\psi}\}\,\alpha\,\{\psi\}$ und für alle ξ folgt aus $A \models \{\xi\}\,\alpha\,\{\psi\}$ die Aussage $A \models (W_{\alpha,\psi} \to \xi)$.*
- *$\mathrm{spc}_A(\varphi,\alpha)$ sei in A durch eine Formel $S_{\varphi,\alpha}$ definierbar. Dann gilt $A \models \{\varphi\}\,\alpha\,\{S_{\varphi,\alpha}\}$ und für alle ξ folgt aus $A \models \{\varphi\}\,\alpha\,\{\xi\}$ die Aussage $A \models (\xi \to S_{\varphi,\alpha})$.*

Definition 3.4.6 *Eine (S,Σ)-Algebra A heißt* **ausdrucksstark** *(in der Literatur auch „expressiv“ genannt), falls für jedes Programm α und jede Formel φ über (S,Σ) die Zustandsmenge $\mathrm{wlp}_A(\alpha,\varphi)$ in A definierbar ist.*

Man kann diesen Begriff äquivalent auch über die Menge spc definieren:

Satz 3.4.7 *Eine (S, Σ)-Algebra A ist ausdrucksstark genau dann, wenn für alle Formeln φ und Programme α über (S, Σ) die Menge $\mathrm{spc}_A(\varphi, \alpha)$ in A definierbar ist.*

Beweis: Sei A ausdrucksstark, α ein Programm und φ eine Formel. $\vec{X}$ seien alle hierin auftretenden Variablen. $\vec{Y}$ seien neue Variablen desselben Typs wie $\vec{X}$. Wir bezeichnen eine $\mathrm{wlp}_A(\alpha\{\vec{X}/\vec{Y}\}, \neg\vec{Y} = \vec{X})$ definierende Formel mit ξ. Es ist

$$\exists\vec{Y}([\varphi]\{\vec{X}/\vec{Y}\} \wedge \neg\xi)$$

eine $\mathrm{spc}_A(\varphi, \alpha)$ definierende Formel, denn es gilt für einen Zustand z':

$$\begin{aligned}
z' \in \mathrm{spc}_A(\varphi, \alpha) \quad &\Longleftrightarrow \quad \exists z \text{ mit } A \models_z \varphi \text{ und } z[\![\alpha]\!]_A z' \\
&\Longleftrightarrow \quad \text{es gibt } \vec{b} \text{ mit } A \models_{z'(\vec{X}/\vec{b})} \varphi \text{ und } z'(\vec{X}/\vec{B})[\![\alpha]\!]_A z' \\
&\Longleftrightarrow \quad \text{es gibt } \vec{b} \text{ und } \vec{a} \text{ mit } A \models_{z'(\vec{X}/\vec{b})} \varphi \\
&\qquad\quad \text{und } z'(\vec{X}) = \vec{a} \text{ und } z'(\vec{X}/\vec{b})[\![\alpha]\!]_A z'(\vec{X}/\vec{a}) \\
&\Longleftrightarrow \quad \text{es gibt } \vec{b} \text{ mit } A \models_{z'(\vec{Y}/\vec{b})} [\varphi]\{\vec{X}/\vec{Y}\} \text{ und es gibt } z'' \\
&\qquad\quad \text{mit } z'(\vec{Y}/\vec{b})[\![\alpha\{\vec{X}/\vec{Y}\}]\!]_A z'' \text{ und } A \models_{z''} \vec{Y} = \vec{X} \\
&\qquad\quad \text{und es ist } z'' = z'(\vec{Y}/\vec{a}) \text{ für ein geeignetes } \vec{a} \\
&\Longleftrightarrow \quad A \models_{z'} \exists\vec{Y}\,([\varphi]\{\vec{X}/\vec{Y}\} \wedge \neg\xi)\,.
\end{aligned}$$

Sei umgekehrt in A jede Menge $\mathrm{spc}_A(\varphi, \alpha)$ definierbar. Sei α ein Programm, ψ eine Formel, $\vec{X}$ alle hierin auftretenden Variablen und $\vec{Y}$ neue Variablen desselben Typs. Wir bezeichnen eine $\mathrm{spc}_A(\vec{X} = \vec{Y}, \alpha\{\vec{X}/\vec{Y}\})$ definierende Formel mit η. Es ist

$$\forall\vec{Y}\,(\eta \to [\psi]\{\vec{X}/\vec{Y}\})$$

eine $\mathrm{wlp}_A(\alpha, \psi)$ definierende Formel, denn es gilt für einen Zustand z:

$$\begin{aligned}
z \in \mathrm{wlp}_A(\alpha, \psi) \quad &\Longleftrightarrow \quad \text{für alle } \vec{b} \text{ gilt } A \models_{z(\vec{X}/\vec{b})} \psi, \text{ falls } z[\![\alpha]\!]_A z(\vec{X}/\vec{b}) \\
&\Longleftrightarrow \quad \text{für alle } \vec{b} \text{ gilt } A \models_{z(\vec{X}/\vec{b})} \psi, \text{ falls es } \vec{a} \text{ gibt mit} \\
&\qquad\quad z(\vec{Y}/\vec{a})[\![\alpha\{\vec{X}/\vec{Y}\}]\!]_A z(\vec{Y}/\vec{b}) \text{ und } A \models_{z(\vec{Y}/\vec{a})} \vec{X} = \vec{Y} \\
&\Longleftrightarrow \quad A \models_z \forall\vec{Y}\,(\eta \to [\psi]\{\vec{X}/\vec{Y}\})\,.
\end{aligned}$$

□

Satz 3.4.8 *Über einer ausdrucksstarken Algebra A ist* HC(A) *vollständig.*

Beweis: Es gelte $A \models \{\varphi\}\,\alpha\,\{\psi\}$. Für alle Zustände z und z' folgt also aus $A \models_z \varphi$ und $z[\![\alpha]\!]_A z'$ die Aussage $A \models_{z'} \psi$. Wir zeigen induktiv über den Aufbau von α, daß dann auch $\{\varphi\}\,\alpha\,\{\psi\}$ in HC(A) ableitbar ist.

- Sei $A \models \{\varphi\}\,\epsilon\,\{\psi\}$, also $A \models (\varphi \to \psi)$. Die Regel für das leere Programm erlaubt die Ableitung von $\{\varphi\}\,\epsilon\,\{\psi\}$.

- Sei $A \models \{\varphi\}\, X := t;\, \{\psi\}$. Dann gilt nach dem Substitutionslemma $A \models (\varphi \rightarrow [\psi]\{X/t\})$. Mit der Zuweisungsregel können wir die partielle Korrektheitsaussage $\{\varphi\}\, X := t;\, \{\psi\}$ ableiten.

- Sei $A \models \{\varphi\}$ IF B THEN β ELSE γ END; $\{\psi\}$. Somit gilt $A \models \{(\varphi \wedge B)\}\, \alpha\, \{\psi\}$ und $A \models \{(\varphi \wedge \neg B)\}\, \beta\, \{\psi\}$. Die Induktionsvoraussetzung und die Regel für Tests ergibt die Behauptung.

- Sei $A \models \{\varphi\}\, \beta\gamma\, \{\psi\}$ mit nichtleeren Programmen β und γ. Sei ξ eine Formel, die $\mathrm{wlp}_A(\gamma, \psi)$ in A definiert. Für diese ergibt sich aus der Definition der schwächsten Vorbedingung und der Gültigkeit von $\{\varphi\}\, \beta\gamma\, \{\psi\}$ unmittelbar:

  $$A \models \{\varphi\}\, \beta\, \{\xi\} \quad \text{und} \quad A \models \{\xi\}\, \gamma\, \{\psi\}.$$

  Die Induktionsvoraussetzung und die Regel für Anweisungsfolgen ergeben die Behauptung.

- Sei $A \models \{\varphi\}$ WHILE B DO β END; $\{\psi\}$.
  Sei ξ eine Formel, die wlp_A(WHILE B DO β END;$, \psi)$ in A definiert.

  - $A \models (\varphi \rightarrow \xi)$ ergibt sich direkt aus der Definition der schwächsten Vorbedingung und $A \models \{\varphi\}$ WHILE B DO β END; $\{\psi\}$.
  - Die Aussage $A \models \{(\xi \wedge B)\}\, \beta\, \{\xi\}$ ergibt sich wie folgt: Sei $A \models_z (\xi \wedge B)$ und $z[\![\beta]\!]_A z'$ für Zustände z und z'. Es ist $A \models_{z'} \xi$ zu zeigen. Wir zeigen dazu $z' \in \mathrm{wlp}_A$(WHILE B DO β END;$, \psi)$. Sei also $z'[\![$WHILE B DO β END;$]\!]_A z''$. Wegen $A \models_z B$ und $z[\![\beta]\!]_A z'$ gilt auch $z[\![$WHILE B DO β END;$]\!]_A z''$. Wegen $A \models_z \xi$, gilt auch $z \in \mathrm{wlp}_A$(WHILE B DO β END;$, \psi)$, also folgt $A \models_{z''} \psi$.
  - Die Aussage $A \models ((\xi \wedge \neg B) \rightarrow \psi)$ ergibt sich wie folgt: Sei $A \models_z (\xi \wedge \neg B)$. Da die Schleife sofort abgebrochen wird, gilt die partielle Korrektheitsaussage $z[\![$WHILE B DO β END;$]\!] z$; wegen der Tatsache $A \models_z \xi$ kann man $z \in \mathrm{wlp}_A$(WHILE B DO β END;$, \psi)$ folgern. Mit der Definition von wlp folgt $A \models_z \psi$.

  Mit der Induktionsvoraussetzung und der Schleifenregel erhält man die Behauptung.

□

Es verbleibt die Frage, welche Algebren denn ausdrucksstark sind. Wir beginnen mit der Algebra *Nat*. Um von der Algebra *Nat* die Vollständigkeit nachzuweisen, wird noch eine Möglichkeit benötigt, Zahlenfolgen zu codieren. Diese Methode stammt von Gödel und hat den Vorteil, daß der Graph der zugehörigen Decodierfunktion unmittelbar durch eine Formel in *Nat* definiert werden kann. Zunächst einige Hilfsmittel aus der Zahlentheorie:

Lemma 3.4.9 (Chinesischer Restsatz) *Seien $b_0, \ldots, b_t \in \mathbb{N}\backslash\{0\}$ paarweise teilerfremd. Dann gibt es zu beliebigen $k_0, \ldots, k_t \in \mathbb{N}$ mit $k_i < b_i$ eine eindeutig bestimmte Zahl $a \in \mathbb{N}$ mit $a < m := b_0 \ldots b_t$ und*

$$\begin{aligned} a \bmod b_0 &= k_0\,, \\ a \bmod b_1 &= k_1\,, \\ &\ldots \\ a \bmod b_t &= k_t\,. \end{aligned}$$

Beweis: Wir betrachten die folgende Funktion f: $A \to B$ mit

$$A := \{0, \ldots, m-1\},$$

$$B := \{0, \ldots, b_0 - 1\} \times \ldots \times \{0, \ldots, b_t - 1\} \text{ und}$$

$$f(a) = (a \bmod b_0, \ldots, a \bmod b_t).$$

Wir zeigen, daß f injektiv ist. Seien hierzu natürliche Zahlen a und b kleiner als m mit $f(a) = f(b)$ gegeben. Dann ist jedes b_i Teiler von $a - b$. Wegen der Teilerfremdheit der b_i teilt also m auch $a - b$. Wegen $-m < a - b < m$ folgt damit $a - b = 0$, also $a = b$.

Bild- und Definitionsbereich von f sind endlich und haben die gleiche Anzahl Elemente. Folglich ist f bijektiv.

Da das eindeutige Lösen der obigen Restklassengleichung im Bereich $a < m$ dem Finden eines Urbilds a von $(k_0, \ldots, k_t)$ unter der Funktion f entspricht, folgt die Behauptung des Lemmas.

□

Lemma 3.4.10 *Seien $k_0, \ldots, k_n \in \mathbb{N}$. Sei $b := \max\{t, k_0, \ldots, k_t\}!$ und $b_i := 1 + (i+1)b$ für $i = 0, \ldots, t$. Dann sind die Zahlen $b_0, \ldots, b_t$ paarweise teilerfremd und es gilt $k_i < b_i$ für $i = 0, \ldots, t$.*

Beweis: $k_i < b_i$ ist offensichtlich. Wir zeigen, daß die Zahlen b_i und b_j für $i < j$ keinen gemeinsamen Primteiler p besitzen. Ein solcher wäre nämlich auch ein Primteiler von $b_i - b_j$, also von $(i-j)b$. Als Primteiler von $(i-j)b$ wäre p dann ein Teiler von $(i-j)$ oder von b. Da $|i-j| \leq t$ und b die Fakultät einer Zahl $\geq t$ ist, ist p auch im ersten Fall ein Primteiler von b. Also wäre p ein Primteiler von $(i+1)b$, also von $b_i - (i+1)b$, also von 1. Widerspruch.

□

Definition 3.4.11 *Die Funktion $\beta : \mathbb{N} \to \mathbb{N}$ mit*

$$\beta(a, b, i) = a \bmod (1 + (i+1)b)$$

heißt **Gödelsche β-Funktion**. *Ihr Graph $\{(a, b, i, z) \in \mathbb{N}^4 : \beta(a, b, i) = z\}$ ist in Nat durch eine Formel $\varphi_\beta(A, B, I, Z)$ definierbar. (Etwa der Ausdruck $(Z < 1 + \mathrm{succ}(I) * B \wedge \exists T\, A = (1 + \mathrm{succ}(I) * B) * T + Z)$ ist eine definierende Formel für den Graphen.)*

Satz 3.4.12 *Zu $k_0, \ldots, k_t \in \mathbb{N}$ gibt es a und b in $\mathbb{N}$ mit $\beta(a, b, i) = k_i$ für $i = 0, \ldots, t$.*

Beweis: Sei $b := \max\{t, k_0, \ldots, k_t\}!$; die Zahlen $b_i := 1 + (i + 1)b$ sind dann für $i = 0 \ldots, t$ paarweise teilerfremd mit $k_i < b_i$, es gibt also ein $a \in \mathbb{N}$ mit $\beta(a, b, i) = a \bmod b_i = k_i$ für $i = 0, \ldots, t$.

□

Wir betrachten die Algebra *Nat*. Man kann die Ein-/Ausgabesemantik eines Programms auf *Nat* durch eine Formel beschreiben:

Satz 3.4.13 *Es gibt zu jedem Programm α über Nat mit Variablen aus $\vec{X} = (X_1, \ldots, X_n)$ eine Formel*

$$\mathrm{comp}_\alpha(\vec{U}, \vec{V})$$

mit Variablen $\vec{U} = (U_1, \ldots, U_n)$ und $\vec{V} = (V_1, \ldots, V_n)$, so daß für alle $\vec{x}$ und $\vec{y} \in \mathbb{N}^n$ und Zustände z die folgenden Aussagen äquivalent sind:

$$\begin{array}{ll} (1) & z(\vec{X}/\vec{x})[\![\alpha]\!]_A z(\vec{X}/\vec{y}) \\ (2) & A \models_{z(\vec{U}/\vec{x})(\vec{V}/\vec{y})} \mathrm{comp}_\alpha(\vec{U}, \vec{V})\,. \end{array}$$

Beweis: Die Konstruktion von $\mathrm{comp}_\alpha(\vec{U}, \vec{V})$ erfolgt durch Induktion über den Aufbau von α und ist bis auf den Fall der Schleife trivial. Im Falle einer Schleife verwenden wir die Gödelsche β-Funktion, um über eine endliche Berechnungsfolge quantifizieren zu können.

- α sei $X_i := t;$. Dann ist $\mathrm{comp}_\alpha(\vec{U}, \vec{V})$

$$V_1 = U_1 \wedge \ldots \wedge V_{i-1} = U_{i-1} \wedge V_i = t \wedge V_{i+1} = U_{i+1} \wedge \ldots \wedge V_n = U_n\,.$$

- α sei ϵ. Dann ist $\mathrm{comp}_\alpha(\vec{U}, \vec{V})$

$$V_1 = U_1 \wedge \ldots \wedge V_n = U_n\,.$$

- α sei IF B THEN γ ELSE δ END;. Dann ist $\mathrm{comp}_\alpha(\vec{U}, \vec{V})$

$$(([B]\{\vec{X}/\vec{U}\} \wedge \mathrm{comp}_\gamma(\vec{U}, \vec{V})) \vee (\neg[B]\{\vec{X}/\vec{U}\} \wedge \mathrm{comp}_\delta(\vec{U}, \vec{V})))\,.$$

- α sei $\gamma\delta$ mit nichtleeren Programmen γ und δ. Dann ist $\mathrm{comp}_\alpha(\vec{U}, \vec{V})$

$$\exists \vec{W}\,(\mathrm{comp}_\gamma(\vec{U}, \vec{W}) \wedge \mathrm{comp}_\delta(\vec{W}, \vec{V}))\,,$$

  mit neuen Variablen $\vec{W} = (W_1, \ldots, W_n)$.

- α sei WHILE B DO γ END;. Dann ist $\text{comp}_\alpha(\vec{U}, \vec{V})$

$$\exists T\, \exists A_1\, \exists B_1 \ldots \exists A_n\, \exists B_n\, (\xi \wedge \zeta \wedge \theta)\,,$$

mit neuen Variablen T, A_i und B_i und den folgenden Teilformeln:
Die Formel ξ beschreibt den Schleifenstart:

$$\varphi_\beta(A_1, B_1, 0, U_1) \wedge \ldots \wedge \varphi_\beta(A_n, B_n, 0, U_n)\,,$$

Die Formel ζ beschreibt die iterierte Ausführung des Schleifenrumpfes:

$$\forall I\, \forall Y_1 \ldots \forall Y_n\, \forall Z_1 \ldots \forall Z_n ((I < T \wedge$$
$$\varphi_\beta(A_1, B_1, I, Y_1) \wedge \ldots \wedge \varphi_\beta(A_n, B_n, I, Y_n)) \wedge$$
$$\varphi_\beta(A_1, B_1, \text{succ}(I), Z_1) \wedge \ldots \wedge \varphi_\beta(A_n, B_n, \text{succ}(I), Z_n))$$
$$\rightarrow ([B]\{\vec{X}/\vec{Y}\} \wedge \text{comp}_\gamma(\vec{Y}, \vec{Z})))$$

Die Formel θ beschreibt den Schleifenabbruch:

$$(\varphi_\beta(A_1, B_1, T, V_1) \wedge \ldots \wedge \varphi_\beta(A_n, B_n, T, V_n) \wedge \neg[B]\{\vec{X}/\vec{V}\})\,.$$

Es werden also mit Hilfe der β-Funktion für jedes $i \leq n$ die Werte der Variablen X_i während der Schleifendurchläufe in einer Liste mit den Code-Zahlen A_i und B_i codiert.

□

Satz 3.4.14 *Nat ist ausdrucksstark.*

Beweis: Sei α ein Programm und ψ eine Formel mit Variablen $\vec{X}$. $\vec{Y}$ seien frische Variablen. Dann wird $\text{wlp}_{Nat}(\alpha, \psi)$ durch die folgende Formel definiert:

$$\forall \vec{Y}\, (\text{comp}_\alpha(\vec{X}, \vec{Y}) \rightarrow [\psi]\{\vec{X}/\vec{Y}\})\,.$$

Das genaue Nachrechnen dieser Behauptung ist eine einfache, wenngleich schreibaufwendige Übung.

□

Wir wollen das letzte Theorem auf weitere Algebren A, insbesondere auch mehrsortige Algebren, übertragen. Zu diesem Zweck ist es hilfreich zu formulieren, welche Eigenschaften von *Nat* wir im obigen Beweis der Ausdrucksstärke eigentlich verwandt haben.

- Vorhandensein einer definierbaren Zählerstruktur

  In der Formel, welche die Semantik einer Schleife beschreibt, haben wir das Vorhandensein einer ‚Zählerstruktur', d.h. einer Null und einer Nachfolgerbildung, verwandt. Zähler müssen dabei nicht unbedingt einfache natürliche Zahlen sein, auch mit binären Bäumen oder Zeichenreihen lassen sich

Zahlrepräsentanten verwirklichen. Es muß aber auf jeden Fall die Zählerstruktur in der zugrundeliegenden Algebra A wie folgt definierbar sein:

Es muß eine Formel $\mathrm{nat}(X)$, einen Term n ohne Variable und einen Term $s(X)$ mit genau einer Variablen X geben, so daß für die durch die Formel $\mathrm{nat}(X)$ in A definierte Teilmenge

$$\mathrm{nat}_A := \{a \in A \;:\; A \models_{z(X/a)} \mathrm{nat}(X)\}$$

und die Grundterme, d.h. Terme ohne Variablen, i^* $(i \in \mathbb{N})$ mit der Definition

$$0^* := n \quad \text{und} \quad (i+1)^* = s(X)\{X/i^*\}$$

gilt:

- $\mathrm{nat}_A = \{\mathrm{val}_{A,z}(i^*) \;:\; i \in \mathbb{N}\}$,
- nat_A ist eine unendliche Menge.

- Codierung endlicher Folgen mit definierbarer Decodierfunktion

  Zu jeder Sorte s (der Typ der Folgenelemente) muß es eine Sorte t (der Typ des Folgencodes) geben, so daß sich endliche Folgen $(x_0, \ldots, x_n)$ von Objekten der Sorte s durch ein Objekt a der Sorte t codieren lassen. Eine zugehörige Decodierfunktion dec mit $\mathrm{dec}(a, i) = x_i$ muß existieren, die sich in der Algebra durch eine Formel definieren läßt. Die Definierbarkeit der Decodierfunktion ist der Kernpunkt.

Beispiel: Etwa die Algebra $\mathbb{Z}$ der ganzen Zahlen über der Signatur

$$(\{Z\}, \{0, \mathrm{succ}, \mathrm{pred}, +, *, <\})$$

ist ausdrucksstark. Als Zählerstruktur kann die Teilmenge der natürlichen Zahlen mit 0 und succ verwandt werden, welche in $\mathbb{Z}$ genau durch die Formel

$$\exists Y\, \exists Z\, \exists U\, \exists V\; X = Y * Y + Z * Z + U * U + V * V$$

charakterisiert werden. (Jede natürliche Zahl ist Summe von vier Quadraten.)

Folgen ganzer Zahlen codieren wir, indem wir zu Zahlen $z_1, \ldots, z_n$ die Folge

$$|z_1|, \mathrm{sgn}(z_1), \ldots, |z_n|, \mathrm{sgn}(z_n)$$

mit der β-Funktion codieren.

Aufgaben:

1. Für welche Programme α und Formeln φ gelten die partiellen Korrektheitsaussagen

$$\{\varphi\}\, \alpha \,\{\text{false}\}\,,$$
$$\{\varphi\}\, \alpha \,\{\text{true}\}\,.$$

2. Gegeben sei folgendes Sortierprogramm über der Algebra $Array_{Nat}$ der Arrays der Länge n mit Einträgen aus Nat.

```
I := 0;
WHILE ¬I = succⁿ(0) DO
      J := I; A := A[I]; K := I;
      WHILE ¬J = succⁿ(0) DO
            J := succ(J);
            IF A[J] < A THEN A := A[J]; K := J;
            ELSE
            END;
      END;
      A[K] := A[I]; A[I] := A;
END;
```

Formulieren und beweisen Sie eine geeignete partielle Korrektheitsaussage für dieses Programm.

3. Schreiben und verifizieren Sie ein Programm über einer geeigneten Algebra, das Polynome vom Grad n auswertet. Versuchen Sie, dabei mit möglichst wenigen Multiplikationen auszukommen.

4. Erweitern Sie den Hoareschen Kalkül um eine Regel für REPEAT-Anweisungen und IF-Anweisungen ohne ELSE-Teil (mit der jeweils intuitiven Bedeutung der Anweisungen.)

5. Zeigen Sie, daß die Algebra Set_{Nat} der endlichen Mengen mit Elementen aus den natürlichen Zahlen ausdrucksstark ist.

6. Zeigen Sie, daß der Hoaresche Kalkül über der um die Vorgängerfunktion pred mit
$$\text{pred}_N(x) = \begin{cases} x-1 & \text{für } x > 0 \\ 0 & \text{sonst}\,, \end{cases}$$
erweiterten Algebra N nicht vollständig ist. Betrachten Sie dazu das Programm
$$\text{WHILE } \neg X = 0 \text{ DO } X := \text{pred}(X); Y := \text{succ}(Y);\ \text{END};$$
Sie dürfen dabei benutzen, daß in der Algebra (N, pred) die Addition nicht definierbar ist.

7. Zeigen Sie, daß Algebren mit endlichem Grundbereich ausdrucksstark sind, sofern es für jedes Element a des Grundbereiches einen Term ohne Variablen gibt, der sich zu a auswertet.

3.5 Rekursive Programme

Wir verwenden in diesem Kapitel zusätzlich die folgenden Sonderzeichen

PROCEDURE CALL DISPOSE IN OUT

Wir definieren zunächst die Syntax der Objekte, mit denen wir in diesem Abschnitt arbeiten.

Definition 3.5.1 *Ein* **Prozedurkopf** *ist eine Zeichenreihe der Form*

$$\text{PROCEDURE } P(\text{IN } X_1, \ldots, X_n, \text{ OUT } Y_1, \ldots, Y_m)$$

mit einem **Prozedurnamen** *P und paarweise verschiedenen Variablen X_1, ..., X_n, Y_1,..., Y_m. Die Variablen $X_1, \ldots, X_n$ sind die formalen* **in-Parameter**, *$Y_1, \ldots, Y_m$ die formalen* **out-Parameter**. *Ein* **Prozeduraufruf** *über einer Signatur (S, Σ) ist eine Zeichenreihe*

$$\text{CALL } P(t_1, \ldots, t_n, U_1, \ldots, U_m);$$

kurz CALL $P(\vec{t}, \vec{U})$, *mit Termen $t_1, \ldots, t_n$ über (S, Σ) vom selben Typ wie X_i und paarweise verschiedenen typgerechten Variablen $U_1, \ldots, U_m$, die in keinem Term t_i vorkommen dürfen. Aus technischen Gründen benötigen wir noch eine neue Anweisung*

$$\text{DISPOSE}(\vec{Z});$$

deren Zweck die Freigabe der Speicherzellen $\vec{Z}$ sein wird. Wir werden diese Anweisung nicht in Anwendungsprogrammen benutzen. **Rekursive Programme** *über einer Signatur (S, Σ) erhalten wir nun als Erweiterung der bisherigen Programmiersprache um die beiden neuen Anweisungsformen* CALL *und* DISPOSE.

Man beachte, daß wir bis zu dieser Stelle noch nichts zu einem sinnvollen Zusammenpassen von Prozedurköpfen und rekursiven Programmen, die die deklarierten Prozedurnamen verwenden, gesagt haben. Dies wird in den folgenden Begriffsbildungen geschehen.

Wir werden im folgenden Abschnitt Zustände über während der Programmabarbeitung variierenden Variablenmengen betrachten. Dazu vereinbaren wir: Für einen Zustand $z : V \to A$ sei

$$z(\vec{X}/\vec{a}) : V \cup \{\vec{X}\} \to A$$

der Zustand, der jeder Komponente X_i von $\vec{X}$ den Wert a_i und allen übrigen Variablen Y aus $V \backslash \{\vec{X}\}$ den Wert $z(Y)$ zuordnet. Die Schreibweisen $\text{val}_{A,z}(t)$

und $A \models_z \varphi$ machen immer noch Sinn, sofern sie bzgl. Zuständen z betrachtet werden, die auf allen Variablen von t bzw. allen freien Variablen von φ definiert sind. Ein Zustand $z' : V' \to A$ heißt **Erweiterung** von $z : V \to A$, sofern $V \subseteq V'$ und $z'(X) = z(X)$ für alle $X \in V$ gilt.

Für einen Term t bezeichnet $\mathrm{var}(t)$ alle in t vorkommenden Variablen, für eine Formel φ bezeichnet $\mathrm{var}(\varphi)$ alle in φ vorkommenden freien Variablen.

Definition 3.5.2 *Für ein rekursives Programm α und eine Variablenmenge V definieren wir nun simultan durch Induktion über den Aufbau von α zwei technische Hilfsbegriffe:*
Die Eigenschaft „α ist auf V definiert“und die Funktion $\mathrm{d}(\alpha, V) = V'$*:*

- *Sei α das Programm $X := t;$.*
  α ist auf V definiert $\iff \mathrm{var}(t) \subseteq V$.
  $d(\alpha, V)$ ist $V \cup \{X\}$.

- *Sei α das Programm* CALL $P(\vec{t}, \vec{U});$.
  α ist auf V definiert $\iff \mathrm{var}(\vec{t}) \subseteq V$.
  $\mathrm{d}(\alpha, V)$ *ist* $V \cup \{\vec{U}\}$.

- *Sei α das Programm* DISPOSE$(\vec{Z});$.
  α ist auf V definiert.
  $\mathrm{d}(\alpha, V)$ *ist* $V \setminus \{\vec{Z}\}$.

- *Sei α das Programm* IF B THEN β ELSE γ END;.
  α ist auf V definiert $\iff \mathrm{var}(B) \subseteq V$ *und β und γ sind auf V definiert.*
  $\mathrm{d}(\alpha, V)$ *ist* $\mathrm{d}(\beta, V) \cap \mathrm{d}(\gamma, V)$.

- *Sei α das Programm* WHILE B DO β END;.
  α ist auf V definiert $\iff \mathrm{var}(B) \subseteq V$ *und β ist auf V definiert.*
  $\mathrm{d}(\alpha, V)$ *ist V.*

- *Sei α das Programm $\beta\gamma$ und β und γ seien nicht leere Programme.*
  α ist auf V definiert $\iff$ β ist auf V und γ ist auf $\mathrm{d}(\beta, V)$ *definiert.*
  $\mathrm{d}(\alpha, V)$ *ist* $\mathrm{d}(\gamma, \mathrm{d}(\beta, V))$.

Die erste Begriffsbildung soll besagen, daß die Abarbeitung von α in jedem Zustand z, der mindestens auf allen Variablen aus V definiert ist, hinsichtlich des Vorhandenseins von Werten von Variablen, nach denen das Programm α während der Abarbeitung verlangt, möglich ist.

Die zweite Begriffsbildung soll in der Variablenmenge $\mathrm{d}(\alpha, V)$ all die Variablen aufsammeln, denen nach der Abarbeitung von α ein Wert zugewiesen ist, wenn wir in einem Zustand z starten, der auf allen Variablen in V definiert ist.

Die Definition ist unabhängig von der Zerlegung einer Anweisungsfolge in zwei nichtleere Teile. (Übung)

Wir kommen nun zur zentralen Definition der Syntax von Prozedurumgebungen.

Definition 3.5.3 *Eine* **Prozedurumgebung** *über einer Signatur* (S, Σ) *besteht aus einer endlichen Menge* Ω *von Zeichenreihen, den sogenannten* **Prozeduren**, *der Form*

$$
\begin{array}{l}
\text{PROCEDURE} \\
\{\varphi(\vec{X})\}\, P(\text{ IN } \vec{X},\ \text{OUT } \vec{Y})\, \{\psi(\vec{X}, \vec{Y})\} \\
\text{BEGIN} \\
\qquad \beta \\
\text{END}
\end{array}
$$

mit folgenden Eigenschaften:

- *Die verwandten Prozedurnamen sind paarweise verschieden.*
- PROCEDURE $P(\text{IN } \vec{X}, \text{OUT } \vec{Y})$ *ist ein Prozedurkopf.*
- β *ist ein rekursives Programm über der Signatur* (S, Σ).
- *Zu jedem Prozeduraufruf* CALL $Q(\vec{t}, \vec{U})$ *in* β *gibt es eine Prozedur in* Ω *mit Namen* Q *und formalen Parametern* $\vec{X}$ *und* $\vec{Y}$, *die jeweils vom selben Typ wie die aktuellen Parameter* $\vec{t}$ *und* $\vec{U}$ *sind.*
- β *ist auf* $\{\vec{X}\}$ *definiert.*
- $\{\vec{Y}\} \subseteq \mathrm{d}(\beta, \vec{X})$
- β *enthält keine Anweisungen von der Form* $X_i := t;$ *oder von der Form* CALL $Q(\vec{t}, \ldots, X_i, \ldots)$ *mit* $X_i \in \{\vec{U}\}$ *(in-Parameter werden nicht verändert).*
- $\varphi(\vec{X})$ *enthält höchstens* $\vec{X}$ *als freie Variable.*
- $\psi(\vec{X}, \vec{Y})$ *enthält höchstens* $\vec{X}$ *und* $\vec{Y}$ *als freie Variablen.*

Es gibt also keine globalen Variablen. Die Kommentare in den Prozeduren werden nur zur Spezifikation und Verifikation des Programmverhaltens benutzt, aber sie tangieren die eigentliche Abarbeitung nicht.

Definition 3.5.4 (Interpretersemantik für rekursive Programme) *Es sei* Ω *eine Prozedurumgebung und* A *eine Algebra über der Signatur* (S, Σ). *Wir definieren eine die Interpreterfunktion von* WHILE-*Programmen erweiternde Interpreterfunktion*

$$\mathrm{I}_{A,\Omega}(\alpha, z) = (\alpha', z'),$$

die jedem Paar (α, z), *bestehend aus einem rekursiven Programm über* Ω *und einem Zustand* $z : V \to A$ *mit der Eigenschaft, daß* α *auf* V *definiert ist, ein neues solches Paar* (α', z') *zuordnet. Im Gegensatz zu* $\mathrm{I_A}$ *können dabei* z *und* z' *einen unterschiedlichen Definitionsbereich haben.*

- $\mathrm{I_{A,\Omega}}(\mathrm{CALL}\ P(\vec{t}, \vec{U}); \gamma, z) = (\vec{X}^* := \vec{t}; \beta^*\, \vec{U} := \vec{Y}^*; \mathrm{DISPOSE}(\vec{Z}^*); \gamma, z)$.
  Hierbei ist β^* *das Programm* β, *in dem jedes Auftreten einer Variablen* Z *durch eine neue, nicht in* V *vorkommende Variable* Z^* *ersetzt wird, und* $\vec{Z}^*$ *sind alle in* β^* *auftretenden Variablen.*

- $\mathrm{I_{A,\Omega}}(\mathrm{DISPOSE}(\vec{Z}); \gamma, z) = (\gamma, \tilde{z})$.
  Hierbei ist $\tilde{z} : V \backslash \{\vec{Z}\} \to A$, $\tilde{z}(X) = z(X)$ *für alle* $X \in V \backslash \{\vec{Z}\}$, *falls* $z : V \to A$.

- *Auf allen übrigen Anweisungen arbeitet* $\mathrm{I_{A,\Omega}}$ *genau wie* $\mathrm{I_A}$.

Insbesondere betrachten wir $I_{A,\Omega}(\alpha, \_)$ nur auf solchen Zuständen z, so daß α auf $\mathrm{dom}(z)$ definiert ist.

Es wird also ein neuer, mit * gekennzeichneter Hilfsspeicherbereich geschaffen, die aktuellen in-Werte $\vec{t}$ werden in diesen Hilfsspeicher unter X^* geladen, der Rumpf der Prozedur mit Namen P im neuen Speicherbereich aufgerufen, die danach unter $\vec{Y}^*$ berechneten out-Werte wie im Aufruf angegeben unter den aktuellen out-Parametern $\vec{U}$ abgeliefert, der gesamte Hilfsspeicher wieder freigegeben und das Restprogramm γ ausgeführt.

Eine alternative Sichtweise eines Prozeduraufrufs ermöglicht das folgende Lemma:

Lemma 3.5.5 (Prozeduraufruflemma) *Es sei* Ω *eine Prozedurumgebung. Wir betrachten den Prozeduraufruf* CALL $P(\vec{t}, \vec{U})$; *zur Prozedur*

```
PROCEDURE
{φ(X⃗)} P( IN X⃗, OUT Y⃗) {ψ(X⃗,Y⃗)}
BEGIN
    β
END
```

von Ω. *Es sei* A *eine Algebra,* z *und* z' *Zustände über* A, *so daß* β *auf* $\mathrm{dom}(z)$ *definiert ist und* $\vec{a} = \mathrm{val}_{A,z}(\vec{t})$. *Dann sind folgende Aussagen äquivalent:*

1. $(\mathrm{CALL}\ P(\vec{t}, \vec{U});, z)$ *wird durch* $\mathrm{I_{A,\Omega}}$ *in endlich vielen Schritten in* (ϵ, z') *transformiert.*

2. *Es gibt einen Zustand* z'', *so daß* $(\beta, z(\vec{X}/\vec{a}))$ *durch* $\mathrm{I_{A,\Omega}}$ *in endlich vielen Schritten in* (ϵ, z'') *transformiert wird, und es gilt* $z' = z(\vec{U}/z''(\vec{Y}))$.

Die Schrittanzahl von I *ist im zweiten Fall echt kleiner als im ersten.*

Beweis: Das Paar (CALL $P(\vec{t},\vec{U});,z)$ wird wie folgt abgearbeitet: (CALL $P(\vec{t},\vec{U});,z)$ wird zu $(\vec{X}^* := \vec{t}; \beta^*\, \vec{U} := \vec{Y}^*;$ DISPOSE$(\vec{Z}^*);,z)$ umgewandelt, dieses wiederum zu $(\beta^*\, \vec{U} := \vec{Y}^*;$ DISPOSE$(\vec{Z}^*);, z(\vec{X}^*/\vec{a}))$ abgearbeitet. Nun beachten wir, daß, da β auf $\{\vec{X}\}$ definiert ist, die Abarbeitung von β^* auf dem Zustand $z(\vec{X}^*/\vec{a})$ unter $\vec{Y}^*$ genau dieselben Werte abliefert, wie sie die Abarbeitung von β auf dem Zustand $z(\vec{X}/\vec{a})$ unter $\vec{Y}$ liefern würde. Es sei z'' der Zustand mit der Eigenschaft, daß $(\beta, z(\vec{X}/\vec{a}))$ durch $\mathrm{I}_{A,\Omega}$ in endlich vielen Schritten in (ϵ, z'') transformiert wird. Somit liefert die Abarbeitung von β^* auf dem Zustand $z(\vec{X}^*/\vec{a})$ unter $\vec{Y}^*$ die Werte $z''(\vec{Y})$. Nun führen die abschließenden Anweisungen $\vec{U} := \vec{Y}^*;$ DISPOSE$(\vec{Z}^*)$; zum Endzustand $z' = z(\vec{U}/z''(\vec{Y}))$.

□

Um die Ergebnisse von I_A der vorigen Abschnitte übertragen zu können, definieren wir noch formal $z[\![\alpha]\!]_{A,\Omega}z' \iff \exists t \in \mathbb{N}\ \mathrm{I}^t_{A,\Omega}(\alpha, z) = (\epsilon, z')$ für jeden Zustand z auf V, auf dem α definiert ist.

Wir erweitern den Begriff der partiellen Korrektheitsaussage auf rekursive Programme.

Definition 3.5.6 *Sei Ω eine Prozedurumgebung, A eine Algebra über der Signatur (S,Σ), α ein rekursives Programm über Ω, V Variablen, auf denen α definiert ist, und φ und ψ prädikatenlogische Formeln über (S,Σ). Die partielle Korrektheitsaussage $\{\varphi\}\,\alpha\,\{\psi\}$ heißt in A gültig, wenn für alle Zustände z von $V \cup \mathrm{var}(\varphi)$ und z' auf einer $\mathrm{var}(\psi)$ umfassenden Variablenmenge gilt:*

$$\text{Wenn } A \models_z \varphi \text{ und } \mathrm{I}^t_{A,\Omega}(\alpha, z) = (\epsilon, \text{Einschränkung von } z') \\ \text{für ein } t \in \mathbb{N}, \text{ dann folgt } A \models_{z'} \psi\,.$$

Wir erweitern den Hoareschen Kalkül, um partielle Korrektheitsaussagen für rekursive Programme ableiten zu können, wie folgt:

Definition 3.5.7 *Der* **Hoaresche Kalkül** HC(Ω) *über Ω ergibt sich aus dem früheren Hoareschen Kalkül durch Hinzunahme der folgenden neuen Regel*

$$\frac{\begin{array}{c}(\pi \to [\varphi]\{\vec{X}/\vec{t}\}) \\ ((\exists \vec{U}\ \pi \wedge [\psi]\{\vec{X}/\vec{t}, \vec{Y}/\vec{U}\}) \to \rho)\end{array}}{\{\pi\}\ \mathrm{CALL}\ P(\vec{t},\vec{U})\ \{\rho\}}$$

zu jeder Prozedur der Form

PROCEDURE
$\{\varphi(\vec{X})\}\ P($ IN $\vec{X}$, OUT $\vec{Y})\ \{\psi(\vec{X},\vec{Y})\}$
BEGIN
β
END.

Wir bezeichnen mit HC(Ω, A) *den um die in der Algebra A gültigen prädikatenlogischen Formeln erweiterten Kalkül* HC(Ω). *Eine Prozedurumgebung* Ω *heißt über einer Algebra A* **korrekt kommentiert**, *sofern für jede Prozedur obiger Form in* Ω *die partielle Korrektheitsaussage*

$$\{\varphi(\vec{X})\}\,\beta\,\{\psi(\vec{X},\vec{Y})\}$$

in HC(Ω, A) *ableitbar ist.*

Beispiel: Als Beispiel betrachtem wir die 91-Funktion von McCarthy über der Algebra (Nat, $-$):

$$\begin{array}{l} \text{PROCEDURE } \{\text{true}\}P(\text{IN } X, \text{OUT } Y)\ \{\psi(X,Y)\} \\ \text{BEGIN} \\ \qquad \text{IF } X > 100 \text{ THEN } Y := X - 10; \\ \qquad \text{ELSE CALL } P(X+11,U); \text{ CALL } P(U,Y); \\ \qquad \text{END}; \\ \text{END} \end{array}$$

mit der Spezifikation $\psi(X,Y) =$

$$((X > 100 \to Y = X - 10) \wedge (X \leq 100 \to Y = 91))\,.$$

Der Prozedurrumpf erhält folgende Kommentierung:

$$\begin{array}{l} \{\text{true}\} \\ \text{IF } X > 100 \text{ THEN } \{X > 100\}Y := X - 10;\ \psi(X,Y) \\ \text{ELSE } \{\neg X > 100\} \text{ CALL } P(X+11,U); \\ \qquad \{\neg X > 100 \wedge [\psi]\{X/X+11, Y/U\}\} \\ \qquad \text{CALL } P(U,Y); \{\psi\} \\ \text{END } \{\psi\}. \end{array}$$

Es ist im ELSE-Fall noch nachzuweisen, daß die Formel

$$\begin{array}{c} (X \leq 100 \wedge (X + 11 > 100 \to U = X + 1) \wedge (X + 11 \leq 100 \to U = 91) \\ \wedge (U > 100 \to Y = X - 10) \wedge (U \leq 100 \to Y = 91)) \to \psi(X,Y) \end{array}$$

gilt. (Übung)

Dieser Kalkül ist korrekt und mit denselben Zusatzbedingungen wie beim einfachen Hoareschen Kalkül an die Algebra auch vollständig, sofern man die Kommentierung der Prozedur geeignet wählt.

Satz 3.5.8 *Es sei* Ω *eine korrekt kommentierte Prozedurumgebung. Ist* $\{\pi\}\,\alpha$ $\{\rho\}$ *in* HC(Ω, A) *ableitbar, so ist* $\{\pi\}\,\alpha\,\{\rho\}$ *in A gültig.*

Beweis: Sei Ω eine korrekt kommentierte Prozedurumgebung, $\{\pi\}\,\alpha\,\{\rho\}$ eine partielle Korrektheitsaussage, die in $\mathrm{HC}(\Omega, A)$ ableitbar ist (1), V eine Variablenmenge, auf der α definiert ist (2), z ein Zustand von $V \cup \mathrm{var}(\pi)$ mit $A \models_z \pi$ (3) und $\mathrm{I}^t_{\mathrm{A},\Omega}(\alpha, z) = (\epsilon, z')$ für ein $t \in \mathbb{N}$ (4). Es ist dann $A \models_{z*} \rho$ zu zeigen für alle Erweiterungen $z*$ von z' auf eine $\mathrm{var}(\rho)$ umfassende Variablenmenge.

Wir führen eine Induktion über t. Dabei ist nur der Fall noch zu betrachten, daß α aus einer CALL-Anweisung besteht. Der Rest kann aus dem Beweis der Korrektheit von HC wörtlich übernommen werden.

Sei also die Behauptung für alle Programme mit kürzerer Rechenzeit als t schon gezeigt und α habe die Form CALL $P(\vec{t}, \vec{U})$;.

Ω ist korrekt kommentiert, also folgt: Die partielle Korrektheitsaussage

$$\{\varphi(\vec{X})\}\,\beta\,\{\psi(\vec{X},\vec{Y})\} \text{ ist in } \mathrm{HC}(\Omega, A) \text{ ableitbar} \quad (1)^*.$$

Da die partielle Korrektheitsaussage $\{\pi\}\,\text{CALL } P(\vec{t},\vec{U});\{\rho\}$ in $\mathrm{HC}(\Omega, A)$ ableitbar war, müssen in A die beiden Formeln $(\pi \to [\varphi]\{\vec{X}/\vec{t}\})$ und $((\exists\vec{U}\,\pi \wedge [\psi]\{\vec{X}/\vec{t}, \vec{Y}/\vec{U}\}) \to \rho)$ gültig sein. Sei $a_i := \mathrm{val}_{\mathrm{A},z}(t_i)$ für $1 \leq i \leq n$. Mit der Voraussetzung $A \models_z \pi$ und dem Substitutionslemma erhalten wir

$$A \models_{z(\vec{X}/\vec{a})} \varphi \quad (3)^*.$$

Nach dem Prozeduraufruflemma existiert ein Zustand z'', so daß

$$(\beta, z(\vec{X}/\vec{a})) \text{ in } s < t \text{ Schritten in } (\epsilon, z'') \text{ transformiert wird} \quad (4)^*$$

und $z' = z(\vec{U}/z''(\vec{Y}))$ gilt. $z(\vec{X}/\vec{a})$ ist auf $\mathrm{var}(\psi(\vec{X}))$ definiert,

$$\beta \text{ ist auf } \{\vec{X}\} \text{ definiert} \quad (2)^*$$

und z'' ist auf $\vec{X}$ und $\vec{Y}$ definiert. Diese vier Bedingungen ermöglichen es, die Induktionsvoraussetzung auf $\{\varphi(\vec{X})\}\,\beta\,\{\psi(\vec{X},\vec{Y})\}$ anzuwenden. Wir erhalten also

$$A \models_{z''} \psi(\vec{X},\vec{Y}).$$

In-Parameter werden nicht verändert, daher gilt $z''(\vec{X}) = \vec{a}$. Es gilt $z''(\vec{Y}) = z'(\vec{U})$. Also erhält man wegen $\{\vec{U}\} \cap \mathrm{var}(\vec{t}) = \emptyset$ die Aussage

$$A \models_{z'} [\psi]\{\vec{X}/\vec{t}, \vec{Y}/\vec{U}\}.$$

Ferner gilt

$$A \models_{z'} \exists\vec{U}\,\pi,$$

also folgt

$$A \models_{z^*} \rho$$

für jede $\mathrm{var}(\rho)$ enthaltende Erweiterung z^* von z'.

□

Im folgenden betrachten wir nur Prozedurumgebungen mit endlich vielen Prozeduren. Zum Beweis der Vollständigkeit erweitern wir den Begriff einer ausdrucksstarken Algebra auf rekursive Programme. Es ist wie vorher $\mathrm{spc}_A(\varphi, \alpha)$ die Menge von Zuständen z', so daß es einen Zustand z gibt über der Menge var(α) und V, so daß α auf V definiert ist, mit

$$\exists t \in \mathbb{N}\ \mathrm{I}^t_{A,\Omega}(\alpha, z) = (\epsilon, z') \quad \text{und} \quad A \models_z \varphi ,$$

und $\mathrm{wlp}_A(\alpha, \psi)$ die Menge von Zuständen z, so daß α auf dom(z) definiert ist und

$$\exists t \in \mathbb{N}\ \mathrm{I}^t_{A,\Omega}(\alpha, z) = (\epsilon, z') \Rightarrow A \models_{z^*} \psi$$

für alle var(ψ) umfassenden Erweiterungen z^* von z' gilt. Eine Algebra A heißt ausdrucksstark bzgl. rekursiver Programme, sofern $\mathrm{spc}_A(\varphi, \alpha)$ für alle φ und α definierbar ist. Genau wie vorher sieht man, daß man äquivalent über spc oder über wlp den Begriff der Ausdrucksstärke einer Algebra definieren kann. Eine spc(φ, α) definierende Formel kann als freie Variablen höchstens die freien Variablen aus φ und Bezeichner für die Variablen d(α, V) enthalten, falls V die kleinste Menge ist, auf der α definiert ist, da das Programmverhalten genau hiervon charakterisiert wird. Man kann also annehmen, daß in einer spc(φ, CALL $P(\vec{X}, \vec{Y})$;) definierenden Formeln genau alle Variablen aus $\vec{X}$ und $\vec{Y}$ die frei vorkommenden Variablen sind.

Satz 3.5.9 *Sei A eine ausdrucksstarke Algebra und Ω eine Prozedurumgebung mit Prozeduren der Form*

PROCEDURE
{true} P(IN $\vec{X}$, OUT $\vec{Y}$) $\{\varphi_S(\vec{X}, \vec{Y})\}$
BEGIN
β
END

mit einer Formel $\varphi_S(\vec{X}, \vec{Y})$ mit genau den freien Variablen $\vec{X}$ und $\vec{Y}$, welche

$$\text{spc(true, CALL } P(\vec{X}, \vec{Y});)$$

in der Algebra A definiert. Dann ist jede in der Algebra A gültige partielle Korrektheitsaussage in HC(Ω) *aus den in A gültigen prädikatenlogischen Formeln ableitbar. Insbesondere ist Ω eine korrekt kommentierte Prozedurumgebung.*

Beweis: Nach Definition von spc und dem Prozeduraufruflemma folgt für alle Zustände z' auf $\vec{X}$ und $\vec{Y}$ die Äquivalenz $A \models_{z'} \varphi_S(\vec{X}, \vec{Y}) \iff$ es gibt einen Zustand z, so daß $\mathrm{I}_{A,\Omega}$ (β, z) in endlich vielen Schritten in (ϵ, z'') für eine Erweiterung z'' von z' transformiert wird.

Sei also $\{\pi\}\ \alpha \{\rho\}$ in A gültig. Wir zeigen durch Induktion über den Aufbau von α, daß die partielle Korrektheitsaussage dann in HC(Ω) aus den in A

gültigen prädikatenlogischen Formeln ableitbar ist. Es ist lediglich der Fall eines Prozeduraufrufs zu betrachten, der Rest ist analog zur Vollständigkeit des einfachen Hoareschen Kalküls.

Sei also $\{\pi\}$ CALL $P(\vec{t},\vec{U})$; $\{\rho\}$ in A gültig. Um die Prozeduraufrufregel anwenden zu können, ist $A \models (\pi \to [\text{true}]\{\vec{X}/\vec{t}\})$ und $A \models ((\exists \vec{U}\ \pi \wedge [\varphi_S(\vec{X},\vec{Y})]\{\vec{X}/\vec{t},\vec{Y}/\vec{U}\}) \to \rho)$ zu zeigen. Die erste Aussage ist klar. Sei z' ein Zustand mit

$$A \models_{z'} (\exists \vec{U}\ \pi \wedge [\varphi_S(\vec{X},\vec{Y})]\{\vec{X}/\vec{t},\vec{Y}/\vec{U}\}),$$

insbesondere ist z' auf allen freien Variablen dieser Formel, also auch auf allen freien Variablen in $\vec{t}$ und $\vec{U}$ definiert. Da die Formel gilt, gibt es ein $\vec{u}$ mit

$$A \models_{z'(\vec{U}/\vec{u})} \pi\,.$$

Sei $\vec{a} = \text{val}_{A,z'}(\vec{t})$. Mit dem Substitutionslemma und dem zweiten Teil obiger Formel ergibt sich

$$A \models_{z'(\vec{X}/\vec{a})(\vec{Y}/z'(\vec{U}))} \varphi_S(\vec{X},\vec{Y})\,.$$

Es gibt also einen Zustand z, so daß (β, z) durch $\text{I}_{A,\Omega}$ in endlich vielen Schritten in (ϵ, z'') für eine Erweiterung z'' von $z'(\vec{X}/\vec{z})(\vec{Y}/z'(\vec{U}))$ transformiert wird. Es ist $\{\vec{U}\} \cap \{\text{var}(\vec{t})\} = \emptyset$, daher gilt auch

$$\vec{a} = \text{val}_{A,z'(\vec{U}/\vec{u})}(\vec{t})\,.$$

Ferner ist $z = z(\vec{X}/\vec{a})$, da ja in-Parameter nicht verändert werden. Aus dem Prozeduraufruflemma folgt, daß (CALL $P(\vec{t},\vec{U}), z'(\vec{U}/\vec{u})$;) durch $\text{I}_{A,\Omega}$ in endlich vielen Schritten in (ϵ, z') transformiert wird. Man erhält $A \models_{z'} \rho$.

□

Welche Algebren sind ausdrucksstark bezüglich rekursiver Programme? Betrachten wir etwa *Nat*, dann sehen wir, daß die vorher die Programmabarbeitung beschreibende Formel comp bei rekursiven Programmen nicht mehr so über den Aufbau eines Programms definiert werden kann, denn das zu betrachteten Restprogramm wird bei einem Prozeduraufruf länger.

Sei α ein rekursives Programm und V die kleinste Variablenmenge, auf der α definiert ist. Wir werden später sehen, daß es eine Formel comp^*_α mit genau den freien Variablen $\vec{X}$ für die Variablen aus V und $\vec{Y}$ für die Variablen aus $d(\alpha, V)$ gibt, die genau dann in einem Zustand z gilt, wenn das Programm, auf einem Zustand, der den Variablen aus V $z(\vec{X})$ zuordnet, gestartet, nach endlich vielen Schritten in einem Zustand, der den Variablen aus $d(\alpha, V)$ $z(\vec{Y})$ zuordnet, terminiert. (Die Konstruktion von comp^*_α wäre mit den bisher abgeleiteten Techniken schon möglich, aber äußert langwierig. Da sie sich später zwanglos ergeben wird, verzichten wir an dieser Stelle darauf.) Die $\text{spc}(\varphi, \alpha)$ ausdrückende Formel ist dann $\forall \vec{X}\ (\varphi \to \text{comp}^*_\alpha(\vec{X},\vec{Y}))$.

Aufgaben:

1. Zeigen Sie, daß es für jedes rekursive Programm α eine kleinste Menge V von Variablen gibt, auf der α definiert ist.

2. Zeigen Sie, daß HC(Ω) nicht korrekt wäre, wenn wir zuließen, daß die out-Parameter eines Prozeduraufrufs in den Termen für die in-Parameter vorkommen oder in der Kommentierung eines Prozedurkopfs mehr als nur die in- und out-Parameter als freie Variablen auftauchen dürfen.

3. Zeigen Sie, daß HC(Ω) in einer Prozedurumgebung, die eine andere als die oben definierte Umgebung mit Kommentar {true} bzw. $\{\varphi_S(\vec{X}, \vec{Y})\}$ benutzt, nicht vollständig ist.

4. Kommentieren sie folgendes Programm korrekt, das in einem sortierten Array A mit Randbegrenzern L und R ein Element E binär sucht:

```
PROCEDURE Bin(IN L, R, A, E, OUT F)
BEGIN
    IF L = R THEN
        IF A[L] = E THEN F := true; ELSE F := false;
        END;
    ELSE
        M := (L + R) DIV 2;
        IF A[M] ≥ E THEN Bin(L, M, A, E, F);
        ELSE Bin(M + 1, R, A, E, F);
        END;
    END;
END
```

5. Schreiben und verifizieren Sie über einer geeigneten Algebra ein Programm, das in einem binären Baum die Anzahl der Knoten berechnet.

Kapitel 4

Berechenbarkeitstheorie – auf den Punkt gebracht

Ein kritischer Blick zurück auf das vorige Kapitel wird eine zwanglose Überleitung zur Thematik „Berechenbarkeit" dieses Kapitels liefern.

Wir haben von „programmierbaren Funktionen" gesprochen und dieser Begriffsbildung die idealisierte, ziemlich bescheiden ausgestattete Programmiersprache der WHILE- Programme zugrundegelegt. Die Beschränkung auf solch einfache Programme hat ihren guten Grund: Diese Programmiersprache besitzt eine einfache Semantik mit entsprechend einfachen Verifikationsregeln und bietet sich als erstes Objekt für Studien in Programmiersprachensemantik und Programmverifikation an. Der praktische Informatiker jedoch ist weitaus komplexere Programmiersprachen wie Pascal, Modula-2 oder C gewohnt. Zumindest mit den rekursiven Programmen hatten wir uns ein kleines Stück in Richtung auf solche „richtigen" Programmiersprachen bewegt und dabei erfahren, daß das Theoriegeschäft schnell an Kompliziertheit zunimmt.

Es stellt sich nun die Frage, welche Art von „programmierbaren Funktionen" wir erhalten hätten, wenn wir irgendeine dieser „richtigen" Programmiersprachen zugrundegelegt hätten: Kann man in C mehr Funktionen implementieren als in Pascal?

Vor dieser Frage standen Mathematiker und Logiker bereits am Anfang des 20. Jahrhunderts. Bedingt durch ein gewachsenes Interesse der Mathematik an algorithmischen Fragen (insbesondere im Zusammenhang mit Grundlagenfragen der Mathematik) waren bis in die 30-er Jahre zahlreiche Formalismen zur Berechnung von Funktionen auf den natürlichen Zahlen vorgeschlagen worden: Turingmaschinen, rekursive Ausdrücke, λ-Kalkül,..., letztlich auch nichts anderes als Programmiersprachen auf abstrakten Maschinen, wenngleich in Syntax und Semantik verschieden von den heute gängigen Programmiersprachen. Eine Vielzahl von Äquivalenzbeweisen hinsichtlich der Berechnungsmächtigkeit zwischen den vorgelegten Formalismen zeigte auf, daß es einen mathematisch sinnvollen Begriff von „berechenbarer Funktion" gibt, der von der Wahl des zugrundeliegenden Berechnungsformalismus unabhängig ist. Diese Erfahrung wird bis heute unter dem Namen „Churchsche These“ zum Ausdruck gebracht:

„Berechenbarkeit“ ist in mathematisch invarianter Weise definierbar.

Auch unsere modernen Programmiersprachen fügen sich in dieses riesige Äquivalenzszenario ein: Die Begriffe „programmierbar“ und „berechenbar“ sind äquivalent (bei Zugrundelegen einer beliebigen Programmiersprache mit effektiver Syntax und Semantik, die zumindest über die Kontrollstrukturen der WHILE-Programme verfügt).

Erstes Ziel dieses Kapitels ist es, diese Äquivalenz nachzuweisen. Wir werden dabei wie folgt vorgehen: Der imperativen Programmiersprache der WHILE-Programme stellen wir eine Art funktionale Programmiersprache, die μ-rekursiven Ausdrücke, gegenüber. Diese wird sich als ein mathematisch äußerst flexibler Formalismus erweisen, in dem es beispielsweise in technisch zwar aufwendiger, aber prinzipiell einfacher Weise möglich ist, Syntax und Semantik der WHILE-Programme zu simulieren. Der Beweis wird deutlich machen, daß eine solche Simulation von Syntax und Semantik für jede vernünftige Programmiersprache durchführbar ist. (Für die rekursiven Programme wird sich dieses als einfache Erweiterung ergeben.) Damit ist schon eine Richtung für alle angestrebten Äquivalenzaussagen erledigt: μ-rekursive Ausdrücke sind mindestens so mächtig wie jede Programmiersprache.

Doch zunächst werden wir die Umkehrung betrachten, die sich in einfacher Weise wie folgt ergibt: μ-rekursive Ausdrücke lassen sich durch WHILE-Programme simulieren, und WHILE-Programme sind eine Kernsprache, die in den gebräuchlichen Programmiersprachen enthalten ist.

Die Integration weiterer, historisch wichtiger Formalismen wie Turingmaschinen und GOTO-Programme gelingt als kleine Zugabe.

Auf der Basis dieser Erkenntnisse führen wir den Begriff der „berechenbaren Funktion“ und der „entscheidbaren Relation“ ein und studieren die wichtigsten Zusammenhänge und Methoden. Insbesondere sind für den praktischen Informatiker Aussagen von Interesse, daß bestimmte in der Informatik wichtige Probleme wie das Halteproblem, das Verifikationsproblem oder das Äquivalenzproblem prinzipiell nicht entscheidbar, also maschinell nicht lösbar sind.

Zur Abrundung des Kapitels verallgemeinern wir den Begriff der Berechenbarkeit auf natürlichen Zahlen – eine bequeme Abstraktion und Idealisierung in Bezug auf Datenrepräsentationen, die dem praktischen Informatiker allerdings zu weit gehen mag – zu einem Begriff von Berechenbarkeit auf Wörtern eines Alphabets.

Die sogenannte Rekursionstheorie führt über die in diesem Kapitel aufgeführten Begriffe und Definitionen weit hinaus. Wir verweisen daher für tiefergehende Studien, insbesondere in der Theorie der rekursiven Funktionen, auf den Klassiker der Rekursionstheorie von Rogers[8], sowie auf das moderne Lehrbuch von Odifreddi[6].

4.1 Primitiv rekursive Funktionen

Definition 4.1.1 Primitiv rekursive Ausdrücke *sind alle Wörter, die durch den folgenden Kalkül erzeugt werden:*

$$\frac{}{\mathrm{NULL}} \quad \frac{}{\mathrm{SUCC}} \quad \frac{}{\mathrm{PROJ}(i)}\ \textit{für } i \geq 1$$

$$\frac{G, H_1, \ldots, H_m}{\mathrm{KOMP}(G, H_1, \ldots, H_m)}\ \textit{für } m \geq 1 \quad \frac{G, H}{\mathrm{REK}(G, H)}.$$

Jeder primitiv rekursive Ausdruck π repräsentiert für beliebige Stelligkeit $n \geq 1$ eine Funktion $f_\pi^{(n)} : \mathbb{N}^n \to \mathbb{N}$, die induktiv über den Aufbau von π wie folgt definiert ist:

- $f_{\mathrm{NULL}}^{(n)}(x_1, \ldots, x_n) = 0,$
- $f_{\mathrm{SUCC}}^{(n)}(x_1, \ldots, x_n) = x_1 + 1,$
- $f_{\mathrm{PROJ}(i)}^{(n)}(x_1, \ldots, x_n) = \begin{cases} x_i & \textit{falls } 1 \leq i \leq n \\ 0 & \textit{sonst} \end{cases}.$

Diese Funktionen heißen auch **Grundfunktionen**.

- $f_{\mathrm{KOMP}(G,H_1,\ldots,H_m)}^{(n)}(x_1, \ldots, x_n) =$
$$f_G^{(m)}(f_{H_1}^{(n)}(x_1, \ldots, x_n), \ldots, f_{H_m}^{(n)}(x_1, \ldots, x_n))$$
- $f_{\mathrm{REK}(G,H)}^{(n)}$ *wird je nach Wert des letzten Parameters definiert als:*
$$\begin{aligned} f_{\mathrm{REK}(G,H)}^{(n)}(x_1, \ldots, x_{n-1}, 0) &= f_G^{(n)}(x_1, \ldots, x_{n-1}, 0) \quad \text{und} \\ f_{\mathrm{REK}(G,H)}^{(n)}(x_1, \ldots, x_{n-1}, y+1) &= f_H^{(n+1)}(x_1, \ldots, x_{n-1}, \\ &\qquad f_{\mathrm{REK}(G,H)}^{(n)}(x_1, \ldots, x_{n-1}, y), y). \end{aligned}$$

Die Menge aller Funktionen f, für die $f = f_\pi$ mit einem primitiv rekursiven Ausdruck π gilt, heißt Menge der **primitiv rekursiven Funktionen**.

Definition 4.1.2 *Seien $g : \mathbb{N}^n \to \mathbb{N}$ und $h_1, \ldots, h_n : \mathbb{N}^m \to \mathbb{N}$ Funktionen. Wir sagen, daß die Funktion $f : \mathbb{N}^m \to \mathbb{N}$ aus g und $h_1, \ldots, h_n$ durch* **Komposition** *gewonnen wurde, falls gilt:*

$$f(\vec{x})\downarrow \iff h_1(\vec{x})\downarrow, \ldots, h_n(\vec{x})\downarrow \ \textit{und}\ g(h_1(\vec{x}), \ldots, h_n(\vec{x}))\downarrow,$$

und in diesem Fall ist

$$f(\vec{x}) = g(h_1(\vec{x}), \ldots, h_n(\vec{x})).$$

Seien $g : \mathbb{N}^{n+1} \to \mathbb{N}$ und $h : \mathbb{N}^{n+2} \to \mathbb{N}$ Funktionen. (Wir schreiben auch $f = g \circ (h_1, \ldots, h_n)$.) Wir sagen, daß die Funktion $f : \mathbb{N}^{n+1} \to \mathbb{N}$ aus g und h durch **primitive Rekursion** *gewonnen wurde, falls gilt:*

$$f(\vec{x}, 0)\downarrow \iff g(\vec{x}, 0)\downarrow,$$

und in diesem Fall ist

$$f(\vec{x},0)=g(\vec{x},0),$$

und

$$f(\vec{x},y+1)\downarrow \iff f(\vec{x},y)\downarrow \text{ und } h(\vec{x},f(\vec{x},y),y)\downarrow,$$

und in diesem Fall ist

$$f(\vec{x},y+1)=h(\vec{x},f(\vec{x},y),y)\,.$$

Lemma 4.1.3 *Sind $g:\mathbb{N}^m\to\mathbb{N}$, $h_1,\ldots,h_m:\mathbb{N}^n\to\mathbb{N}$ primitiv rekursiv, so auch die Funktion $f:\mathbb{N}^n\to\mathbb{N}$ mit*

$$f(\vec{x})=g(h_1(\vec{x}),\ldots,h_m(\vec{x}))\,.$$

Sind $g:\mathbb{N}^{n+1}\to\mathbb{N}$ und $h:\mathbb{N}^{n+2}\to\mathbb{N}$ primitiv rekursiv, so auch die Funktion $f:\mathbb{N}^{n+1}\to\mathbb{N}$ mit

$$f(\vec{x},0)=g(\vec{x},0)\,,$$

$$f(\vec{x},y+1)=h(\vec{x},f(\vec{x},y),y)\,.$$

Die Komposition von Funktionen f_G und f_H entspricht offenbar genau der Funktion zum primitiv rekursiven Ausdruck KOMP(G,H) und die primitive Rekursion entspricht der Funktion zum Ausdruck REK(G,H). Daher ist klar, daß sämtliche primitiv rekursiven Funktionen aus den Grundfunktionen durch endlich häufige Anwendung von Komposition und primitiver Rekursion gewonnen werden können.

Wollen wir zeigen, daß eine gewisse Eigenschaft A für alle primitiv rekursiven Funktionen gilt, reicht es daher zu zeigen, daß A für die Grundfunktionen gilt und die Eigenschaft bei Komposition und primitiver Rekursion erhalten bleibt. Dieses Beweisprinzip nennen wir **Induktion über den Aufbau der primitiv rekursiven Funktionen**.

Folgende Aussage etwa beweist man durch Induktion über den Aufbau der primitiv rekursiven Funktionen (Übung):

Lemma 4.1.4 *Jede primitiv rekursive Funktion ist total.*

Beispiel: Primitiv rekursive Funktionen sind etwa die folgenden:

- Für $a\in\mathbb{N}$ sind konstante Funktionen $c_a^{(n)}$ beliebiger Stelligkeit primitiv rekursiv, denn

  $$c_a^{(n)}=f^{(n)}_{\text{KOMP(SUCC..., KOMP(SUCC, NULL)...)}}$$

  (a mal KOMP(SUCC...)).

- Die durch $\text{pred}(0) = 0$ und $\text{pred}(y+1) = y$ rekursiv definierte Funktion $\text{pred} : \mathbb{N} \to \mathbb{N}$ ist primitv rekursiv. Dies erkennt man, indem die obige rekursive Definition in das strenge Format der primitiven Rekursion umgeschrieben wird:

$$\begin{aligned} \text{pred}(0) &= f^{(1)}_{\text{NULL}}(0), \\ \text{pred}(y+1) &= f^{(2)}_{\text{PROJ}(2)}(\text{pred}(y), y). \end{aligned}$$

  pred wird folglich durch den primitiv rekursiven Ausdruck REK(NULL, PROJ(2)) repräsentiert.

- Die Addition $\text{add}(x, y) = x + y$ ist primitiv rekursiv, denn wir können sie mit Hilfe der Rekursionsgleichung

$$\begin{aligned} \text{add}(x, 0) &= f^{(2)}_{\text{PROJ}(1)}(x, 0), \\ \text{add}(x, y+1) &= f^{(1)}_{\text{SUCC}}(f^{(3)}_{\text{PROJ}(2)}(x, \text{add}(x, y), y)) \end{aligned}$$

  definieren. Der primitiv rekursive Ausdruck

  REK(PROJ(1), KOMP(SUCC, PROJ(2)))

  repräsentiert folglich add.

- Die Multiplikation $\text{mult}(x, y) = x \cdot y$ ist primitiv rekursiv, denn die Rekursionsgleichung

$$\begin{aligned} \text{mult}(x, 0) &= f^{(2)}_{\text{NULL}}(x, 0), \\ \text{mult}(x, y+1) &= \text{add}(f^{(3)}_{\text{PROJ}(1)}(x, \text{mult}(x, y), y), \\ &\quad f^{(3)}_{\text{PROJ}(2)}(x, \text{mult}(x, y), y))) \end{aligned}$$

  definiert die Multiplikation. Einen mult repräsentierenden Ausdruck erhält man, indem man in

  REK(NULL, KOMP(add, PROJ(1), PROJ(2)))

  den Ausdruck add gegen einen die Funktion add repräsentierenden primitiv rekursiven Ausdruck ersetzt.

Das folgende Lemma erspart uns in Zukunft das mühsame Umwandeln rekursiver Definitionen in das strenge Format primitiv rekursiver Definitionen. Es bietet die Möglichkeit, Variablen beliebig zu permutieren und sie mehrfach oder auch gar nicht zu verwenden.

Lemma 4.1.5 *Sei $g : \mathbb{N}^m \to \mathbb{N}$ primitiv rekursiv, $n \geq m$ und seien $1 \leq i_1 \leq n, \ldots, 1 \leq i_m \leq n$ Indizes. Dann ist auch die Funktion $h : \mathbb{N}^n \to \mathbb{N}$ mit*

$$h(x_1, \ldots, x_n) = g(x_{i_1}, \ldots, x_{i_m})$$

primitiv rekursiv.

Beweis: Es gilt

$$h(x_1, \ldots, x_n) = g(f^{(n)}_{\mathrm{PROJ}(i_1)}(x_1, \ldots, x_n), \ldots, f^{(n)}_{\mathrm{PROJ}(i_m)}(x_1, \ldots, x_n)) .$$

□

Es genügt somit in Zukunft, den Nachweis der primitiven Rekursivität einer Funktion auf der Basis einer Rekursionsgleichung wie bei den folgenden Funktionen zu führen.

Beispiel:

- Die nichtnegative Differenz

$$\begin{aligned} x - 0 &= x, \\ x - (y+1) &= \mathrm{pred}(x - y) \end{aligned}$$

  ist primitiv rekursiv.

- Die Signum-Funktion

$$\begin{aligned} \mathrm{sgn}(0) &= 0, \\ \mathrm{sgn}(y+1) &= 1 \end{aligned}$$

  ist primitiv rekursiv.

Lemma 4.1.6 *Sei $f : \mathbb{N} \to \mathbb{N}$ primitiv rekursiv. Dann ist auch $g : \mathbb{N}^2 \to \mathbb{N}$ mit $g(x,t) = f^t(x)$ primitiv rekursiv.*

Beweis: Es ist $g(x, 0) = x$ und $g(x, t+1) = f(g(x,t))$.

□

Obwohl wir uns vom strengen Format einer Rekursionsgleichung gelöst haben, ist es nicht bei jeder Rekursionsgleichung klar, ob sie sich in ebenso einfacher Weise in eine primitive Rekursion umwandeln läßt.

Beispiel: Die Funktion

$$\begin{aligned} f(0, y) &= g(y), \\ f(x+1, y) &= h(x, f(x,y), y) \end{aligned}$$

mit primitiv rekursiven Funktionen g und h erkennt man leicht als primitiv rekursiv.

Im Falle der Iteration hätten wir auch die Gleichungen

$$\begin{aligned} g(x,0) &= x, \\ g(x,t+1) &= g(f(x),t) \end{aligned}$$

aufstellen können. Diese ist aber nicht vom Format einer primitiven Rekursion, da der Parameter $f(x)$ statt x in der Rekursion verwandt wird. Wir werden gleich sehen, daß auch solche Rekursionen mit Parameterwechsel wieder auf primititv rekursive Funktionen führen.

Die Ackermannfunktion ist rekursiv definiert als

$$\begin{aligned} A(0,y) &= y+1, \\ A(x+1,0) &= A(x,1), \\ A(x+1,y+1) &= A(x,A(x+1,y)). \end{aligned}$$

Wir werden später sehen, daß sie nicht primitiv rekursiv ist.

Lemma 4.1.7 *Seien $g : \mathbb{N} \to \mathbb{N}$, $h : \mathbb{N}^3 \to \mathbb{N}$ und $w : \mathbb{N} \to \mathbb{N}$ primitiv rekursiv und $f : \mathbb{N}^2 \to \mathbb{N}$ durch die Gleichungen*

$$\begin{aligned} f(x,0) &= g(x), \\ f(x,y+1) &= h(x,f(w(x),y),y) \end{aligned}$$

definiert. Dann ist auch f primitiv rekursiv.

Beweis: Wir betrachten die Hilfsfunktion

$$F(t,x,y) = \begin{cases} f(w^{t-y}(x),y) & \text{falls } t \geq y \\ 0 & \text{sonst} \end{cases}.$$

Es gilt $F(t,x,0) = f(w^t(x),0) = g(w^t(x))$ und für $t \geq y+1$

$$\begin{aligned} F(t,x,y+1) &= f(w^{t-y-1}(x),y+1) \\ &= h(w^{t-y-1}(x),f(w(w^{t-y-1}(x)),y),y) \\ &= h(w^{t-y-1}(x),f(w^{t-y}(x),y),y) \\ &= h(w^{t-y-1}(x),F(t,x,y),y) \end{aligned}$$

und für $t \leq y+1$ $F(t,x,y+1) = 0$. F ist also primitiv rekursiv. Wegen $f(x,y) = F(y,x,y)$ ist auch f primitiv rekursiv.

□

Seien $s_1,\ldots,s_n$ Sorten einer Algebra A und $V_1,\ldots,V_n$ Variablen vom Typ $s_1,\ldots,s_n$. Wir nennen eine Relation $R \subseteq s_1 \times \ldots \times s_n$ in der Algebra

A **definierbar**, sofern die Menge der Zustände z auf $V_1, \ldots, V_n$, für die $(z(V_1), \ldots, z(V_n)) \in R$ gilt, in A (im Sinne von Definition 3.4.4) definierbar ist.

Als Beispiel eines Induktionsbeweises über den Aufbau der primitiv rekursiven Funktionen und für spätere Verwendung beweisen wir folgenden Satz:

Satz 4.1.8 *Sei $f : \mathbb{N}^n \to \mathbb{N}$ eine primitiv rekursive Funktion. Dann ist ihr Graph* $= \{(\vec{x}, y) \in \mathbb{N}^{n+1} : f(\vec{x}) = y\}$ *in der Algebra Nat* $= (\mathbb{N}, 0, \text{succ}, +, *)$ *definierbar.*

Beweis: (Induktion über den Aufbau der primitiv rekursiven Funktionen)

- Der Graph von $f = f^{(n)}_{\text{NULL}} : \mathbb{N}^n \to \mathbb{N}$ ist durch die Formel $Y = 0$ definierbar.
- Der Graph von $f = f^{(n)}_{\text{SUCC}}$ kann durch $Y = \text{succ}(X_1)$ definiert werden.
- Der Graph von $f = f^{(n)}_{\text{PROJ}(i)}$ kann für $i \leq n$ durch $Y = X_i$ definiert werden, im Fall $i > n$ ist f konstant 0.
- Sei f durch Komposition aus g und $h_1, \ldots, h_m$ gewonnen und φ_g bzw. φ_{h_i} seien definierende Formeln für die Graphen dieser Funktionen. Der Graph von f wird dann durch die Formel

  $$\forall V_1 \ldots \forall V_m \, ((\varphi_{h_1}(\vec{X}, V_1) \wedge \ldots \wedge \varphi_{h_m}(\vec{X}, V_m)) \to \varphi_g(V_1, \ldots, V_m, Y))$$

  mit neuen Variablen V_i definiert.
- Sei f durch primitive Rekursion aus g und h gewonnen und φ_g und φ_h definierende Formeln dieser Funktionen. Dann definiert den Graphen von f die Formel mit den freien Variablen $\vec{X} = (X_1, \ldots, X_n)$, X_{n+1} und Y

  $$\begin{gathered} \exists A \, \exists B \, (\varphi_g(\vec{X}, 0, \beta(A, B, 0)) \wedge \beta(A, B, T) = Y \wedge \\ \forall I \, (I < X_{n+1} \to \varphi_h(\vec{X}, \beta(A, B, I), I, \beta(A, B, \text{succ}(I)))))) \end{gathered}$$

  mit neuen Variablen A, B, und I und der Gödelschen β-Funktion.

  Da die β-Funktion durch eine Formel in *Nat* definierbar ist, kann obige Formel über der erweiterten Algebra $(\textit{Nat}, \beta)$ durch eine Formel über *Nat* äquivalent ersetzt werden. (Wie geht das?)

□

Definition 4.1.9 *Eine Relation $R \subseteq \mathbb{N}^n$ heißt* **primitiv rekursiv**, *falls ihre charakteristische Funktion χ_R primitiv rekursiv ist.*

Satz 4.1.10 *Jede primitiv rekursive Relation $R \subseteq \mathbb{N}^n$ ist in $\mathbb{N}$ definierbar.*

Beweis: Man kann die Formel $\chi_R = 1$ als definierende Formel nehmen. (Wir unterscheiden nicht zwischen χ_R und der definierende Formel.)

□

Beispiel: Primitiv rekursive Relationen sind etwa

- die Gleichheitsrelation $=$ mit $\chi_=(x,y) = 1 - ((x-y)+(y-x))$,
- die Kleinerrelation $<$ mit $\chi_<(x,y) = \mathrm{sgn}(y-x)$.

Wir wollen einige Abschlußeigenschaften primitiv rekursiver Funktionen und Relationen beweisen.

Definition 4.1.11 *Seien R und S Relationen in $\mathbb{N}^n$. Dann bezeichnen wir mit*

- $\neg R$ *das* **Komplement** $\mathbb{N}^n \setminus R$ *von* R,
- $R \wedge S$ *den* **Durchschnitt** $R \cap S$ *von* R *und* S,
- $R \vee S$ *die* **Vereinigung** $R \cup S$ *von* R *und* S.

Lemma 4.1.12 *Sind $R \subseteq \mathbb{N}^n$ und $S \subseteq \mathbb{N}^n$ primitiv rekursiv, so auch $\neg R$, $R \wedge S$ und $R \vee S$.*

Beweis: Es ist $\chi_{\neg R} = 1 - \chi_R$, $\chi_{R \wedge S} = \chi_R \cdot \chi_S$ und $R \vee S = \neg(\neg R \wedge \neg S)$.

□

Es folgt, daß auch die Relationen $\neq$, $\leq$, $>$, $\geq$ primitiv rekursiv sind.

Lemma 4.1.13 *Seien $S \subseteq \mathbb{N}^n$ und $h_i : \mathbb{N}^m \to \mathbb{N}$ für $1 \leq i \leq n$ primitiv rekursiv. Dann ist auch die Relation $R \subseteq \mathbb{N}^m$ mit*

$$R\vec{x} \iff Sh_1(\vec{x}) \ldots h_m(\vec{x})$$

primitiv rekursiv. Wir sagen, daß R auf S **primitiv rekursiv reduziert** *werden kann.*

Beweis: Die charakteristische Funktion von R ist

$$\chi_R(\vec{x}) = \chi_S(h_1(\vec{x}), \ldots, h_n(\vec{x}))\,.$$

□

Beispiel: Die Relation $Rxy \iff$ *x ist der ganzzahlige Anteil der Quadratwurzel von y* ist primitiv rekursiv, denn es ist $Rxy \iff x \cdot x \leq y \wedge (x+1)\cdot(x+1) > y$.

Lemma 4.1.14 *Seien $R_i \subseteq \mathbb{N}^n$ für $1 \leq i \leq m$ paarweise disjunkte primitiv rekursive Relationen und $h_1, \ldots, h_{m+1}$ n-stellige primitiv rekursive Funktionen. Dann ist die Funktion $f : \mathbb{N}^n \to \mathbb{N}$ mit*

$$f(\vec{x}) = \begin{cases} h_1(\vec{x}) & \textit{falls } R_1 x \\ \ldots & \\ h_m(\vec{x}) & \textit{falls } R_m x \\ h_{m+1}(\vec{x}) & \textit{sonst} \end{cases}$$

primitiv rekursiv.

Beweis: Die Funktion f hat die Darstellung

$$f(\vec{x}) = \chi_{R_1}(\vec{x}) \cdot h_1(\vec{x}) + \ldots + \chi_{R_m}(\vec{x}) \cdot h_m(\vec{x}) + (1 - (\chi_{R_1 \vee \ldots \vee R_m}(\vec{x}))) \cdot h_{m+1}(\vec{x}).$$

□

Beispiel: Die Funktion, die das Maximum bzw. Minimum zweier Zahlen berechnet, ist primitiv rekursiv, denn es gilt

$$\max(x, y) = \begin{cases} x & \text{falls } x > y \\ y & \text{sonst} \end{cases}.$$

Analog für das Minimum.

Sei $R \subseteq \mathbb{N}^{n+1}$. Dann definieren wir eine neue Funktion $f : \mathbb{N}^{n+1} \to \mathbb{N}$, die durch **beschränkte Minimierung** aus R gewonnen ist, durch

$$f(\vec{x}, b) = \begin{cases} \text{kleinstes } y \text{ mit } y \leq b \wedge R\vec{x}y & \text{falls } y \text{ existiert} \\ b & \text{sonst} \end{cases}$$

und schreiben kurz $f(x, b) = \mu y \leq b.R\vec{x}y$.

Lemma 4.1.15 *Ist R primitiv rekursiv und f aus R durch beschränkte Minimierung gewonnen, dann ist auch f primitiv rekursiv.*

Beweis: Es ist $f(\vec{x}, 0) = 0$ und

$$f(\vec{x}, b+1) = \begin{cases} f(\vec{x}, b) & \text{falls } R\vec{x}f(\vec{x}, b) \\ b+1 & \text{sonst} \end{cases}.$$

□

Beispiel: Die Funktionen

- $f(x) =$ ganzzahliger Anteil der Quadratwurzel von x
  $= \mu y \leq x.(y \cdot y < x \wedge (y+1) \cdot (y+1) > x),$

- $x \text{ div } y = \begin{cases} \mu t \leq x.(t+1) \cdot y > x & \text{falls } y > 0 \\ 0 & \text{sonst} \end{cases}$,

- $x \text{ mod } y = \begin{cases} x - (x \text{ div } y) \cdot y & \text{falls } y > 0 \\ 0 & \text{sonst} \end{cases}$,

sind primitiv rekursiv.

Sei $R \subseteq \mathbb{N}^{n+1}$. Dann definieren wir zwei neue Relationen $S \subseteq \mathbb{N}^{n+1}$ und $T \subseteq \mathbb{N}^{n+1}$, die aus R durch **beschränkte All-/Existenzquantifizierung** hervorgehen wie folgt:

$$\begin{aligned} S\vec{x}b &\iff \text{es gibt ein } y \leq b \text{ mit } R\vec{x}y, \text{ geschrieben } \exists y \leq b.R\vec{x}y, \\ T\vec{x}b &\iff \text{für alle } y \leq b \text{ gilt } R\vec{x}y, \text{ geschrieben } \forall y \leq b.R\vec{x}y. \end{aligned}$$

Lemma 4.1.16 *Ist R primitiv rekursiv und gehen S und T aus R durch beschränkte All- bzw. Existenzquantifizierung hervor, dann sind auch S und T primitiv rekursiv.*

Beweis: Es gilt

$$\begin{aligned} \chi_S(\vec{x}, 0) &= \chi_R(\vec{x}, 0), \\ \chi_S(\vec{x}, b+1) &= \max(\chi_R(\vec{x}, b+1), \chi_S(\vec{x}, b)). \end{aligned}$$

Ferner gilt die Äquivalenz

$$T\vec{x}b \iff \neg\exists y \leq b.\neg R\vec{x}y.$$

□

Beispiel: Etwa die Teilbarkeitsrelation | ist primitiv rekursiv, denn es gilt

$$x|y \iff \exists t \leq y.\, t \cdot x = y.$$

Um noch andere Möglichkeiten der Rekursion zu etablieren, benötigen wir eine Möglichkeit, Zahlenfolgen so zu codieren, daß die Codier- und Decodierfunktionen primitiv rekursiv sind.

Definition 4.1.17 *Die* **Cauchysche Paarfunktion** $\langle\, ,\, \rangle : \mathbb{N}^2 \to \mathbb{N}$ *wird definiert durch*

$$\langle x, y \rangle = (x+y)(x+y+1)/2 + y.$$

Diese Funktion ist offensichtlich primitiv rekursiv. Sie ist eine Bijektion von $\mathbb{N}^2$ und $\mathbb{N}$. Man erkennt diese Tatsache, wenn man betrachtet, nach welchem Schema die Punkte aus $\mathbb{N}^2$ durchnumeriert werden:
(Das Abzählen geschieht auf geeigneten Diagonalen in $\mathbb{N}^2$; wir nennen dieses Schema deswegen auch **Diagonalverfahren**.)

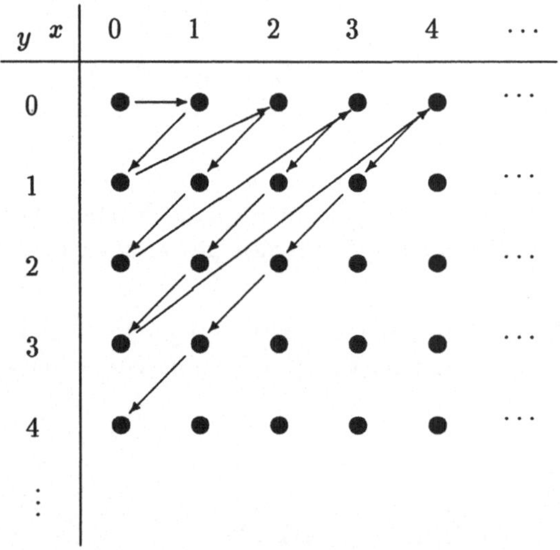

An wievielter Stelle der obigen Pfeilkette erscheint das Zahlenpaar (x, y), wenn wir das Paar $(0, 0)$ als das 0-te Paar bezeichnen? Offenbar gibt es $x+y$ viele komplett gefüllte Diagonalen bis zu der Diagonalen, in der das Paar (x, y) vorkommt. Diese enthalten $1 + 2 + ... + (x + y) = (x + y)(x + y + 1)/2$ viele Zahlenpaare. Es kommen in der Diagonalen, in der (x, y) steht, noch y viele Punkte vor dem Punkt (x, y). Somit ist der Punkt (x, y) in der obigen Durchnumerierung der Punkt numero $(x+y)(x+y+1)/2+y$. (Achtung, wir fangen mit 0 an zu zählen.)

Wegen der Bijektivität können wir folgende Umkehrfunktionen definieren: $\text{first}(z)$ und $\text{rest}(z)$ sind diejenigen aus z eindeutig zu bestimmenden Zahlen x und y mit $\langle x, y\rangle = z$. Anders gesagt ist $(\text{first}(z), \text{rest}(z))$ das z-te Zahlenpaar in der Cauchyschen Numerierung. Somit gilt nach Definition

$$\begin{aligned} \langle \text{first}(z), \text{rest}(z)\rangle &= z, \\ \text{first}(\langle x, y\rangle) &= x, \\ \text{rest}(\langle x, y\rangle) &= y. \end{aligned}$$

Lemma 4.1.18 *Die Funktionen* first *und* rest *sind primitiv rekursiv.*

Beweis: Ist $\langle x, y\rangle = z$, dann gilt $x \leq z$ und $y \leq z$ (einfache Übung), daher kann man die Decodierfunktionen mit Hilfe folgender Gleichungen primitiv rekursiv darstellen:

$$\text{first}(z) = \mu x \le z.\exists y \le z.\langle x, y\rangle = z\,,$$

$$\text{rest}(z) = \mu y \le z.\exists x \le z.\langle x, y\rangle = z\,.$$

□

Definition 4.1.19 *Wir definieren die Codierung endlicher Zahlenfolgen x_0, ..., x_n durch eine Zahl $[x_0,\ldots,x_n]$ induktiv über n durch*

$$\begin{aligned} [\,] &= 0,\\ [x_0,\ldots,x_n] &= \langle x_0, [x_1,\ldots,x_n]\rangle, \end{aligned}$$

und die Folgenzugriffsfunktion $z[i]$ durch

$$\begin{aligned} z[0] &= \text{first}(z),\\ z[i+1] &= \text{rest}(z)[i]. \end{aligned}$$

Die Folgenzugriffsfunktion ist offenbar primitiv rekursiv. Die Folgencodierung ist eindeutig bis auf Nullen am rechten Folgenende, d.h. es gilt zwar mit beliebig vielen Nullen die Gleichheit $[x_0,\ldots,x_n] = [x_0,\ldots,x_n,0,\ldots,0]$, aber die Folgenelemente x_0 bis x_n mit $x_n \neq 0$ können eindeutig rekonstruiert werden. Diese leichte Mehrdeutigkeit wird sich später als ein technischer Vorteil erweisen.

Wir können Rekursionen durchführen, die auf beliebig viele Vorgänger zurückgreifen:

Lemma 4.1.20 *Sind $g : \mathbb{N}^{n+1} \to \mathbb{N}$ und $h : \mathbb{N}^{n+2} \to \mathbb{N}$ primitiv rekursiv, dann auch $f : \mathbb{N}^{n+1} \to \mathbb{N}$ mit*

$$\begin{aligned} f(\vec{x},0) &= g(\vec{x},0),\\ f(\vec{x},y+1) &= h(\vec{x},[f(\vec{x},y),\ldots,f(\vec{x},0)],y) \end{aligned}$$

Beweis: Man zeigt leicht, daß die Hilfsfunktion

$$F(x,y) = [f(x,y),\ldots,f(x,0)]$$

primitiv rekursiv ist. Wegen $f(x,y) = \text{first}(F(x,y))$ folgt, daß auch f primitiv rekursiv ist.

□

Ferner können wir Rekursion simultan über mehrere Funktionen führen. Dazu definieren wir: Eine Funktion $f = (f_1,\ldots,f_m) : \mathbb{N}^n \to \mathbb{N}^m$ heißt primitiv rekursiv, falls jede Komponentenfunktion $f_i : \mathbb{N}^n \to \mathbb{N}$, $i = 1\ldots n$ primitiv rekursiv ist.

Lemma 4.1.21 *Sind $g : \mathbb{N}^{n+1} \to \mathbb{N}^m$ und $h : \mathbb{N}^{n+m+1} \to \mathbb{N}^m$ primitiv rekursiv, dann auch folgendermaßen definierte Funktion $f : \mathbb{N}^{n+1} \to \mathbb{N}^m$:*

$$\begin{aligned} f(x,0) &= g(x,0)\,, \\ f(x,y+1) &= h(x, f(x,y), y)\,. \end{aligned}$$

Dabei ist ‚=' als Gleichheit von Vektoren zu lesen.

Beweis: Die Aussage folgt sofort aus der Tatsache, daß die Hilfsfunktion

$$F(x,y) = [f_1(x,y), \ldots, f_m(x,y)]$$

primitiv rekursiv ist.

□

Wir benötigen schließlich noch die Folgenverkettung $* : \mathbb{N}^2 \to \mathbb{N}$ mit

$$[x_0, \ldots, x_n] * [y_0, \ldots, y_m] = [x_0, \ldots, x_n, y_0, \ldots, y_m]\,,$$

falls die erste Liste in ihre Bestandteile ohne Nullen am rechten Folgenende zerlegt ist. Ein primitiv rekursives Format dieser Funktion ergibt wegen $\text{first}(\text{succ}(u)) < u$ die Gleichung

$$\begin{aligned} 0 * v &= v, \\ \text{succ}(u) * v &= \langle \text{first}(\text{succ}(u)), \text{rest}(\text{succ}(u)) * v \rangle. \end{aligned}$$

Wir fassen die bewiesenen Abschlußeigenschaften in einem Diagramm zusammen:

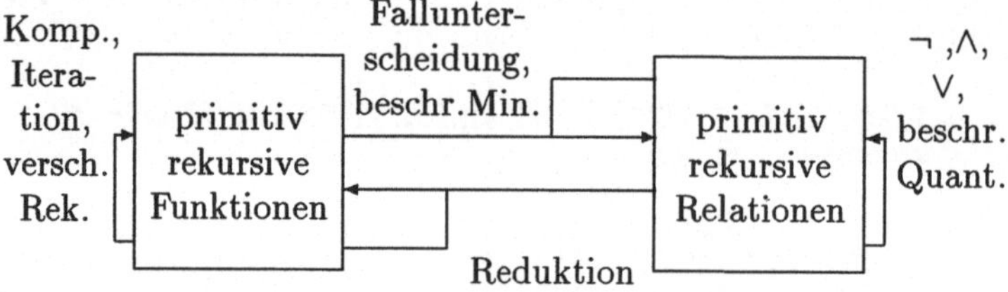

Wir möchten alles, was wir in den natürlichen Zahlen meinen, berechnen zu können, mit Hilfe geeigneter Funktionen ausdrücken. Reichen dazu die primitiv rekursiven Funktionen schon aus? Sicherlich nicht, denn sie sind total, wohingegen wir uns durchaus im intuitiven Sinne berechenbare Funktionen vorstellen können, die nicht auf allen Eingaben ein Ergebnis liefern. Sind wenigstens alle totalen, im intuitiven Sinne berechenbaren Funktionen mit primitiv rekursiven Funktionen ausdrückbar? Auch dieses geht nicht:

Wir numerieren alle primitiv rekursiven Ausdrücke durch. (Das ist etwa möglich, indem wir die primitiv rekursiven Ausdrücke in einer lexikographischen Anordnung der Wörter über dem Alphabet

$$\{\text{NULL}, \text{SUCC}, \text{PROJ}, \text{KOMP}, \text{REK}, (,), 1, 2, 3, 4, 5, 6, 7, 8, 9, '\}$$

anordnen und dann durchzählen.) Es sei π_i der i-te primitiv rekursive Ausdruck in dieser Numerierung. Wir definieren die Diagonalfunktion $d : \mathbb{N} \to \mathbb{N}$ durch

$$d(n) = f^{(1)}_{\pi_n}(n) + 1\,.$$

d ist im intuitiven Sinne berechenbar und total, aber es gilt der folgende Satz:

Satz 4.1.22 *d ist nicht primitiv rekursiv.*

Beweis: Wäre d primitiv rekursiv, dann gäbe es einen primitiv rekursiven Ausdruck π_n, so daß $d = f^{(1)}_{\pi_n}$ wäre. Insbesondere folgte

$$f^{(1)}_{\pi_n}(n) = d(n) = f^{(1)}_{\pi_n}(n) + 1\,.$$

Widerspruch.

□

Wir haben also eine totale, berechenbare, aber nicht primitiv rekursive Funktion gefunden. Wir können uns weiter einschränken und darauf verzichten, eine universelle primitiv rekursive Funktion (d.i. eine Funktion f, so daß es für jede primitiv rekursive Funktion g einen Index i mit $f(i,\_) = g$ gibt) zu erwarten. Sind wenigstens alle totalen Funktionen, die uns als einfach erscheinen, primitiv rekursiv? Auch das gilt nicht.

Lemma 4.1.23 *Die Ackermannfunktion ist nicht primitiv rekursiv.*

Beweis: Für jede primitiv rekursive Funktion $f : \mathbb{N}^n \to \mathbb{N}$ gibt es ein $r \in \mathbb{N}$, so daß $f(\vec{x}) \leq A(r, \max\{x_1, \ldots, x_n\})$ für alle $\vec{x}$ ist.(Beweis über den Aufbau primitiv rekursiver Funktionen. Wir benutzen die Eigenschaften der Ackermannfunktion, die im zweiten Kapitel angegeben wurden.)

- Für die Grundfunktionen kann man $r = 0$ wählen.

- Sei $f = g \circ (h_1, \ldots, h_m)$ und g durch r, h_i durch s_i gegenüber der Ackermannfunktion beschränkt (in obigem Sinne). Dann ist mit der Vereinbarung $y = \max\{x_1, \ldots, x_n\}$

$$\begin{aligned}
f(\vec{x}) &= g \circ (h_1, \ldots, h_m)(\vec{x}) \\
&\leq A(r, \max\{h_1(\vec{x}), \ldots, h_m(\vec{x})\}) \\
&\leq A(r, \max\{A(s_1, y), \ldots, A(s_m, y)\}) \\
&= A(r, A(\max\{s_1, \ldots, s_m\}, y)) \\
&\leq A(\max\{s_1, \ldots, s_m, r\}, A(\max\{s_1, \ldots, s_m, r\} + 1, y)) \\
&= A(\max\{s_1, \ldots, s_m, r\} + 1, y + 1) \\
&\leq A(\max\{s_1, \ldots, s_m, r\} + 2, y).
\end{aligned}$$

  Also kann man die Konstante $\max\{s_1, \ldots, s_m, r\} + 2$ wählen.

- Sei f durch Rekursion aus g und h gewonnen und g durch r, h durch s beschränkt. Wir zeigen zunächst durch Induktion über z

$$f(\vec{x}, z) \leq A(\max\{r, s\} + 1, y + z)$$

für $y = \max\{x_1, \ldots, x_n\}$. Für $z = 0$ berechnet man

$$f(\vec{x}, 0) = g(x, 0) \leq A(r, y) \leq A(\max\{r, s\} + 1, y + 0).$$

Für $z + 1$ erhält man

$$\begin{aligned} f(\vec{x}, z+1) &= h(\vec{x}, f(\vec{x}, z), z) \\ &\leq A(s, \max\{y, f(\vec{x}, z), z\}) \\ &\leq A(s, \max\{y, A(\max\{r, s\} + 1, y + z), z\}) \\ &= A(s, A(\max\{r, s\} + 1, y + z)) \\ &\leq A(\max\{r, s\}, A(\max\{r, s\} + 1, y + z)) \\ &= A(\max\{r, s\} + 1, y + z + 1). \end{aligned}$$

Es folgt mit $p := \max\{r, s\} + 1$

$$A(p, y + z) \leq A(p, 2\max\{y, z\}) \leq A(p + 2, \max\{y, z\}),$$

also kann man als Konstante $p + 2$ nehmen.

Angenommen, die Ackermannfunktion sei primitiv rekursiv. Dann auch die Funktion $f(x, y) = A(x, y) + 1$. Also gebe es ein r, so daß $f(x, y) = A(x, y) + 1 \leq A(r, \max\{x, y\})$ gelte. Dieses erzeugt für die Wahl $x = y = r$ einen Widerspruch.

□

Aufgaben:

1. Die Fibonacci-Zahlen $F(n)$ mit $F(0) = 1$, $F(1) = 1$, $F(n+2) = F(n+1) + F(n)$ sind primitiv rekursiv.

2. $g(0) = 1$, $g(x+1) = g(0)^2 + \ldots + g(x)^2$ ist primitiv rekursiv.

3. $f : \mathbb{N}^2 \to \mathbb{N}$ mit $f(x, y) = \underbrace{2^{2^{\cdot^{\cdot^{\cdot^{2^x}}}}}}_{y\text{-mal}}$ ist primitiv rekursiv.

4. $f : \mathbb{N} \to \mathbb{N}$ mit

$$f(n) = \begin{cases} 0 & \text{falls die Dezimaldarstellung von } \pi \text{ mindestens } n \\ & \text{aufeinanderfolgende Nullen enthält} \\ 1 & \text{sonst} \end{cases}$$

ist primitiv rekursiv.

5. Es seien $f : \mathbb{N}^2 \to \mathbb{N}$, $g : \mathbb{N}^2 \to \mathbb{N}$ und $h : \mathbb{N}^4 \to \mathbb{N}$ primitiv rekursive Funktionen und $f(0,0) = g(0,0)$. Zeigen Sie, daß dann auch die folgendermaßen definierte Funktion $l : \mathbb{N}^2 \to \mathbb{N}$ primitiv rekursiv ist:
$$\begin{aligned} l(m,0) &= f(m,0)\,, \\ l(0,m) &= g(m,0)\,, \\ l(m+1,n+1) &= h(m,n,l(m+1,n),l(m,n+1))\,. \end{aligned}$$

6. Sind $g : \mathbb{N}^2 \to \mathbb{N}$, $h : \mathbb{N}^3 \to \mathbb{N}$ und $f : \mathbb{N} \to \mathbb{N}$ primitiv rekursiv und gilt ferner für alle $n \in \mathbb{N}$ $f(n) \leq n$, dann ist auch folgendermaßen definierte Funktion $s : \mathbb{N}^2 \to \mathbb{N}$ primitiv rekursiv:
$$\begin{aligned} s(x,0) &= g(x,0), \\ s(x,y+1) &= h(x,s(x,f(y)),y)\,. \end{aligned}$$

7. $r \subset \mathbb{N}^{2k+1}$ mit $(a_0,\ldots,a_{2k}) \in r \iff$ *das Polynom* $a_0+\sum_{i=1}^{k}(a_i-a_{i+k})x^i$ *(in* $\mathbb{Z}$ *betrachtet) hat eine Nullstelle in den natürlichen Zahlen* ist primitiv rekursiv.

4.2 μ-rekursive Funktionen

Wir haben gesehen, daß nicht alle Funktionen, die im intuitiven Sinne berechenbar sind, von den primitiv rekursiven erfaßt werden.

Betrachten wir den Beweis, daß die Diagonalfunktion d nicht primitiv rekursiv ist, noch einmal genauer, dann sehen wir, daß derselbe Schluß für jede effektiv aufzählbare Menge von totalen Funktionen gilt. Wollen wir die primitiv rekursiven Funktionen erweitern, so daß alle intuitiv berechenbaren Funktionen erfaßt sind, dann muß die neue Funktionenklasse also notwendig auch nicht totale Funktionen enthalten.

Definition 4.2.1 **μ-rekursive Ausdrücke** *sind alle Wörter, die durch den um die Regel*
$$\frac{G}{\mathrm{MIN}(G)}$$
erweiterten Kalkül der primitiv rekursiven Ausdrücke erzeugt werden. Jeder μ-rekursive Ausdruck π repräsentiert für beliebige Stelligkeit $n \geq 1$ eine Funktion $f_\pi^{(n)} : \mathbb{N}^n \to \mathbb{N}$, die induktiv über den Aufbau von π definiert ist:

- $f_{\mathrm{MIN}(G)}^{(n)}(x_1,\ldots,x_n)$ *ist dasjenige y mit*
  - $\forall z \leq y\, f_G^{(n+1)}(x_1,\ldots,x_n,z)\downarrow$
  - $\forall z < y\, f_G^{(n+1)}(x_1,\ldots,x_n,z) > 0$

- $f_G^{(n+1)}(x_1, \ldots, x_n, y) = 0$,

falls ein solches existiert; ansonsten ist $f_{\mathrm{MIN}(G)}(x_1, \ldots, x_n) \uparrow$.

- *Alle anderen Ausdrücke werden wie im primitiv rekursiven Fall ausgewertet mit der Vereinbarung, daß, falls beim rekursiven Auswerten eine Teilfunktion an der betrachteten Stelle nicht definiert ist, dann auch die gesamte Funktion an dem betrachteten Wert nicht definiert ist.*

Eine Funktion $f : \mathbb{N}^n \to \mathbb{N}$ *heißt* **μ-rekursiv**, *falls* $f = f_\pi^{(n)}$ *für einen μ-rekursiven Ausdruck* π *gilt.*

Definition 4.2.2 *Sei* $f : \mathbb{N}^{n+1} \to \mathbb{N}$ *eine Funktion mit* $n \geq 1$. *Dann definieren wir eine neue Funktion* $g : \mathbb{N}^n \to \mathbb{N}$, *die aus* f *durch* **Minimierung** *entsteht, durch die Wahl* $g(\vec{x}) \downarrow \Longleftrightarrow$

$$\exists y \, (f(\vec{x}, y) \downarrow \wedge f(\vec{x}, y) = 0 \wedge \forall z \, (z < y \to (g(\vec{x}, y) \downarrow \wedge g(\vec{x}, y) > 0))).$$

In diesem Fall ist $g(\vec{x})$ *als eben dieses eindeutig bestimmte* y *definiert.*
Wir schreiben kurz $g(\vec{x}) = \mu y. f(\vec{x}, y) = 0$ *(das kleinste* y, *so daß* $f(\vec{x}, y)$ *Null wird).*

Satz 4.2.3 *Ist* g *μ-rekursiv und* f *aus* g *durch Minimierung gewonnen, dann ist auch* f *μ-rekursiv.*

Beweis: Es sei π ein μ-rekursiver Ausdruck, der g darstellt. Dann stellt der rekursive Ausdruck MIN(π) die Funktion f dar.

□

Eine Funktion $f : \mathbb{N}^n \to \mathbb{N}$ ist also μ-rekursiv, falls sie aus den Grundfunktionen durch endlich häufige Anwendung der Prozesse Komposition, primitive Rekursion und Minimierung gewonnen werden kann.

Wir können analog zum primitiv rekursiven Fall durch **Induktion über den Aufbau der μ-rekursiven Funktionen** zeigen, daß eine Eigenschaft A für alle μ-rekursiven Funktionen gilt, indem wir die Gültigkeit von A für die Grundfunktionen nachweisen und zeigen, daß Komposition, primitive Rekursion und Minimierung diese Eigenschaft erhalten.

Definition 4.2.4 *Eine Relation heißt* **entscheidbar**, *falls ihre charakteristische Funktion μ-rekursiv ist.*

Es gelten für die μ-rekursiven Funktionen und entscheidbaren Relationen zum primitiv rekursiven Fall analoge Abschlußeigenschaften. Sofern die Beweise nicht ausgeführt sind, sind sie einfach bzw. können sie wörtlich vom primitiv rekursiven Fall übernommen werden.

Lemma 4.2.5 *Ist $S \subseteq \mathbb{N}^n$ entscheidbar und sind $f_1, \ldots, f_n : \mathbb{N}^m \to N$ totale μ-rekursive Funktionen. Dann ist auch $R \subseteq \mathbb{N}^m$ mit $R\vec{x} \iff Sf_1(\vec{x}) \ldots f_n(\vec{x})$ entscheidbar.*

Lemma 4.2.6 *Seien $R_1, \ldots, R_m$ paarweise disjunkte entscheidbare Relationen und $h_1, \ldots, h_{m+1}$ μ-rekursive Funktionen auf $\mathbb{N}^n$ Dann ist auch die Funktion $f : \mathbb{N}^n \to \mathbb{N}$ mit*

$$f(\vec{x}) = \begin{cases} h_1(\vec{x}) & \textit{falls } R_1 x \\ \ldots & \\ h_m(\vec{x}) & \textit{falls } R_m x \\ h_{m+1} & \textit{sonst} \end{cases}$$

μ-rekursiv.

Beweis: Wie definieren die μ-rekursiven Hilfsfunktionen H_i für $1 \leq i \leq m+1$ auf $\mathbb{N}^{n+1}$ mit $H_i(\vec{x}, 0) = 0$ und $H_i(\vec{x}, y + 1) = h_i(\vec{x})$. Dann ist

$$\begin{aligned} f(\vec{x}) &= H_1(\vec{x}, \chi_{R_1}(\vec{x})) + \ldots + H_m(\vec{x}, \chi_{R_m}(\vec{x})) \\ &\quad + H_{m+1}(\vec{x}, 1 - (\chi_{R_1} + \ldots + \chi_{R_m})(\vec{x})) . \end{aligned}$$

□

(Wieso kann man diesen Beweis nicht aus dem primitiv rekursiven Fall übernehmen?)

Lemma 4.2.7 *Die entscheidbaren Relationen sind abgeschlossen gegen $\neg$, $\wedge$, $\vee$ und beschränkte Quantifizierung.*

Lemma 4.2.8 *Die Klasse der μ-rekursiven Funktionen ist abgeschlossen gegen beschränkte und unbeschränkte Minimierung, d.h. ist $R \subseteq \mathbb{N}^n$ entscheidbar, so ist die Funktion*

$$f(\vec{x}, b) = \mu y \leq b.R\vec{x}y$$

und

$$g(\vec{x}) = \mu y.R\vec{x}y$$

μ-rekursiv (das heißt das kleinste y mit $R\vec{x}y$, falls es solches gibt, sonst $\uparrow$).

Aufgaben:

1. $h : \mathbb{N} \to \mathbb{N}$ mit

$$h(n) = \begin{cases} 0 & \text{falls die Dezimaldarstellung von } \pi \text{ eine Ziffernfolge} \\ & a0^n b \text{ mit Ziffern } a,\, b \neq 0 \text{ enthält} \\ \uparrow & \text{sonst} \end{cases}$$

ist μ rekursiv.

2. Zeigen Sie, daß die Ackermannfunktion μ-rekursiv ist.

3. Der Wertebereich einer streng monoton wachsenden totalen μ-rekursiven Funktion ist entscheidbar. Gilt das auch noch, wenn die Funktion nur noch monoton, aber nicht mehr streng monoton wächst?

4.3 Universalität der μ-rekursiven Funktionen

Ziel dieses Abschnitts ist, die Äquivalenz der μ-rekursiven und der durch ein WHILE-Programm programmierbaren Funktionen zu zeigen.

Daß jede μ-rekursive Funktion tatsächlich programmierbar ist, folgt daraus, daß induktiv ein die Funktion berechnendes WHILE-Programm angegeben werden kann.

Satz 4.3.1 *Jede μ-rekursive Funktion ist durch ein* WHILE*-Programm programmierbar.*

Zu jedem μ-rekursiven Ausdruck π und jeder Stelligkeit $n \geq 1$ konstruieren wir induktiv über den Aufbau von π ein WHILE-Programm $\alpha_\pi^{(n)}$, das die Funktion $f_\pi^{(n)}$ mit Eingabevariablen $\vec{X}_\pi = (X_\pi^1, \ldots, X_\pi^n)$ und der Ausgabevariable Y_π programmiert.

Kommen in einem Beweisschritt mehrere Ausdrücke F und G vor, dann achten wir bei der Konstruktion darauf, daß die im Programm α_F benutzten Variablen von den in α_G benutzten verschieden sind. Dieses läßt sich immer durch eine Umbenennung der Variablen erreichen.

Wir verwenden für einen Vektor von Variablen und Termen die Kurznotation $\vec{X} := \vec{t}$; statt $X^1 := t^1; \ldots; X^n := t^n$;.

- $\alpha_{\mathrm{NULL}}^{(n)}$ ist das Programm $Y_{\mathrm{NULL}} := 0$;

- $\alpha_{\mathrm{SUCC}}^{(n)}$ ist das Programm $Y_{\mathrm{SUCC}} := \mathrm{succ}(X_{\mathrm{SUCC}}^1)$;

- $\alpha_{\mathrm{PROJ}(i)}^{(n)}$ ist das Programm $Y_{\mathrm{PROJ}(i)} := X_{\mathrm{PROJ}(i)}^i$; im Fall $i \leq n$ und sonst das Programm $Y_{\mathrm{PROJ}(i)} := 0$.

- Sei $F = \mathrm{KOMP}(G, H_1, \ldots, H_m)$. Dann ist $\alpha_F^{(n)}$ das Programm

$$\begin{aligned}
&\vec{X}_{H_1} := \vec{X}_F; \alpha_{H_1}^{(n)};\\
&\ldots\\
&\vec{X}_{H_m} := \vec{X}_F; \alpha_{H_m}^{(n)};\\
&\vec{X}_G := (Y_{H_1}, \ldots, Y_{H_m}); \alpha_G^{(m)};\\
&Y_F := Y_G;
\end{aligned}$$

- Sei $F = \mathrm{REK}(G, H)$. Dann ist $\alpha_F^{(n)}$ das Programm

$$
\begin{aligned}
&I := 0;\\
&\vec{X}_G := (X_F^1, \ldots, X_F^n, I); \alpha_G^{(n)};\\
&Y_H := Y_G;\\
&\text{WHILE } \neg I = X_F^{n+1} \text{ DO}\\
&\qquad \vec{X}_H := (X_F^1, \ldots, X_F^n, Y_H, I); \alpha_H^{(n+2)};\\
&\qquad I := \mathrm{succ}(I);\\
&\text{END};\\
&Y_F := Y_H;
\end{aligned}
$$

- Sei $F = \mathrm{MIN}(G)$. Dann ist $\alpha_F^{(n)}$ das Programm

$$
\begin{aligned}
&I := 0;\\
&\vec{X}_G := (\vec{X}_F, I); \alpha_G^{(n+1)};\\
&\text{WHILE } \neg Y_G = 0 \text{ DO}\\
&\qquad I := \mathrm{succ}(I);\\
&\qquad \vec{X}_G := (\vec{X}_F, I); \alpha_G^{(n+1)};\\
&\text{END};\\
&Y_F := I;
\end{aligned}
$$

Die Spezifikation und Verifikation des Programmverhaltens z.B. mit Hilfe des Hoareschen Kalküls verbleibt als Übung.

□

Wir wollen als nächstes die Umkehrung dieser Aussage in Angriff nehmen. Es soll also gezeigt werden, daß jede programmierbare Funktion μ-rekursiv ist. Die Beweisidee wird hierbei sein, zu zeigen, daß sich die Interpreterfunktion für Programme in gewissem Sinne durch eine primitiv rekursive Funktion simulieren läßt.

Dabei taucht ein grundsätzliches Problem auf. Die Interpreterfunktion ist auf Paaren bestehend aus einem Programm und einem Zustand definiert. Beides sind keine natürlichen Zahlen. Auf der anderen Seite verarbeiten primitiv rekursive Funktionen aber nichts anderes als Zahlen. Wir sind deshalb gezwungen, Programme und Zustände irgendwie durch Zahlen zu codieren und die Interpreterfunktion in Termini dieser Codierungen so auszudrücken, daß eine primitiv rekursive Funktion resultiert.

Programme sind Zeichenreihen endlicher Länge über einem endlichen Zeichenvorrat. Es ist sicherlich kein Problem, Zeichen eines endlichen Zeichenvorrats durch Zahlen zu codieren. Ferner haben wir bereits eine Möglichkeit kennengelernt, endliche Zahlenfolgen in einer Zahl (bis auf Nullen am rechten Rand) eindeutig so zu codieren, daß man die einzelnen Zahlen primitiv rekursiv zurückgewinnen kann.

Wir ordnen jedem in der Definition der Interpreterfunktion vorkommenden syntaktischen Objekt x, welches ein Term oder Boolesche Formel oder Anweisung oder Programm oder Zustand sein kann, eine natürliche Zahl code(x) als numerischen Code zu. Dabei achten wir darauf, daß beispielsweise aus dem Programmcode eines Terms t der Term t eindeutig rekonstruiert werden kann. Es ist andererseits nicht nötig darauf zu achten, daß Termcodes und Programmcodes, etc. stets verschieden sind. Es kann also durchaus sein, daß es etwa ein Programm α und einen Term t gibt mit $\text{code}(\alpha) = \text{code}(t)$. Dies ist deshalb unkritisch, weil wir bei der späteren Verwendung von Codes jeweils stets aus dem Kontext wissen, ob es sich um den Code eines Terms, einer Booleschen Formel, einer Anweisung oder eines Programms handelt.

Wir vereinbaren, daß wir Variablen aus der Menge $\{V_0, V_1, \ldots\}$, in der die abzählbar vielen möglichen Variablen aufgezählt sind, nehmen. Ferner betrachten wir nur Boolesche Formeln mit $\wedge$ und $\neg$, da alle anderen aussagenlogischen Zeichen durch diese simuliert werden können.

Definition 4.3.2 *Induktiv über den Aufbau von Termen, Booleschen Formeln, Anweisungen und Programmen definieren wir*

$$\begin{array}{lcl}
\text{code}(0) & = & [1], \\
\text{code}(V_i) & = & [2, i], \\
\text{code}(\text{succ}(t)) & = & [3, \text{code}(t)], \\
\text{code}(s = t) & = & [4, \text{code}(s), \text{code}(t)], \\
\text{code}(\neg B) & = & [5, \text{code}(B)], \\
\text{code}((B \wedge C)) & = & [6, \text{code}(B), \text{code}(C)], \\
\text{code}(V_i := t;) & = & [7, i, \text{code}(t)], \\
\text{code}(\text{IF } B \text{ THEN } \beta \text{ ELSE } \gamma \text{ END};) & = & [8, \text{code}(B), \text{code}(\beta), \text{code}(\gamma)], \\
\text{code}(\text{WHILE } B \text{ DO } \beta \text{ END};) & = & [9, \text{code}(B), \text{code}(\beta)], \\
\text{code}(A_1 \ldots A_n) & = & [\text{code}(A_1), \ldots, \text{code}(A_n)]
\end{array}$$

für Anweisungsfolgen $A_1 \ldots A_n$ mit Anweisungen A_i und $n \geq 2$. Für einen Zustand $z : V \to N$ mit $V \subseteq \{V_0, \ldots, V_m\}$ definieren wir

$$\text{code}(z) = [x_0, \ldots, x_m]$$

mit $x_i = z(V_i)$, falls $V_i \in V$ und sonst $x_i = 0$.

Wegen der Invarianz der Folgencodierung in Bezug auf Nullen am rechten Folgenende ist diese Definition unabhängig vom gewählten m. Daher ist code(z) wohldefiniert.

Definition 4.3.3 *Wir simulieren die Termauswertung in codierter Form mit Hilfe einer primitiv rekursiven Funktion $\tau : \mathbb{N}^2 \to \mathbb{N}$ mit der Eigenschaft, (welche sie auf den Codes von Termen und Zuständen eindeutig definiert,) daß für alle Terme t und Zustände z gilt:*

$$\tau(\text{code}(t), \text{code}(z)) = \text{val}_{N,z}(t)\,.$$

Hierzu definieren wir $\tau(x,y)$ gemäß der folgenden Fallunterscheidung:

$$\tau(x,y) = \begin{cases} 0 & \textit{falls } x[0]=1 \quad \textit{(werte 0 aus)} \\ z[x[1]] & \textit{falls } x[0]=2 \quad \textit{(werte Variable aus)} \\ \tau(x[1],y)+1 & \textit{falls } x[0]=3 \quad \textit{(werte Nachfolgerterm aus)} \\ 2001 & \textit{sonst} \end{cases} .$$

Wir simulieren die Auswertung Boolescher Formeln in codierter Form durch eine primitiv rekursive Funktion $\beta : \mathbb{N}^2 \to \mathbb{N}$ mit der Eigenschaft, (welche sie auf den Codes von Booleschen Formeln und Zuständen eindeutig definiert,) daß für alle Booleschen Formeln B und Zustände z gilt:

$$\beta(\text{code}(B), \text{code}(z)) = \begin{cases} 1 & \textit{falls } N \models_z B \\ 0 & \textit{sonst} \end{cases} .$$

Hierzu definieren wir $\beta(x,y)$ gemäß der folgenden Fallunterscheidung:

$$\beta(x,y) = \begin{cases} \chi_=(\tau(x[1],y), \tau(x[2],y)) & \textit{falls } x[0]=4 \\ 1 - \beta(x[1],y) & \textit{falls } x[0]=5 \\ \beta(x[1],y)\cdot\beta(x[2],y) & \textit{falls } x[0]=6 \\ 2001 & \textit{sonst} \end{cases} .$$

Wir simulieren Speicherupdates, wie sie bei Zuweisungen vorkommen, in codierter Form durch eine primitiv rekursive Funktion $\sigma : \mathbb{N}^3 \to \mathbb{N}$ mit der Eigenschaft, (welche sie auf den Codes von Speichern eindeutig definiert,) daß für alle Zustände z, Variablen V_i und Werte a gilt:

$$\sigma(\text{code}(z), i, a) = \text{code}(z(V_i/a)).$$

Hierzu definieren wir rekursiv über i:

$$\begin{aligned} \sigma(x,0,a) &= \langle a, \text{rest}(x)\rangle, \\ \sigma(x,i+1,a) &= \langle \text{first}(x), \sigma(\text{rest}(x), i, a)\rangle. \end{aligned}$$

Wir simulieren die Interpreterfunktion I_N in codierter Form durch eine primitiv rekursive Funktion $\imath : \mathbb{N} \to \mathbb{N}$ mit der Eigenschaft, (welche sie auf den Codes von Programmen und Zuständen eindeutig definiert,) daß für alle Programme α und α' und Zustände z und z' gilt:

$$I_N(\alpha, z) = (\alpha', z') \iff \imath(\langle \text{code}(\alpha), \text{code}(z)\rangle) = \langle \text{code}(\alpha'), \text{code}(z')\rangle$$

Zu diesem Zweck definieren wir $\imath(\langle p, y\rangle)$ durch die folgende Fallunterscheidung, bei der zu beachten ist, daß $p = \langle \text{first}(p), \text{rest}(p)\rangle$ gilt und für $p > 0$ die erste Anweisung des von p codierten Programms den Code $\text{first}(p)$ und das

Restprogramm den Code rest(p) *haben.*

$$\imath(\langle p, y\rangle) = \begin{cases} \langle p, y\rangle & \textit{falls} \quad p = 0 \\ \langle \mathrm{rest}(p), \sigma(y, \mathrm{first}(p)[1], & \textit{falls} \quad \mathrm{first}(p)[0] = 7 \\ \qquad \tau(\mathrm{first}(p)[2])\rangle & \\ \langle \mathrm{first}(p)[2] * \mathrm{rest}(p), y\rangle & \textit{falls} \quad \mathrm{first}(p)[0] = 8 \\ & \textit{und} \quad \beta(\mathrm{first}(p)[1], y) = 1 \\ \langle \mathrm{first}(p)[3] * \mathrm{rest}(p), y\rangle & \textit{falls} \quad \mathrm{first}(p)[0] = 8 \\ & \textit{und} \quad \beta(\mathrm{first}(p)[1], y) = 0 \\ \langle \mathrm{first}(p)[2] * p, y\rangle & \textit{falls} \quad \mathrm{first}(p)[0] = 9 \\ & \textit{und} \quad \beta(\mathrm{first}(p)[1], y) = 1 \\ \langle \mathrm{rest}(p), y\rangle & \textit{falls} \quad \mathrm{first}(p)[0] = 9 \\ & \textit{und} \quad \beta(\mathrm{first}(p)[1], y) = 0 \\ 2001 & \textit{sonst} \end{cases}$$

Wir simulieren durch die folgende Funktion $\mathrm{inp}^{(n)}$ *für jede Stelligkeit* n *die Speicherinitialisierung bei Eingabe von* n *Zahlen* $x_1, \ldots, x_n$ *als Input einer* n*-stelligen Funktion an ein Programm* p*:*

$$\mathrm{inp}^{(n)}(p, x_1, \ldots, x_n) = \langle p, [0, x_1, \ldots, x_n]\rangle.$$

Wir simulieren die Ausgabe eines berechneten Werts aus einem Paar $\langle p, x\rangle$ *mit einem codierten Speicher* x *durch die folgende Funktion* out*:*

$$\mathrm{out}(\langle p, x\rangle) = x[0].$$

Alle hier definierten Funktionen sind offensichtlich primitiv rekursiv.

Definition 4.3.4 *Wir definieren für jede Stelligkeit* n *die Laufzeitfunktion eines codierten Programms* p *mit Eingabevariablen* $V_1, \ldots, V_n$ *bei Input* $x_1, \ldots, x_n$ *als die folgende* μ*-rekursive Funktion:*

$$\Phi^{(n)}(p, x_1, \ldots, x_n) = \mu t.\mathrm{first}(\imath^t(\mathrm{inp}^{(n)}(p, x_1, \ldots, x_n)) = 0.$$

Φ *heißt* **Zeitkomplexitätsfunktion**. *Wir simulieren die von einem codierten Programm* p *mit Eingabevariablen* $V_1, \ldots, V_n$ *und Ausgabe* V_0 *berechnete* n*-stellige Funktion durch die folgende* μ*-rekursive Funktion:*

$$\varphi^{(n)}(p, x_1, \ldots, x_n) = \mathrm{out}(\imath^{\Phi^{(n)}(p, x_1, \ldots, x_n)}(\mathrm{inp}^{(n)}(p, x_1, \ldots, x_n))).$$

Wir werden in Zukunft gelegentlich den Programmparameter p bei φ und Φ als Index schreiben und den Exponenten für die Stelligkeit 1 weglassen.

Φ und φ sind μ-rekursiv, aber nicht primitiv rekursiv. In Worten berechnet die Funktion $\Phi^{(n)}(p, x_1, \ldots, x_n)$ die kleinste Zahl t, so daß der codierte Interpreter nach t Schritten das codierte Programm p mit Eingabe $x_1, \ldots, x_n$

komplett abgearbeitet hat, sofern so ein t existiert. φ gibt in derselben Situation den Wert aus, der nach diesen t Schritten in der Ausgabevariable V_0 steht.

Satz 4.3.5 *Ist $f : \mathbb{N}^n \to \mathbb{N}$ mit $n \geq 1$ durch ein Programm berechenbar, dann ist f μ-rekursiv.*

Beweis: Man kann evtl. nach Variablenumbenennung davon ausgehen, daß in einem f berechnenden Programm α die Eingabewerte unter den Variablen $V_1, \ldots, V_n$ und die Ausgabe unter der Variablen V_0 abgespeichert werden. Ferner kann man annehmen, daß alle anderen benutzten Variablen mit 0 initialisiert werden können, da die Programmausgabe nicht von deren Zustand abhängt. Dann hat man aber die Darstellung

$$f(x_1, \ldots, x_n) = \varphi^{(n)}(\text{code}(\alpha), x_1, \ldots, x_n)$$

von f mit Hilfe des f berechnenden Programms α.

□

Damit ist die Äquivalenz μ-rekursiver und durch WHILE-Programme berechenbarer Funktionen etabliert. Wir sprechen in Zukunft kurz von **berechenbaren** Funktionen.

Satz 4.3.6 *Jede μ-rekursive Funktion läßt sich mittels maximal einmaliger Anwendung des Prozesses der Minimierung, der außerdem auf eine totale Funktion angewandt wird, definieren.*

Beweis: Diese Aussage folgt sofort aus der Darstellung

$$f(x_1, \ldots, x_n) = \varphi^{(n)}(\text{code}(\alpha_f), x_1, \ldots, x_n)$$

mit einem f berechnenden Programm α_f mit Eingabevariablen $V_1, \ldots, V_n$ und Ausgabevariable V_0.

□

Wir haben hiermit eine sogenannte **universelle μ-rekursive** Funktion etabliert, d.h. eine μ-rekursive Funktion $f : \mathbb{N}^2 \to \mathbb{N}$, so daß es für jede μ-rekursive Funktion $g : \mathbb{N} \to \mathbb{N}$ einen Index i gibt mit $f(i, \_) = g$. (Nämlich $f = \varphi^{(1)}$ und $i =$ Programmindex zu einem die Funktion g berechnenden Programm.)

Aufgaben:

1. Der Graph einer berechenbaren Funktion ist über *Nat* durch eine Formel definierbar.

2. Zeigen Sie, daß es eine μ-rekursive Funktion $f : \mathbb{N} \to \mathbb{N}$ gibt, so daß man sie nicht zu einer totalen μ-rekursiven Funktion fortsetzen kann, d.h. so daß es keine totale μ-rekursive Funktion $g : \mathbb{N} \to \mathbb{N}$ gibt mit $f(x) \downarrow \Rightarrow f(x) = g(x)$.

4.4 Arithmetisierung der Semantik rekursiver Programme

Sei Ω eine Prozedurumgebung mit endlich vielen Prozeduren über der Algebra N. Wir wollen rekursive Programme und deren Interpreterfunktion codieren. Die codierte Darstellung von $I_{A,\Omega}$ in einer primitiv rekursiven Funktion wird es uns dann ermöglichen, den aus Abschnitt 3.5 noch ausstehenden Beweis der Ausdrucksstärke von *Nat* bzgl. rekursiver Programme zu vervollständigen. Es reicht dazu, nur Programme über N zu betrachten, da die übrigen Elemente $*$, $+$ und $<$ primitiv rekursiv und damit in N programmierbar sind.

Definition 4.4.1 *Sei Ω eine endliche Prozedurumgebung; die Prozeduren in Ω seien durchnumeriert. Wir* **codieren rekursive Programme** *durch die Vereinbarung*

$$\text{code}(\text{CALL } P(t_1, \ldots, t_n, V_{i_1}, \ldots, V_{i_m});) = \\ [10, \text{Nummer von } P, \text{code}(t_1), \ldots, \text{code}(t_n), i_1, \ldots, i_m]\,;$$

die übrige Codierung entspricht derjenigen von WHILE-*Programmen.*

Es ist nicht nötig, die DISPOSE-Anweisung explizit zu codieren, da sie nur als Hilfskonstruktion für den Interpreter verwandt wird. Implizit taucht DISPOSE bei der Abarbeitung von CALL auf.

Die Interpreterfunktion I_Ω rekursiver Programme wird durch eine primitiv rekursive Funktion $\imath_\Omega$ simuliert, diese arbeitet auf einem Tupel $\langle p, Z\rangle$ mit einem codierten rekursiven Programm p und einem Keller Z von Zuständen:

Definition 4.4.2 *Wir definieren die primitiv rekursive Funktion* $\imath_\Omega : \mathbb{N} \to \mathbb{N}$ *wie folgt:*
$\imath_\Omega(\langle p, Z\rangle)$ *ist*

- *im Fall* $p = 0$
$$\langle p, Z\rangle,$$
- *im Fall* $\text{first}(p)[0] = 7$
$$\langle \text{rest}(p), \langle \sigma(\text{first}(Z), \text{first}(p)[1], \tau(\text{first}(p)[2], \text{first}(Z))), \text{rest}(Z)\rangle\rangle,$$
- *im Fall* $\text{first}(p)[0] = 8$ *und* $\beta(\text{first}(p)[1], \text{first}(Z)) = 1$
$$\langle \text{first}(p)[2] * \text{rest}(p), Z\rangle,$$
- *im Fall* $\text{first}(p)[0] = 8$ *und* $\beta(\text{first}(p)[1], \text{first}(Z)) = 0$
$$\langle \text{first}(p)[3] * \text{rest}(p), Z\rangle,$$

- *im Fall* $\text{first}(p)[0] = 9$ *und* $\beta(\text{first}(p)[1], \text{first}(Z)) = 1$

$$\langle \text{first}(p)[2] * p, Z \rangle,$$

- *im Fall* $\text{first}(p)[0] = 9$ *und* $\beta(\text{first}(p)[1], \text{first}(Z)) = 0$

$$\langle \text{rest}(p), Z \rangle,$$

- *im Fall* $\text{first}(p)[0] = 10$ *und* $P(\text{IN } X_{i_1}, \ldots, X_{i_n}, \text{OUT } X_{j_1}, \ldots, X_{j_m})$ *ist die Prozedur numero* $\text{first}(p)[1]$ *mit Rumpf* β

$$\langle [[11, i_1, \text{first}(p)[2]], \ldots, [11, i_n, \text{first}(p)[n+1]]] * \text{code}(\beta) * \\ [[12, \text{first}(p)[n+2], \text{code}(X_{j_1})], \ldots, [12, \text{first}(p)[n+m+1], \text{code}(X_{j_m})], [13]] \\ * \text{rest}(p), \langle 0, Z \rangle \rangle.$$

Diese Abarbeitung entspricht folgender Vorgehensweise: Es wird auf dem Keller, der die Variablen verwaltet, ein neuer, leerer Hilfsspeicher erzeugt. Den Eingabevariablen der Prozedur werden die Werte zugewiesen, die in der CALL-Anweisung spezifiziert sind. (Das Tripel $[11, i, t]$ *bedeutet, daß der Variablen* V_i *im ersten auf dem Keller liegenden Speicher der Wert des Termes* t *im zweiten Speicher auf dem Keller zugewiesen wird.) Anschließend wird* β *aufgerufen; es arbeitet auf dem neu angelegten Hilfsspeicher, da dieses der erste im Keller ist. Nach Abarbeitung von* β *werden die berechneten Ausgabewerte den aktuellen Variablen, das sind diejenigen im zweiten auf dem Keller liegenden Speicher, zugewiesen und der Hilfsspeicher wieder gelöscht. Dazu dienen die neuen Nummern 12 und 13, die implizit die DISPOSE-Anweisung codieren. (Das Tripel* $[12, i, t]$ *bedeutet, daß der Variablen* V_i *im zweiten auf dem Keller liegenden Speicher der Wert des dem Code* t *entsprechenden Termes im ersten auf dem Keller liegenden Speicher zugewiesen wird; der Befehl* $[13]$ *bewirkt, daß der erste Variablenspeicher vom Keller entfernt wird.)*

- *im Fall* $\text{first}(p)[0] = 11$

$$\langle \text{rest}(p), \langle \sigma(Z[0], \text{first}(p)[1], \tau(\text{first}(p)[2], Z[1])), \text{rest}(Z) \rangle \rangle,$$

- *im Fall* $\text{first}(p)[0] = 12$

$$\langle \text{rest}(p), \langle Z[0], \sigma(Z[1], \text{first}(p)[1], \tau(\text{first}(p)[2], Z[0])), \text{rest}(\text{rest}(Z)) \rangle \rangle,$$

- *im Fall* $\text{first}(p)[0] = 13$

$$\langle \text{rest}(p), \text{rest}(Z) \rangle,$$

- *sonst*

$$2001.$$

Es gilt dann für ein Programm α und Zustände z und z', so daß α auf dom(z) definiert ist

$$\exists t\, \mathrm{I}^t_\Omega(\alpha, z) = (\epsilon, z') \iff \exists t'\, \imath^{t'}_\Omega(\langle \mathrm{code}(\alpha), [\mathrm{code}(z)]\rangle) = \langle 0, [\mathrm{code}(z')]\rangle .$$

Insbesondere findet man eine prädikatenlogische Formel, die genau die Abarbeitung eines Programms α mit der rekursiven Interpreterfunktion zu einer endlichen Prozedurumgebung Ω beschreibt: Sei dazu α ein Programm, $V = \{V_{i_1}, \ldots, V_{i_n}\}$ die kleinste Variablenmenge, auf der α definiert ist, und $W = \{V_{j_1}, \ldots, V_{j_m}\} = \mathrm{d}(\alpha, V)$. Für Zustände z von V und z' von W gilt jetzt $\mathrm{I}^t_\Omega(\alpha, z) = (\epsilon, z')$ für ein $t \in \mathbb{N}$ genau dann, wenn die Formel

$$\exists T\, \exists A\, \varphi(T, A, \vec{X}, \vec{Y})$$

im Zustand z'' mit $z''(\vec{X}) = z(V)$ und $z''(\vec{Y}) = z'(W)$ gilt mit der Formel φ

$$\begin{gathered}(A[0][0] = \mathrm{code}(\alpha) \land A[0][1][i_1 - 1] = X_1 \land \ldots \land A[0][1][i_n - 1] = X_n \land \\ \forall J\, (J < T \rightarrow \imath_\Omega(A[J]) = A[\mathrm{succ}(J)]) \land \\ A[T][0] = \mathrm{code}(\epsilon) \land A[T][1][j_1 - 1] = Y_1 \land \ldots \land A[T][1][j_m - 1] = Y_m) .\end{gathered}$$

(In der Variablen A sind die bei Abarbeitung von α auftretenden Zwischenzustände und Restprogramme als Liste

$$[\langle \mathrm{code}(\alpha), [\mathrm{code}(z)]\rangle = \langle \alpha_0, Z_0\rangle, \ldots, \langle \alpha_t, Z_t\rangle = \langle \mathrm{code}(\epsilon), [\mathrm{code}(z')]\rangle]$$

codiert).

Da in dieser Formel alle Funktionen primitiv rekursiv sind, kann man sie durch Ausdrücke über *Nat* definieren und die Formel durch eine äquivalente Formel über *Nat* ersetzen. Wir haben damit die Ausdrucksstärke von *Nat* bzgl. rekursiver Programme nachgewiesen.

Als weiteres Ergebnis halten wir fest, daß rekursive WHILE-Programme nicht mehr berechnen können als gewöhnliche WHILE-Programme: Da man den Interpreter für rekursive Programme über N durch eine primitiv rekursive Funktion simulieren kann, ist klar, daß die durch rekursive WHILE-Programme über den natürlichen Zahlen berechenbaren Funktionen genau diejenigen sind, die man durch einfache WHILE-Programme erhält.

4.5 Grundzüge der Rekursionstheorie

Wir stellen zunächst einige Fakten bzgl. der Funktionen Φ und φ zusammen.

Lemma 4.5.1 $\Phi^{(n)}$ *und* $\varphi^{(n)}$ *haben denselben Definitionsbereich.*
Die Relationen

$$\{(p, \vec{x}, b) \in \mathbb{N}^{n+2} \,:\, \Phi^{(n)}(p, \vec{x}) \leq b\}$$

und

$$\{(p, \vec{x}, b, y) \in \mathbb{N}^{n+3} \,:\, \Phi^{(n)}(p, \vec{x}) \leq b \land \varphi^{(n)}(p, \vec{x}) = y\}$$

sind primitiv rekursiv.

Beweis: Daß die angegebenen Relationen primitiv rekursiv sind, folgt aus der Darstellung der Relationen als

$$\exists t \leq b.\, \mathrm{first}(\imath^t(\mathrm{inp}^{(n)}(p, \vec{x})) = 0$$

bzw.

$$\exists t \leq b.\, (\mathrm{first}(\imath^t(\mathrm{inp}^{(n)}(p, \vec{x})) = 0 \wedge \mathrm{out}(\imath^t(\mathrm{inp}^{(n)}(p, \vec{x}))) = y).$$

□

Satz 4.5.2 (s-m-n-Theorem) *Zu jedem $n, m \in \mathbb{N}$ mit $n \geq 1$ gibt es eine primitiv rekursive Funktion $s_{m,n} : \mathbb{N}^{m+1} \to \mathbb{N}$, so daß für alle $p \in \mathbb{N}$, $\vec{x} \in \mathbb{N}^n$ und $\vec{y} \in \mathbb{N}^m$ gilt*

$$\varphi^{(n+m)}(p, \vec{x}, \vec{y}) = \varphi^{(n)}(s_{m,n}(p, \vec{y}), \vec{x}).$$

Beweis: In Abhängigkeit von $\vec{y}$ ist der Programmcode p so abzuändern, daß die Werte $\vec{y}$ nicht über die Eingabe eingelesen, sondern im Programm zugewiesen werden. Ist $p = \mathrm{code}(\alpha)$ muß $s_{m,n}(p, \vec{y})$ der Code zum Programm

$$V_{n+1} := y_1; \ldots; V_{n+m} := y_m; \alpha$$

sein. Wir definieren daher

$$s_{m,n}(p, \vec{y}) := [[7, n+1, h(y_1)], \ldots, [7, n+m, h(y_m)]] * p$$

mit der Hilfsfunktion $h : \mathbb{N} \to \mathbb{N}$ mit $h(0) = \lfloor 1 \rfloor$ und $h(y+1) = [3, h(y)]$.

□

Es ist klar, daß in obiger Situation auch für beliebiges $n \in \mathbb{N}$ und jede Zahl $1 \leq l \leq m$ die Aussage $\varphi^{(n+m)}(p, \vec{x}, \vec{y}) = \varphi^{(n+l)}(s_{m,n}(p, \vec{y}), \vec{x}, \vec{z})$ für alle $\vec{z} \in \mathbb{N}^l$ gilt.

Lemma 4.5.3 *Es gibt eine primitiv rekursive Funktion* compose : $\mathbb{N}^2 \to \mathbb{N}$, *so daß für alle $p, q \in \mathbb{N}$ gilt*

$$\varphi_{\mathrm{compose}(p,q)}(x) = \varphi_p(\varphi_q(x)).$$

Beweis: Die Funktion $f(x, p, q) := \varphi_p(\varphi_q(x))$ ist berechenbar. Sei a der Index zu einem f berechnenden Programm. Man kann dann $\mathrm{compose}(p, q) = s_{2,1}(a, p, q)$ wählen.

□

Zu den zentralen Begriffen der berechenbaren Funktion und entscheidbaren Relation fügen wir noch einen dritten hinzu.

Definition 4.5.4 *Eine Relation $R \subseteq \mathbb{N}^n$ heißt* **rekursiv aufzählbar**, *sofern es eine berechenbare Funktion f mit Definitionsbereich R gibt, d.h. $f(\vec{x})\downarrow \iff R\vec{x}$ für alle $\vec{x} \in \mathbb{N}^n$.*

Wir wollen zunächst diese drei Begriffe wechselseitig charakterisieren.

Lemma 4.5.5 *$R \subseteq \mathbb{N}^n$ ist entscheidbar genau dann, wenn R und $\neg R$ rekursiv aufzählbar sind.*

Beweis: Sei R entscheidbar. Dann ist R Definitionsbereich der berechenbaren Funktion

$$f(\vec{x}) = \begin{cases} 1 & \text{falls } R\vec{x} \\ \uparrow & \text{sonst} \end{cases}.$$

(f ist berechenbar, denn im zweiten Fall kann man statt $\uparrow$ auch $\mu y.\mathrm{succ}(0) = 0$ schreiben.) Mit R ist auch $\neg R$ entscheidbar, daher folgt die erste Richtung der Behauptung.

Seien R und $\neg R$ rekursiv aufzählbar. Seien a bzw. b Programmindizes zu R bzw. $\neg R$ berechnenden Programmen. Die Funktion

$$f(\vec{x}) = \mu t.(\Phi_a(\vec{x}) \leq t \vee \Phi_b(\vec{x}) \leq t)$$

ist berechenbar und total, da jedes x entweder in $R = \mathrm{dom}(\varphi_a)$ oder in $\neg R = \mathrm{dom}(\varphi_b)$ liegt. Ferner gilt $R\vec{x}$ genau dann, wenn $\Phi_a(\vec{x}) \leq f(\vec{x})$ ist. Das ist entscheidbar.

□

Lemma 4.5.6 *$R \subseteq \mathbb{N}^n$ ist rekursiv aufzählbar genau dann, wenn es eine entscheidbare Relation $S \subseteq \mathbb{N}^{n+1}$ gibt, so daß gilt: $R\vec{x} \iff \exists y\, S\vec{x}y$.*

Beweis: Sei R rekursiv aufzählbar. Sei a ein Programmindex mit $R = \mathrm{dom}(\varphi_a)$. Dann gilt

$$R\vec{x} \iff \varphi_a(\vec{x})\downarrow \iff \exists y\, \Phi_a(\vec{x}) \leq y\,.$$

Die Relation $S\vec{x}y \iff \Phi_a(\vec{x}) \leq y$ ist entscheidbar.

Gelte $R\vec{x} \iff \exists y\, S\vec{x}y$ für eine entscheidbare Relation S. Die Funktion

$$f(\vec{x}) = \mu y.S\vec{x}y$$

ist berechenbar und hat als Definitionsbereich genau R.

□

Die im ersten Teil des Beweises angegebene Relation S ist sogar primitiv rekursiv, daher gilt die Aussage des vorigen Lemmas auch, wenn man den Begriff ‚entscheidbar' durch ‚primitiv rekursiv' ersetzt.

Lemma 4.5.7 *$f : \mathbb{N}^n \to \mathbb{N}$ ist berechenbar genau dann, falls der Graph von f, d.h. die Menge $\{(\vec{x}, y) \in \mathbb{N}^{n+1} : f(\vec{x})\downarrow \wedge f(\vec{x}) = y\}$ rekursiv aufzählbar ist.*

Beweis: Sei f berechenbar, etwa $f = \varphi_a$. Dann gilt für alle $\vec{x}$ und y

$$(\vec{x}, y) \in \text{Graph}(f) \iff \exists b(\Phi_a(\vec{x}) \leq b \wedge \varphi_a(\vec{x}) = y) .$$

Das ist rekursiv aufzählbar.

Sei umgekehrt der Graph von f rekursiv aufzählbar, etwa der Definitionsbereich der Funktion φ_b. Man hat dann die μ-rekursive Darstellung

$$f(\vec{x}) = \text{first}(\mu y.\Phi_b(\vec{x}, \text{first}(y)) \leq \text{rest}(y)) ,$$

denn ist $(\vec{x}, z)$ im Graphen von f enthalten, dann gibt es ein t, so daß $\imath_b(\vec{x}, z)$ nach t Schritten anhält und obiger μ-Operator $\langle z, t\rangle$ liefert, ist umgekehrt $f(\vec{x}) \uparrow$, dann rechnet auch $\imath_b(\vec{x}, z)$ für alle Werte z beliebig lange.

□

Lemma 4.5.8 *Sei f eine totale Funktion. Dann ist f berechenbar genau dann, wenn der Graph von f entscheidbar ist.*

Beweis: Sei f total und berechenbar. Dann ist die Menge $\{f(\vec{x}) = y\}$ entscheidbar. Sei umgekehrt der Graph von f entscheidbar. Wir können hier sogar einfacher als im vorigen Lemma argumentieren: Es ist

$$f(\vec{x}) = \mu y.\chi_{\text{Graph}(f)}(\vec{x}, y) = 1 .$$

□

Eine anschauliche Charakterisierung des Begriffs ‚rekursiv aufzählbar' ermöglicht das folgende Lemma.

Lemma 4.5.9 *$R \subseteq \mathbb{N}^n$ ist rekursiv aufzählbar genau dann, wenn $R = \emptyset$ gilt oder es totale berechenbare Funktionen $f_1, \ldots, f_n : \mathbb{N} \to \mathbb{N}$ gibt, so daß*

$$R = \{(f_1(i), \ldots, f_n(i)) \ : \ i \in \mathbb{N}\}$$

gilt. (Man kann also die Menge R mit Hilfe der Funktionen f_i aufzählen.)

Beweis: Sei R rekursiv aufzählbar und $R \neq \emptyset$. Sei $R = \text{dom}(\varphi_a)$ und $b \in R$ ein festes Element. Wir definieren

$$f_i(x) = \begin{cases} x[i] & \text{falls } \Phi_a(x[1], \ldots, x[n]) \leq x[0] \\ b_i & \text{sonst} \end{cases} .$$

Die so definierten Funktionen sind total, berechenbar und liefern, da mit Hilfe der Folgencodierung alle möglichen Parameter für Φ_a getestet werden, alle Werte von R.

Umgekehrt ist die leere Menge als Definitionsbereich der nirgends definierten Funktion rekursiv aufzählbar. Eine wie in der Formulierung des Lemmas angegebene Präsentation ist rekursiv aufzählbar, wie aus der Darstellung

$$R\vec{x} \iff \exists i(x_1 = f_1(i) \wedge \ldots \wedge x_n = f_n(i))$$

folgt.

□

Wir etablieren einige Abschlußeigenschaften rekursiv aufzählbarer Mengen.

Lemma 4.5.10 *Es gilt:*

Ist $R \subseteq \mathbb{N}^{n+1}$ *mit* $n \geq 1$ *rekursiv aufzählbar, dann auch* $S \subseteq \mathbb{N}^n$ *mit* $S\vec{x} \iff \exists y\, R\vec{x}y$.

Die rekursiv aufzählbaren Relationen sind abgeschlossen gegenüber Vereinigung und Durchschnitt.

Ist $g : \mathbb{N}^n \to \mathbb{N}$ *berechenbar und* $R \subseteq \mathbb{N}^n$ *rekursiv aufzählbar, dann ist auch* $f(\vec{x}) = \begin{cases} g(\vec{x}) & \text{falls } R\vec{x} \\ \uparrow & \text{sonst} \end{cases}$ *berechenbar.*

Beweis: Sei R rekursiv aufzählbar und $R\vec{a} \iff \exists z\, T\vec{a}z$ für ein entscheidbares T. Dann gilt

$$S\vec{x} \iff \exists y\, R\vec{x}y \iff \exists y \exists z\, T\vec{x}yz \iff \exists a\, T\vec{x}\,\mathrm{first}(a)\,\mathrm{rest}(a)\,.$$

Das ist rekursiv aufzählbar.

Sei $R\vec{x} \iff \exists y T\vec{x}y$ und $S\vec{x} \iff \exists y\, V\vec{x}y$ mit entscheidbaren Relationen T und V. Den Schnitt bzw. die Vereinigung der Relationen R und S kann man durch

$$(R \wedge S)\vec{x} \iff \exists y \exists z\, (T\vec{x}y \wedge V\vec{x}z)$$

und

$$(R \vee S)\vec{x} \iff \exists y\, (T\vec{x}y \vee V\vec{x}y)$$

rekursiv aufzählbar darstellen.

Es gilt die Gleichung

$$f(\vec{x}) = \mathrm{sgn}(\mathrm{succ}(h(\vec{x}))) \cdot g(\vec{x})\,,$$

sofern $\mathrm{dom}(h) = R$ gilt.

□

Wir wollen einige Probleme auflisten.

- Das **allgemeine Halteproblem** ist die 2-stellige Relation

$$K_0 = \{(a, x) \in \mathbb{N}^2 \,:\, \varphi_a(x) \downarrow\}\,.$$

- Das **spezielle Halteproblem** ist die 1-stellige Relation

$$K = \{a \in \mathbb{N} \,:\, \varphi_a(a) \downarrow\}\,.$$

- Sei $f : \mathbb{N} \to \mathbb{N}$ eine totale berechenbare Funktion. Dann ist $\mathrm{Spez}(f) = \{a \in \mathbb{N} \,:\, \varphi_a = f\}$.

- Äquiv $= \{(a,b) \in \mathbb{N}^2 : \varphi_a = \varphi_b\}$.

Von diesen Problemen sind die beiden ersten rekursiv aufzählbar. Sind sie auch entscheidbar? Was ist mit den anderen zwei Problemen?

Wir wollen zunächst untersuchen, wie diese Probleme miteinander in Beziehung stehen. Dazu erinnern wir an den Begriff der Reduktion:

Definition 4.5.11 *Sei $R \subseteq \mathbb{N}^n$ und $S \subseteq \mathbb{N}^l$. Wir sagen, daß S auf R* **rekursiv reduziert** *werden kann, geschrieben als $S \leq_m R$, falls es totale berechenbare Funktionen $f_1, \ldots, f_n : \mathbb{N}^l \to \mathbb{N}$ gibt, so daß gilt*

$$S\vec{x} \iff Rf_1(\vec{x})\ldots f_n(\vec{x})\,.$$

Lemma 4.5.12 *Es gilt:*
$\leq_m$ ist reflexiv und transitiv.
Ist $S \leq_m R$ und R entscheidbar, dann ist auch S entscheidbar.
Ist $S \leq_m R$ und R rekursiv aufzählbar, dann ist auch S rekursiv aufzählbar.
$S \leq_m R \Rightarrow \neg S \leq_m \neg R$.

Beweis: Übung.

Lemma 4.5.13 *Es gilt $K \leq_m K_0$, $K \leq_m$ Spez(f), Spez(succ) $\leq_m$ Äquiv.*

Beweis: Es ist $a \in K \iff (a,a) \in K_0$. Das ist eine Reduktion.
Sei $f : \mathbb{N} \to \mathbb{N}$ total und berechenbar. Wir definieren

$$\psi(x,p) = \begin{cases} f(x) & \text{falls } p \in K \\ \uparrow & \text{sonst} \end{cases}\,.$$

ψ ist berechenbar, also gibt es ein a, so daß $\varphi_a = \psi$ gilt. Ferner gilt nach Definition von ψ

$$\begin{aligned} p \in K &\Rightarrow \varphi_a(x,p) = f(x) \text{ und} \\ p \notin K &\Rightarrow \varphi_a(x,p)\uparrow\,. \end{aligned}$$

Nach dem s-m-n-Theorem gibt es eine primitiv rekursive Funktion $g(p) = s_{1,1}(a,p)$, so daß $\varphi_a(x,p) = \varphi_{g(p)}(x)$ gilt. Wir erhalten die Reduktion

$$p \in K \iff g(p) \in \text{Spez}(f)\,.$$

Sei $a \in \mathbb{N}$ mit $\varphi_a = \text{succ}$. Dann gilt für alle $b \in \mathbb{N}$ $\varphi_b = \text{succ} \iff \varphi_a = \varphi_b$. Wir erhalten die Reduktion

$$b \in \text{Spez(succ)} \iff (a,b) \in \text{Äquiv}\,.$$

□

Lemma 4.5.14 *Sei R rekursiv aufzählbar. Dann gilt $R \leq_m K_0$.*

Beweis: Sei $R \in \mathbb{N}^n$ rekursiv aufzählbar und $R = \text{dom}(\varphi_a)$ für ein $a \in \mathbb{N}$. Es gilt

$$\begin{aligned} \vec{x} \in R &\iff \varphi_a(\vec{x}) \downarrow \\ &\iff \varphi_{s_{n-1,1}(a,x_2,\ldots,x_n)}(x_1) \downarrow \\ &\iff (s_{n-1,1}(a, x_2, \ldots, s_n), x_1) \in K_0 \,. \end{aligned}$$

□

K_0 ist also mindestens so schwierig wie jedes andere rekursiv aufzählbare Problem. Für diesen Sachverhalt führen wir einen neuen Begriff ein.

Definition 4.5.15 *Eine Relation $S \subseteq \mathbb{N}^n$ heißt* **vollständig** *bzgl. $\leq_m$, falls S rekursiv aufzählbar ist und für jede andere rekursiv aufzählbare Relation $R \subseteq \mathbb{N}^m$ $S \leq_m R$ gilt.*

Lemma 4.5.16 *Ist S vollständig und R rekursiv aufzählbar mit $S \leq_m R$, dann ist auch R vollständig.*

Wir wissen also: K und K_0 sind vollständig.

Satz 4.5.17 *K ist nicht entscheidbar.*

Beweis: Angenommen, K wäre entscheidbar. Dann wäre auch die Funktion

$$f(x) = \begin{cases} \varphi_x(x) + 1 & \text{falls } x \in K \\ 0 & \text{sonst} \end{cases}$$

berechenbar. Es gäbe ein $p \in \mathbb{N}$ mit $f = \varphi_p$. Insbesondere folgte $f(p) = \varphi_p(p)$. Das ist aber ein Widerspruch, denn ist $p \in K$, so ist $\varphi_p(p) \downarrow$ und $f(p) = \varphi_p(p) + 1$; ist $p \notin K$, so ist $\varphi_p(p) \uparrow$ und $f(p) = 0$.

□

Corollar 4.5.18 *Es gilt:*

K_0, Spez(f) *für ein totales berechenbares* f *und* Äquiv *sind unentscheidbar.*

Die rekursiv aufzählbaren Relationen sind nicht abgeschlossen gegenüber Komplementbildung und Allquantoren.

Die entscheidbaren Relationen sind nicht abgeschlossen gegenüber Existenz- und Allquantoren.

Beweis: Übung.
Wir können die Aussage, daß Spez(f) unentscheidbar ist, verallgemeinern.

Satz 4.5.19 (Rice) *Sei S eine Teilmenge der berechenbaren Funktionen auf $\mathbb{N}$. Dann ist die Menge*

$$S_\mu = \{a \in \mathbb{N} : \varphi_a \in S\}$$

genau dann entscheidbar, wenn S leer ist oder alle berechenbaren Funktionen auf $\mathbb{N}$ enthält.

Beweis: Ist S leer oder enthält es alle Funktionen, ist S_μ offensichtlich entscheidbar.

Sei also $S \neq \emptyset$ und S enthalte nicht alle berechenbaren Funktionen auf $\mathbb{N}$. Angenommen, S_μ wäre entscheidbar. Wir können annehmen, daß die nirgends definierte Funktion nicht in S ist, indem wir evtl. statt S_μ die Menge $\neg S_\mu$ betrachten. Nach Voraussetzung gibt es eine Funktion f in S. Wir definieren

$$F(x,y) = \begin{cases} f(y) & \text{falls } Kx \\ \uparrow & \text{sonst} \end{cases} .$$

F ist berechenbar, also gibt es ein $a \in \mathbb{N}$ mit $F(x,y) = \varphi_a(y,x)$. $g(x) = s_{1,1}(a,x)$ ist primitiv rekursiv und es gilt $x \in K \Rightarrow \varphi_{g(x)} = f$ und $x \notin K \Rightarrow \varphi_{g(x)} \uparrow$. Man erhält also die Reduktion

$$x \in K \iff g(x) \in S_\mu .$$

Das ist ein Widerspruch.

□

Wir wissen immer noch nicht, ob die Relationen Äquiv und Spez wenigstens rekursiv aufzählbar sind. Eine negative Antwort beinhaltet der folgende Satz.

Satz 4.5.20 (Rice-Shapiro) *$f : \mathbb{N} \to \mathbb{N}$ heißt* **endliche Restriktion** *von $g : \mathbb{N} \to \mathbb{N}$, falls* $\mathrm{dom}(f)$ *endlich ist und $f(x) \downarrow \Rightarrow (g(x) \downarrow \wedge f(x) = g(x))$ gilt. Sei S eine Teilmenge der berechenbaren Funktionen. Es gilt: Ist die Menge*

$$S_r = \{a \in \mathbb{N} : \varphi_a \in S\}$$

rekursiv aufzählbar, dann folgt

$$f \in S \iff \textit{es gibt eine endliche Restriktion } g \textit{ von } f \textit{ in } S.$$

Beweis: Sei S_r rekursiv aufzählbar und f eine berechenbare Funktion.

Sei g eine endliche Restriktion von f und $g \in S$. Angenommen, f selbst sei nicht in S. Wir betrachten die Funktion

$$F(x,y) = \begin{cases} f(y) & \text{falls } Kx \\ g(y) & \text{sonst} \end{cases} .$$

F ist berechenbar: Man hat die alternative Darstellung

$$F(x,y) = \begin{cases} g(y) & \text{falls } y \in \mathrm{dom}(g) \\ \mathrm{sgn}(\mathrm{succ}(\varphi_x(x))) \cdot f(y) & \text{sonst} \end{cases} ,$$

da g Restriktion von f ist. $y \in \mathrm{dom}(g)$ ist entscheidbar, denn $\mathrm{dom}(g)$ ist endlich. Sei $a \in \mathbb{N}$ mit $F(x,y) = \varphi_a(y,x)$. Es gilt $x \in K \iff F(x,\_) = f$ und $x \notin K \iff F(x,\_) = g$. Man erhält also die Restriktion $x \in K \iff s_{1,1}(a,x) \in S_r$. Das ist ein Widerspruch.

Sei umgekehrt f in S und angenommen, es gebe keine endliche Restriktion von f in S. Wir betrachten die Funktion

$$F(x,y) = \begin{cases} f(y) & \text{falls } \neg\Phi_x(x) \leq y \\ \uparrow & \text{sonst} \end{cases} .$$

F ist berechenbar. Sei $a \in \mathbb{N}$ mit $\varphi_a(y,x) = F(x,y)$. Es gilt $x \in K \Rightarrow F(x,\_) = f$ und $x \notin K \Rightarrow F(x,\_)$ ist eine endliche Restriktion von f. Man erhält also die Restriktion $Kx \iff s_{1,1}(a,x) \in S_r$. Das ist ein Widerspruch.

□

Zum Schluß zeigen wir noch ein Theorem, das Aussagen über die Existenz bzw. Nichtexistenz teilweise pathologischer Programme ermöglicht.

Satz 4.5.21 (Rekursionstheorem) *Zu jeder berechenbaren Funktion $G : \mathbb{N}^2 \to \mathbb{N}$ gibt es eine Zahl q, so daß für alle $x \in \mathbb{N}$ gilt:*

$$\varphi_q(x) = G(x,q).$$

Beweis: G ist berechenbar. Sei a der Programmindex zu einem G berechnenden Programm. Mit der Definition $g(p) := s_{1,1}(a,p)$ erhalten wir für alle p und x

$$\varphi_{g(p)}(x) = \varphi_a(x,p) = G(x,p)\,.$$

$F(x,p) = \varphi_{\varphi_p(p)}(x)$ ist berechenbar. Sei b der Index zu einem F berechnenden Programm. Mit der Definition $f(p) = s_{1,1}(b,p)$ erhalten wir für alle p und x

$$\varphi_{f(p)}(x) = \varphi_b(x,p) = F(x,p)\,.$$

Sei c der Programmindex zu einem $g \circ f$ berechnenden Programm. Dann erhalten wir mit der Festsetzung $q = f(c)$ schließlich

$$\begin{aligned} \varphi_q(x) &= \varphi_{f(c)}(x) = F(x,c) = \varphi_{\varphi_c(c)}(x) \\ &= \varphi_{g(f(c))}(x) = G(x,f(c)) = G(x,q)\,. \end{aligned}$$

□

Es gibt also z.B. ein Programm, das seinen eigenen Programmindex ausgibt. Wie sieht ein solches konkret aus?

Aufgaben:

1. Ist R entscheidbar, dann kann R auf jedes andere Problem in $\mathbb{N}$, welches nicht gleich $\mathbb{N}$ oder $\emptyset$ ist, rekursiv reduziert werden.

2. Jede unendliche rekursiv aufzählbare Menge in $\mathbb{N}$ enthält eine unendliche entscheidbare.

3. Für jedes $n \in \mathbb{N}$ ist die Menge $\{a \in \mathbb{N} : \varphi_a$ hat mindestens n verschiedene Ausgabewerte$\}$ rekursiv aufzählbar.

4. $\{a \in \mathbb{N}$: der Wertebereich von φ_a ist leer$\}$ ist nicht rekursiv aufzählbar.

5. $\{a \in \mathbb{N}$: der Wertebereich von φ_a enthält genau 5 Elemente$\}$ ist nicht rekursiv aufzählbar.

6. Sei S entscheidbar, aber ansonsten beliebig. Ist $\{a \in \mathbb{N}$: der Definitionsbereich von φ_a enthält $S\}$ rekursiv aufzählbar?

7. Eine rekursiv aufzählbare Menge ist abgeschlossen gegen Durchschnitt und Vereinigung. Diese Aussage gilt noch in schärferer Form: Man kann ein effektives Verfahren angeben, wie man bei zwei gegebenen rekursiv aufzählbare Mengen daraus den Durchschnitt bzw. die Vereinigung erhält; technisch ausgedrückt:
Sei $D_x := \mathrm{dom}(\varphi_x)$. Dann gibt es eine μ-rekursive Funktion f bzw. $g : \mathbb{N}^2 \to \mathbb{N}$, so daß $D_{f(x,y)} = D_x \cap D_y$ bzw. $D_{g(x,y)} = D_x \cup D_y$ ist.

8. Entscheidbare Mengen sind abgeschlossen gegen Komplementbildung. Zeigen Sie, daß der Komplementabschluß einer entscheidbaren Menge, die als Definitionsbereich einer μ-rekursiven Funktion gegeben ist, im Gegensatz zum Abschluß einer rekursiv aufzählbaren Menge gegen $\cap$, $\cup$ wie oben nicht effektiv berechnet werden kann, d.h. daß es keine μ-rekursive Funktion $f : \mathbb{N} \to \mathbb{N}$ gibt, so daß für alle $x \in \mathbb{N}$ gilt: D_x entscheidbar $\Rightarrow f(x)\downarrow$ und $D_{f(x)} = \neg D_x$.

9. Zeigen Sie, daß für eine berechenbare Funktion f die Menge $\{a \in \mathbb{N} : a \in \mathrm{Im}(f)\}$ rekursiv aufzählbar, aber i.a. nicht entscheidbar ist.

10. Gibt es ein Programm α, das die Funktionsweise eines beliebigen anderen Programms β abändert; d.h. mit $b = \mathrm{code}(\beta)$ und $a = \mathrm{code}(\alpha)$ muß $\varphi_b \neq \varphi_{\varphi_a(b)}$ gelten?

11. Zeigen Sie, daß es Zahlen $a \neq b$ in $\mathbb{N}$ gibt mit $\varphi_a = b$ und $\varphi_b = a$.

12. Gibt es eine Folge $(x_1, x_2, \ldots)$ paarweise verschiedener natürlicher Zahlen, so daß für alle $i, a \in \mathbb{N}$ gilt:
$$\varphi_{x_{i+1}}(a) = x_i\,?$$

13. Gibt es eine Folge $(x_1, x_2, \ldots)$ paarweise verschiedener natürlicher Zahlen, so daß $\varphi_{x_i}(a) = x_{i+1}$ für alle $i, a \in \mathbb{N}$ gilt?

14. Zeigen Sie, daß die Menge
$$\{(a,b,c) \in \mathbb{N}^3 : \text{ es gibt ein } n \in \mathbb{N}, \text{ so daß } a^n + b^n = c^n \text{ gilt}\}$$
entscheidbar ist.

4.6 Die Churchsche These

Wir haben μ-rekursive und durch ein WHILE-Programm berechenbare Funktionen eingeführt, die Äquivalenz dieser beiden Begriffe gezeigt und diese Funktionen kurz als berechenbare Funktionen bezeichnet. Ferner haben wir gesehen, daß auch rekursive Programme nicht zu mehr Funktionen führen. Es hätte aber andere Möglichkeiten gegeben zu formalisieren, was wir unter im intuitiven Sinne berechenbaren Funktionen verstehen.

Wir hätten etwa die durch die Programmiersprache C, PASCAL, FORTRAN oder ... berechenbaren Funktionen als die im intuitiven Sinne berechenbaren definieren können. Wir hätten dabei jedesmal dieselbe Funktionenklasse erhalten, denn bei jeder vernünftigen Programmiersprache wäre es möglich gewesen, eine effektive Syntax und einen effektiven Interpreter anzugeben und diese durch natürliche Zahlen zu codieren und durch eine primitiv rekursive Funktion zu simulieren. Wir erhielten in Analogie zu den WHILE-Programmen die Aussage, daß alle durch Programme in der gegebenen Programmiersprache berechenbaren Funktionen μ-rekursiv sind. Umgekehrt wäre es in jeder Programmiersprache leicht gewesen, WHILE-Programme zu simulieren.

Es gibt neben den Programmiersprachen noch weitere theoretische Ansätze, berechenbare Funktionen zu definieren. Wir werden zwei davon vorstellen. Wir werden aber jedesmal wieder genau die Klasse der μ-rekursiven Funktionen erhalten. Dieses Faktum spiegelt sich in der Churchschen These wieder:

These 4.6.1 (Churchsche These) *Die Klasse der im intuitiven Sinne berechenbaren Funktionen ist genau die Klasse der in einem der genannten Formalismen berechenbaren Funktionen. Insbesondere sind all diese Formalismen zueinander äquivalent.*

Wir werden bei den folgenden theoretischen Ansätzen die Ausführung der Äquivalenzbeweise als Übung lassen.

Definition 4.6.2 GOTO-Programme *über der Algebra N der natürlichen Zahlen und der Variablenmenge* $V = \{V_0, \ldots, V_n\}$ *sind mit Labels* $0, 1, \ldots, L$ *indizierte Befehlsfolgen*

$$\begin{array}{c} 0 : B_0 \\ 1 : B_1 \\ \ldots \\ L : B_L \end{array}$$

mit Befehlen B_i, $i \in \{0, \ldots, L\}$ *einer der Formen*

$$\begin{array}{c} V_i := s(V_i) \\ V_i := p(V_i) \\ \text{IF } V_i = 0 \text{ THEN GOTO } l_1 \text{ ELSE GOTO } l_2 \end{array}$$

mit einer Variablen $V_i \in V$ *und* $l_1, l_2 \in \{0, \ldots, L+1\}$. *Ein* GOTO-*Programm wird in einem Zustand von* V *über der Algebra* N *im Label 0 gestartet, arbeitet die Befehle ab (s zählt die entsprechende Variable um eins hoch, p um eins herunter bzw. läßt den Wert* 0 *gleich; nach jedem Befehl wird entweder das nachfolgende oder das durch einen* GOTO-*Befehl spezifizierte Label aufgesucht) und stoppt, sobald Label* $L+1$ *erreicht ist.*
Eine Funktion $f : \mathbb{N}^n \to \mathbb{N}$ *heißt durch ein* GOTO-*Programm berechenbar, sofern es ein* GOTO-*Programm* G *über* V *mit* $V_0, \ldots, V_n \in V$ *gibt, das, wenn es im Zustand* z *mit* $z(V_i) = x_i$ *für* $i = 1 \ldots n$ *gestartet wird, genau wenn* $f(x_1, \ldots, x_n)$ *undefiniert ist, nicht stoppt und ansonsten in einem Zustand* z' *mit* $z'(V_0) = f(x_1, \ldots, x_n)$ *hält.*

Man kann offensichtlich zu einem festen Programm G eine Interpreterfunktion

$$I_G(L, z) = (L', z')$$

angeben, die einen Programmschritt beschreibt. Man kann zeigen, daß jede durch ein GOTO-Programm berechenbare Funktion μ-rekursiv ist, indem man die Funktion I_G durch eine primitiv rekursive Funktion simuliert. Umgekehrt kann man zu jeder μ-rekursiven Funktion ein sie berechnendes GOTO-Programm angeben.

Definition 4.6.3 *Eine* **Turingmaschine** T *ist ein* 6-*Tupel*

$$(Q, \Sigma, \Gamma, \delta, \mathrm{b}, F, \mathrm{y}, \mathrm{n})$$

mit folgenden Bestandteilen:

- Q *ist eine endliche Menge von Zeichen, das Alphabet der* **Zustände**,
- Σ *ist eine endliche Menge von Zeichen mit* $\Box \notin \Sigma$, *das Alphabet der* **Eingabezeichen**,
- Γ *ist eine endliche Menge von Zeichen mit* $\Sigma \subseteq \Gamma$ *und* $\Box \in \Gamma$, *das Alphabet der* **Bandzeichen**,
- $\mathrm{b} \in Q$ *ist der* **Startzustand**,
- $F \subseteq Q$ *ist die Menge der* **Finalzustände**,
- $\mathrm{y} \in F$ *ist der* **akzeptierende Zustand**,
- $\mathrm{n} \in F$ *ist der* **verwerfende Zustand**,
- $\delta : Q \times \Gamma \to Q \times \Gamma \times \{L, R, S\}$ *ist eine totale Funktion.*

Ein **Bandzustand** *von* T *ist ein Tripel* (q, x, β) *mit* $q \in Q$, $x \in \mathbb{Z}$ *und einer totalen Funktion* $\beta : \mathbb{Z} \to \Gamma$ *mit* $\beta(y) = \Box$ *für alle bis auf endlich viele* $y \in \mathbb{Z}$.
T **überführt** *den Bandzustand* (q, x, β) *in den Bandzustand* (q', x', β'), *falls gilt*

- $\delta(q, \beta(x)) = (q', \beta'(x), M)$,
- $\beta'(y) = \beta(y)$ *für alle* $y \neq x$,
- $x' = \begin{cases} x-1 & \textit{falls} \quad M = L \\ x+1 & \textit{falls} \quad M = R \\ x & \textit{falls} \quad M = S \end{cases}$.

Eine **Rechnung** *von* T *ist eine endliche Folge von Bandzuständen*

$$(z_0, \ldots, z_n)\,,$$

so daß T *für alle* $0 \leq i < n$ *den Zustand* z_i *in* z_{i+1} *überführt. Eine Rechnung heißt* **haltend**, *falls* $z_n \in F$ *gilt. Sie heißt* **akzeptierend**, *falls* $z_n = \mathrm{y}$ *gilt, und* **verwerfend**, *falls* $z_n = \mathrm{n}$ *gilt.*

Wir können uns eine Turingmaschine als unendlich langes Band vorstellen, auf dem ein Rechenfenster Buchstaben liest und gemäß δ in Abhängigkeit vom aktuellen Zustand Buchstaben schreibt und sich nach links oder rechts bewegt.

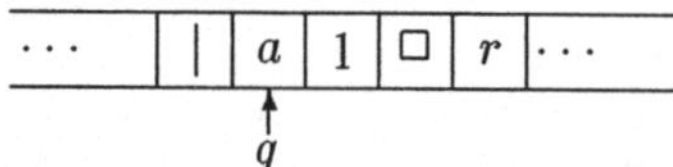

Definition 4.6.4 *Eine Funktion* $f : \mathbb{N}^n \to \mathbb{N}$ *heißt* **durch eine Turingmaschine berechenbar**, *falls es eine Turingmaschine mit Eingabealphabet* $\{|, \$\}$ *gibt, so daß der Bandzustand* $(\mathrm{b}, 0, \beta)$ *mit*

$$\beta(i) = \square \text{ für } i < 0 \text{ und } i > x_1 + \ldots + x_n + n,$$
$$\beta(0) = \beta(x_1 + 1) = \beta(x_1 + x_2 + 2) = \ldots = \beta(x_1 + \ldots + x_n + n) = \$,$$
$$\beta(i) = | \text{ für alle anderen } i$$

genau dann zu einer haltenden Rechnung ergänzt werden kann, wenn

$$f(x_1, \ldots, x_n)\downarrow$$

und, ist in diesem Fall (q, i, β') *der Zustand, in dem die Rechnung hält, dann ist die Anzahl der Striche* $|$, *die in* $\beta'(i+1), \beta'(i+2), \ldots$ *unmittelbar aufeinanderfolgen, gleich* $f(x_1, \ldots, x_n)$.

Den Wert $f(x_1, \ldots, x_n)$ von einer durch T berechneten Funktion f erhält man also, indem man T auf dem Band

...	$\square$	\$	x_1 viele Striche	...	x_n viele Striche	\$	$\square$	...

startet und den Endzustand

...	$f(x_1,\ldots,x_n)$ viele Striche	kein Strich	...

betrachtet.

Eine durch eine Turingmaschine berechenbare Funktion ist μ-rekursiv. Dazu konstruiert man zu einer Turingmaschine T eine die Überführungsfunktion simulierende primitiv rekursive Funktion $\imath_T : \mathbb{N} \rightarrow \mathbb{N}$, die auf geeignet codierten Tupeln (Zustand, aktuell gelesenes Zeichen, Band links von der Leseposition, Band rechts von der Leseposition) arbeitet. Zusammen mit einer geeignet codierten Ein- bzw. Ausgabefunktion erhält man dann die Aussage.

Umgekehrt kann man jedes GOTO-Programm durch eine Turingmaschine simulieren.

Aufgaben:

1. Es sei $\tilde{\Phi}_a$ die den Speicherbedarf von Programm mit Index a messende Funktion, d.h. $\tilde{\Phi}_a(x) \downarrow \iff \varphi_a(x) \downarrow$ und $\tilde{\Phi}_a(x)$ ist dann der maximale Wert, den eine Variable während der Berechnung von $\varphi_a(x)$ mit dem Programm a annimmt. Zeigen Sie, daß

$$\{(a,x,t) \ : \ \tilde{\Phi}_a(x) \leq t\}$$

   entscheidbar ist.

2. Wir führen das programmiersprachliche Konzept der FOR-Programme ein, die den primitiv rekursiven Funktionen entsprechen.
   Ein FOR-Programm über der Algebra N der natürlichen Zahlen und der endlichen Variablenmenge V ist in Analogie zu WHILE-Programmen definiert als Anweisungsfolge, wobei eine Anweisung eine Zuweisung, ein Test oder eine FOR-Schleife sein kann. Eine FOR-Schleife hat die Form:

$$\text{FOR } I = 0 \text{ TO } J \text{ DO } \alpha \text{ END;}$$

   I und J sind Variablen aus V und α ist ein FOR-Programm über V, das keine Zuweisung der Form $I := t$ mit einem Term t enthält.
   Die Abarbeitung eines FOR Programmes α wird ebenso wir bei WHILE-Programmen mit Hilfe der zweistellige Relation $[\alpha]_N$ definiert. Dabei gelte für Zustände z und z' über N und der Variablenmenge V:
   $z\,[\text{FOR } I = 0 \text{ TO } J \text{ DO } \alpha \text{ END};]_N\, z' \iff$ es gibt Zustände $z_0,\ldots,z_n$, $n = \text{val}_{N,z}(J)$ über N und V mit

$$\begin{aligned} &z_0 = z(I/0),\\ &z_i\,[\alpha\, I := \text{succ}(I);]_N\, z_{i+1} \quad \text{für } i = 0\ldots n-1,\\ &z_n = z'. \end{aligned}$$

   Die Definition, daß ein FOR-Pogramm eine Funktion $f : \mathbb{N}^k \rightarrow \mathbb{N}$ berechnet, überträgt sich wörtlich von WHILE-Programmen.
   Zeigen Sie, daß die durch FOR-Programme berechenbaren Funktionen genau die primitiv rekursiven Funktionen sind.

3. Gibt es eine primitiv rekursive oder auch nur totale μ-rekursive Funktion $\xi : \mathbb{N}^{k+1} \to \mathbb{N}$, so daß für jede primitiv rekursive Funktion $f : \mathbb{N}^k \to \mathbb{N}$ ein $n \in \mathbb{N}$ existiert mit
$$f(\vec{x}) = \xi(n, \vec{x}) \quad \forall \vec{x} \in \mathbb{N}\,?$$

4.7 Berechenbarkeit auf Zeichenreihen

Wir haben uns bislang auf die Untersuchung von Funktionen und Relationen auf den natürlichen Zahlen hinsichtlich ihrer Berechenbarkeit oder Entscheidbarkeit konzentriert. Dies erweist sich als sinnvoll (ja sogar überlebensnotwendig), wenn man grundsätzliche, zum Teil recht tiefliegende und schwer zu beweisende Theoreme der sogenannten Rekursionstheorie beweisen will, von der wir bislang lediglich ein kleines Stückchen der Spitze des Eisbergs gesehen haben. Der Vorteil ist, daß wir für theoretische Untersuchungen irrelevante Nebensächlichkeiten der konkreten Datenrepräsentation unterdrückt haben nach dem Motto: Beliebig komplexe Datenobjekte kann man stets effektiv durchnumerieren und dann mit den Nummern anstelle der Datenobjekte weiterarbeiten.

Für viele praktische Zwecke ist eine solche Codierung von Datenstrukturen durch Zahlen sehr unnatürlich und ineffizient. Aus diesem Grunde verallgemeinern wir die bisherige Berechenbarkeitstheorie auf $\mathbb{N}$ zu einer Berechenbarkeitstheorie auf Σ^* für ein endliches Alphabet $\Sigma = \{a_1, \ldots, a_n\}$. Dies wird sich insbesondere für Komplexitätsuntersuchungen als sinnvoll erweisen.

Die im letzten Abschnitt eingeführten Turingmaschinen lassen sich unmittelbar zur Verarbeitung von Zeichenreihen nutzen.

Definition 4.7.1 *Die* **Bandrepräsentation** *eines Wortes*
$$w = w_1 \ldots w_n \in \Sigma^*$$
mit $w_1, \ldots, w_n \in \Sigma$ *ist die Funktion* β_w *mit* $\beta_w(i) = w_i$ *für* $1 \leq i \leq n$ *und* $\beta_w(i) = \Box$ *für alle anderen i. Die Turingmaschine T* **berechnet** *die Funktion* $f : \Sigma^* \to \Sigma^*$*, falls eine mit* $(\mathrm{b}, 0, \beta_w)$ *startende Rechnung genau dann zu einer haltenden Rechnung ergänzt werden kann, wenn* $f(w)\downarrow$ *gilt, und in diesem Fall die Rechnung im Zustand* $(q, 0, \beta_{w\Box f(w)})$ *endet. Die Turingmaschine T* **akzeptiert** *die Sprache* $L \subseteq \Sigma^*$*, falls es für alle* $w \in \Sigma^*$ *eine haltende Rechnung mit Start* $(\mathrm{b}, 0, \beta_w)$ *und Endzustand* $(q, 0, \beta_w)$ *gibt, so daß* $w \in L \Rightarrow q = \mathrm{y}$ *und* $w \notin L \Rightarrow q = \mathrm{n}$ *gilt.*

Wir modifizieren GOTO-Programme folgendermaßen: In den Speicherzellen sind Wörter aus Σ^* enthalten. Als Befehle verwenden wir jetzt $s(a, X)$, welcher den Buchstaben $a \in \Sigma$ von links an das Wort im Speicher X anfügt, $S(X)$, welcher vom Wort im Speicher X den Buchstaben am linken Ende entfernt, sowie den Befehl IF $X = \epsilon$ THEN GOTO l_1 ELSE GOTO l_2, welcher in Abhängigkeit davon, ob das Wort in Speicherzelle X leer ist, zum Label l_1 oder l_2 springt.

WHILE-Programme arbeiten über der folgenden Algebra:

$$\mathit{Strings}(\Sigma) = (\Sigma^*, \epsilon, \mathrm{succ}_{a_1}, \ldots, \mathrm{succ}_{a_n}, \mathrm{pred})$$

mit $\mathrm{succ}_a(u) = au$ und $\mathrm{pred}(au) = u$, $\mathrm{pred}(\epsilon) = (\epsilon)$.

μ-rekursive Funktionen über Σ: Diese erhalten wir aus den Grundfunktionen $f_{\mathrm{NULL}}(\vec{w}) = \epsilon$, $f_{\mathrm{SUCC}_a}(\vec{w}) = (aw_1, w_2, \ldots, w_n)$ für $a \in \Sigma$ und $f_{\mathrm{PROJ}(i)}$ mit der kanonischen Interpretation durch endlich häufige Anwendung der Prozesse Komposition, primitive Rekursion und Minimierung. Die letzten zwei Begriffe sind dabei wie folgt zu verstehen: Primitive Rekursionsgleichungen sind von der Form

$$\begin{aligned} f(\vec{u}, \epsilon) &= g(\vec{u}, \epsilon), \\ f(\vec{u}, av) &= h_a(\vec{u}, f(\vec{u}, v), v). \end{aligned}$$

Minimierung, jetzt geschrieben als

$$f(u) = \mu_{\mathrm{lex}} v.g(\vec{u}, v) = \epsilon\,,$$

bedeutet das in der lexikographischen Ordnung der Wörter aus Σ^* erste Wort v mit $g(\vec{u}, v) = \epsilon$, sofern es existiert.

Alle angegebenen Möglichkeiten, berechenbare Funktionen über einem endlichen Alphabet Σ einzuführen, sind äquivalent. Die Simulationen, die analog zum Fall der natürlichen Zahlen durchgeführt werden können, verbleiben als Übung.

Wir wollen noch einige weitere, konkrete Probleme als unentscheidbar nachweisen.

Satz 4.7.2 *Die Menge aller Formeln φ über Nat, die in Nat gültig sind, ist nicht rekursiv aufzählbar.*

Beweis: Man kann jede rekursiv aufzahlbare Relation R in *Nat* durch eine Formel φ mit genau der freien Variablen X darstellen, d.h. es gilt $Rx \iff$ $\mathit{Nat} \models_{z(X/x)} \varphi$. Dazu wählt man eine primitiv rekursive Relation S, so daß

$$Rx \iff \exists y\, Sxy$$

gilt. Sei $\tilde{\chi}(X, Y, Z)$ eine den Graphen von χ_S darstellende Formel. Es folgt

$$Rx \iff \mathit{Nat} \models_{z(X/x)} \exists Y \tilde{\chi}(X, Y, \mathrm{succ}(0))\,.$$

Sei $\psi(X)$ eine das spezielle Halteproblem darstellende Formel. Dann ist

$$p \in K \iff \mathit{Nat} \models [\psi(X)]\{X/\mathrm{succ}^p(0)\}$$

eine Reduktion von K auf die Gültigkeit von Formeln in Nat.

$\square$

Das Analogon zum **Halteproblem** bei der Stringverarbeitung durch eine Turingmaschine T ist die ebenfalls unentscheidbare Menge

$$\{x \in \Sigma^* : T \text{ akzeptiert } (\mathrm{b}, 0, \beta_x) \text{ in endlich vielen Schritten } \}.$$

Man kann die Mechanik des Arbeitens einer Turingmaschine in Termini von Wortersetzungssystemen beschreiben. Wir betrachten hierzu eine Turingmaschine $T = (Q, \Sigma, \Gamma, \delta, \mathrm{b}, F, \mathrm{y}, \mathrm{n})$.Unter Verwendung eines neuen Zeichens $\#$ (ein Randbegrenzer) repräsentieren wir Bandzustände durch Wörter der Form

$$\#uqaw\#$$

mit $u \in \Sigma^*$ (u enthält alle nichtleeren Bandsymbole links vom Arbeitsfeld), $w \in \Sigma^*$ (w enthält alle nichtleeren Bandsymbole rechts vom Arbeitsfeld), $a \in \Sigma$ (das aktuelle Zeichen) und $q \in Q$ (der aktuelle Zustand). Wir simulieren das Arbeiten von T auf solchen Wörtern durch Produktionen folgender Form: Für jedes $\delta(q,a) = (q', a', S)$ gibt es die Produktion

$$qa ::= q'a' ,$$

für jedes $\delta(q,a) = (q', a', R)$ und jedes $b \in \Gamma$ gibt es die Produktionen

$$qab ::= a'q'b ,$$
$$qa\# ::= a'q'\square\# ,$$

für jedes $\delta(q,a) = (q', a', L)$ und jedes $b \in \Gamma$ gibt es die Produktionen

$$bqa = q'ba' ,$$
$$\#qa ::= \#q'\square a' .$$

Eine Rechnung der Turingmaschine kann man in offensichtlicher Weise mit einer Ableitung im Wortersetzungssystem identifizieren.

Es folgt so die Unentscheidbarkeit des Problems: Gegeben sei ein beliebiges Wortersetzungssystem, ist ein bestimmtes Wort x über dem verwandten Alphabet ableitbar? (Wäre dieses entscheidbar, dann auch, welche Wörter im Wertebereich der durch eine beliebige Turingmaschine berechneten Funktion liegen.)

Definition 4.7.3 *Das* **Postsche Korrespondenzproblem** *(kurz* PCP*) besteht aus allen Listen von Wortpaaren*

$$(x_1 \sim y_1, \cdots, x_k \sim y_k)$$

mit nichtleeren Wörtern $x_1, y_1, \ldots, x_k, y_k$ *zu denen es eine Indexfolge*

$$i_1, \ldots, i_n$$

in $\{1, \ldots, k\}$ *mit* $n \geq 0$ *gibt, so daß*

$$x_{i_1} \ldots x_{i_n} = y_{i_1} \ldots y_{i_n}$$

gilt. Das **spezielle Postsche Korrespondenzproblem** *(kurz* PCP* *ist die Einschränkung von* PCP *auf solche Wortpaare, für die es Indizes wie oben mit der zusätzlichen Forderung* $i_1 = 1$ *gibt.*

Beispiel:

- $(1 \sim 111, 10111 \sim 10, 10 \sim 0)$ ist in PCP. Eine Lösung ist z.B. die Indexfolge $2, 1, 1, 3$.
- $(10 \sim 101, 001 \sim 11, 101 \sim 011)$ ist nicht in PCP. Eine Lösung müßte nämlich mit dem Index 1 beginnen; eine Fortsetzung ist nur mit 3 möglich zu

  $$\begin{aligned} x_1 x_3 &= 10101 \\ y_1 y_3 &= 101011\,, \end{aligned}$$

  da die Alternativen 1 und 2 sofort zu einer Inkompabilität führen. Dieses Muster setzt sich jetzt ewig fort, es kann also keine Lösung geben.
- $(001 \sim 0, 01 \sim 011, 01 \sim 101, 10 \sim 001)$ ist in PCP, aber man sucht nach einer Lösung wahrscheinlich etwas länger ...

Satz 4.7.4 *Das spezielle Postsche Korrespondenzproblem ist unentscheidbar.*

Beweis: Sei $T = (Q, \Sigma, \Gamma, \delta, \mathrm{b}, F, \mathrm{y}, \mathrm{n})$ eine Turingmaschine. Wir reduzieren das Halteproblem auf PCP*. Sei $w \in \Sigma^*$ gegeben. Wir betrachten die folgenden Wörter als Eingabe an PCP*:
($\$, \#$ seien neue, nicht in Γ vorkommende Zeichen)

1. $\$ \sim \$\#\mathrm{b}\Box w\#$,
2. für alle $\delta(q, a) = (q', a', S)$:
   $qa \sim q'a'$,
3. für alle $\delta(q, a) = (q', a', R)$ und $b \in \Gamma$:
   $qab \sim a'q'b$,
   $qa\# \sim a'q'\Box\#$,
4. für alle $\delta(q, a) = (q', a', L)$ und $b \in \Gamma$:
   $bqa \sim q'ba'$,
   $\#qa \sim \#q'\Box a'$,
5. für alle $c \in \Gamma \cup \{\#\}$:
   $c \sim c$,

6. für alle $a \in \Gamma$ und $q \in F$:
   $aq \sim q$,
   $qa \sim q$,
   $q\#\#\# \sim \#$.

Diese Regelmenge ist aus einer gegebenen Turingmaschine berechenbar.

Die Idee bei der Verwendung dieser Regelmenge ist der folgende Hase-und-Igel-Wettlauf. Ist

$$(u_0 q_0 a_0 w_0, u_1 q_1 a_1 w_1, \ldots, u_t q_t a_t w_t)$$

(in der Notation des zur Turingmaschine äquivalenten Wortersetzungssystems) eine mit

$$u_0 q_0 a_0 w_0 = \mathrm{b}\square w$$

startende und $q_t \in F$ endende Rechnung von T, so erlauben die Regeln (1) – (6) die Konstruktion einer speziellen Lösung

$$x_0 x_{i_1} \ldots x_{i_n} = y_0 y_{i_1} \ldots y_{i_n}$$

wie folgt. Solange kein Endzustand $q \in F$ erreicht ist, reproduziert die y-Reihe die Zustände der obigen Rechnung mit Trennzeichen $\#$ dazwischen. Die x-Reihe läuft der y-Reihe um einen Zustand hinterher:

$$\begin{array}{l} \$\#u_0 q_0 a_0 w_0 \# \ldots \# u_{i-1} q_{i-1} a_{i-1} w_{i-1} \# \\ \$\#u_0 q_0 a_0 w_0 \# \ldots \# u_{i-1} q_{i-1} a_{i-1} w_{i-1} \#\# u_i q_i a_i w_i \#. \end{array}$$

Wir nennen die x-Reihe und y-Reihe kompatibel, sofern die x-Reihe ein Anfangswort der y-Reihe ist. Wir analysieren nun, in welcher Weise es möglich ist, kompatible x-Reihen und y-Reihen zu entwickeln. Wir verwenden die Regel (0) und erhalten:

$$\begin{array}{l} \$ \\ \$\#u_0 q_0 a_0 w_0 \#. \end{array}$$

Es gilt das Hase-und-Igel-Lemma: Seien x und y Wörter mit

$$\begin{array}{rcl} x & = & z, \\ y & = & z\#uqaw\#, \end{array}$$

mit einem beliebigen Wort z und $q \notin F$, alle anderen Bezeichnungen wie eben. Sei ferner $\#uqaw\#$ durch T in einem Schritt in $\#u^*q^*a^*w^*\#$ transformierbar. Dann führt die einzige Möglichkeit, x und y durch Anhängen korrespondierender Wörter aus der obigen Liste (1) – (6) so zu verlängern, daß x den aktuellen Vorsprung $\#uqaw\#$ von y aufholt, zu Wörtern

$$x^* = z\#uqaw\#,$$
$$y^* = z\#uqaw\#\#u^*q^*a^*w^*\#.$$

Das neue Wort y^* hat also gegenüber x^* wiederum als Vorsprung die Folgesituation der Turingmaschine T.

Beweis: Bei der durchzuführenden Aufholjagd kann das Paar (1) nicht verwandt werden (wegen des nicht passenden \$), ebenso stehen die Paare aus (6) nicht zur Verfügung. Man mache sich jeweils klar, warum die angegebenen Verlängerungen die einzig möglichen sind.
Fall 1: $d(q,a) = (q',a',S)$. Also ist $u^*q^*a^*w^* = uq'a'w$. Es stehen die Paare

(a) $qa \sim q'a'$
(b) $c \sim c$ für $c \in \Gamma \cup \{\#\}$

zur Verfügung. Die in jedem Schritt eindeutig festgelegten Verlängerungsmöglichkeiten ergeben:

$$z\#u$$
$$z\#uqaw\#\#u \quad (b)$$
$$z\#uqa$$
$$z\#uqaw\#\#uq'a' \quad (a)$$
$$z\#uqaw\#$$
$$z\#uqaw\#\#uq'a'w\#.$$

Fall 2: $d(q,a) = (q',a',R)$ und $w = bv$. Also ist $u^*q^*a^*w^* = ua'q'bv$. Es stehen die Paare

(a) $qab \sim a'q'b$ für $b \in \Gamma$
(b) $qa\# \sim a'q'\Box\#$
(c) $c \sim c$ für $c \in \Gamma \cup \{\#\}$

zur Verfügung. Die in jedem Schritt eindeutig festgelegten Verlängerungsmöglichkeiten ergeben:

$$z\#u$$
$$z\#uqabv\#\#u \quad (c)$$
$$z\#uqab$$
$$z\#uqabv\#\#ua'q'b \quad (a)$$
$$z\#uqabv\#$$
$$z\#uqabv\#\#ua'q'bv\# \quad (a).$$

Fall 3: $d(q,a) = (q',a',R)$ und $w = \epsilon$. Also ist $u^*q^*a^*w^* = ua'q'\Box$. Es stehen dieselben Paare wie im Fall 2 zur Verfügung. Die eindeutig festgelegten Verlängerungsmöglichkeiten ergeben:

$$\begin{array}{l} z\#u \\ z\#uqa\#\#u \quad (c) \\ z\#uqa\# \\ z\#uqa\#\#ua'q'\Box\# \quad (b). \end{array}$$

Fall 4: $d(q,a) = (q',a',L)$ und $u = vb$. Also ist $u^*q^*a^*w^* = vq'ba'w$. Es stehen die Paare

$$\begin{array}{ll} \text{(a)} & bqa \sim q'ba' \text{ für } b \in \Gamma \\ \text{(b)} & \#qa \sim \#q'\Box a' \\ \text{(c)} & c \sim c \text{ für } c \in \Gamma \cup \{\#\} \end{array}$$

zur Verfügung. Die in jedem Schritt eindeutig festgelegten Verlängerungsmöglichkeiten ergeben:

$$\begin{array}{l} z\#v \\ z\#vbqaw\#\#v \quad (c) \\ z\#vbqa \\ z\#vbqaw\#\#vq'ba' \quad (a) \\ z\#vbqaw\# \\ z\#vbqaw\#\#vq'ba'w\# \quad (c). \end{array}$$

Fall 5: $d(q,a) = (q',a',L)$ und $u = \epsilon$. Also ist $u^*q^*a^*w^* = q'\Box a'w$. Es stehen dieselben Paare wie im Fall 4 zur Verfügung. Die in jedem Schritt eindeutig festgelegten Verlängerungsmöglichkeiten ergeben:

$$\begin{array}{l} z\#qa \\ z\#qaw\#\#q'\Box a' \quad (b) \\ z\#qaw\# \\ z\#qaw\#\#q'\Box a'w\# \quad (c) \end{array}$$

Im letzten Kopierschritt stünde zwecks Erzeugung des # auch das Paar (b) zur Verfügung, dieses würde aber in x^* fälschlicherweise ein q' erzeugen, wo y^* bereits ein # hat.

Mit dem Hase-und-Igel-Lemma ergibt sich die eine Richtung der angestrebten Reduktion: Erreicht, die Turingmaschine T niemals einen Endzustand, so bleibt die x-Reihe stets kürzer als die y-Reihe. Die simulierende Anfrage an PCP* hat dann also keine spezielle Lösung.

Die Umkehrung ergibt sich wie folgt: Erreicht die Turingmaschine T einmal einen Endzustand $q \in F$, so kann die x-Reihe die vorauseilende y-Reihe wie folgt einholen. Wir zeigen dies an einem Beispiel:

$$
\begin{array}{ll}
z & \\
z\#abqc\# & \\
z\# & \\
z\#abqc\#\# & \\
z\#a & \\
z\#abqc\#\#a & \\
z\#abq & \\
z\#abqc\#\#aq & (6) \\
z\#abqc & \\
z\#abqc\#\#aqc & \\
z\#abqc\# & \\
z\#abqc\#\#aqc\# & \\
z\#abqc\#\# & \\
z\#abqc\#\#aqc\#\# & \\
z\#abqc\#\#aq & \\
z\#abqc\#\#aqc\#\#q & (6) \\
z\#abqc\#\#aqc & \\
z\#abqc\#\#aqc\#\#qc & \\
z\#abqc\#\#aqc\# & \\
z\#abqc\#\#aqc\#\#qc\# & \\
z\#abqc\#\#aqc\#\# & \\
z\#abqc\#\#aqc\#\#qc\#\# & \\
z\#abqc\#\#aqc\#\#qc & \\
z\#abqc\#\#aqc\#\#qc\#\#q & (6) \\
z\#abqc\#\#aqc\#\#qc\# & \\
z\#abqc\#\#aqc\#\#qc\#\#q\# & \\
z\#abqc\#\#aqc\#\#qc\#\# & \\
z\#abqc\#\#aqc\#\#qc\#\#q\#\# & \\
z\#abqc\#\#aqc\#\#qc\#\#q\#\#\# & \\
z\#abqc\#\#aqc\#\#qc\#\#q\#\#\# & (6).
\end{array}
$$

An den gekennzeichneten Stellen büßt die y-Reihe einen Buchstaben Vorsprung ein, indem ein Paar $aq \sim q$ bzw. $qa \sim q$ verwandt wird. Ganz am Schluß benutzt man $q\#\#\# \sim \#$.

Somit hat sich eine spezielle Lösung der gestellten Anfrage an PCP* ergeben. □

Satz 4.7.5 PCP *ist unentscheidbar.*

Beweis: Wir reduzieren PCP* auf PCP: Sei

$$(1) \quad (x_1 \sim y_1, \ldots, x_k \sim y_k)$$

eine Eingabe an PCP*. Unter Verwendung zweier neuer Zeichen @ und \$ konstruieren wir eine, in einem gewissen Sinne äquivalente Eingabe an PCP. Zunächst definieren wir $w^@$ bzw. ${}^@w$ als das Wort, das aus w entsteht, wenn wir rechts bez. links neben jedes Zeichen von w das Zeichen @ schreiben. Also ist beispielsweise: $abc^@ = a@b@c@$ und ${}^@abc = @a@b@c$. Nun betrachten wir die folgende Eingabe an PCP:

$$(2) \quad (@x_1^@ \sim {}^@y_1, x_1^@ \sim {}^@y_1, \ldots, x_k^@ \sim {}^@y_k, \$ \sim @\$).$$

Wir zeigen, daß (1) eine spezielle Lösung hat, genau dann wenn (2) eine Lösung hat. Sei $x_1 x_{i_1} \ldots x_{i_n} = y_1 y_{i_1} \ldots y_{i_n}$ eine spezielle Lösung von (1). Dann ist offenbar

$$@x_1^@ x_{i_1}^@ \ldots x_{i_n}^@ \$ = {}^@y_1^@ y_{i_1} \ldots {}^@ y_{i_n} @\$$$

eine Lösung von (2) (es ist vor und nach jedem Zeichen ein neues @ eingefügt worden und am Ende ein \$ angehängt worden). Sei eine Lösung von (2) gegeben. Eine solche muß notgedrungen wie folgt beginnen (alle anderen Paare erzeugen unterschiedliche erste Buchstaben):

$$\begin{array}{ll} x - \text{Liste} & @x_1^@ \ldots \\ y - \text{Liste} & {}^@y_1 \ldots \end{array}$$

Dieses erste Paar kann nun kein zweites Mal verwandt worden sein, weil es sonst in der x-Liste das Teilwort @@ erzeugen würde, das in keiner y-Liste möglich ist. Also muß die weitere Entwicklung der x-Liste und y-Liste wie folgt aussehen:

$$\begin{array}{ll} x - \text{Liste} & @x_1^@ x_{i_1}^@ x_{i_2}^@ \ldots x_{i_n}^@ \ldots \\ y - \text{Liste} & {}^@y_1^@ y_{i_1}^@ y_{i_2} \ldots {}^@ y_{i_n} \ldots \end{array}$$

Es muß einmal das letzte Paar $\$ \sim @\$$ angewandt werden, da ansonsten die x-Liste am Ende das Zeichen @ enthält, die y-Liste aber nicht. Es sei dies gerade, wie oben dargestellt, nach n Schritten der Fall. Somit entwickeln sich x- und y-Liste also wie folgt weiter:

$$\begin{array}{ll} x - \text{Liste} & @x_1^@ x_{i_1}^@ x_{i_2}^@ \ldots x_{i_n}^@ \$ \ldots \\ y - \text{Liste} & {}^@y_1^@ y_{i_1}^@ y_{i_2} \ldots {}^@ y_{i_n} @\$ \ldots \end{array}$$

An dieser Stelle hat die x-Liste dieselbe Länge wie die y-Liste (somit sind die beiden bislang entwickelten Wörter gleich), und wir können die weitere Entwicklung der x- und y-Listen abbrechen (es kann durchaus noch weitergehen), denn wir haben nun eine spezielle Lösung der gegebenen Eingabe an

PCP gefunden. Entfernen wir die gemeinsamen Zeichen @ und $, die ja an denselben Stellen der x- und y-Liste auftreten, so ergibt sich:

$$x_1 x_{i_1} \dots x_{i_n} = y_1 y_{i_1} \dots y_{i_n}.$$

□

Man kann leicht zeigen, daß PCP auch dann unentscheidbar ist, wenn man sich auf Wörter aus $\{0,1\}^*$ beschränkt. Wollen wir von einem Problem die Unentscheidbarkeit nachweisen, indem wir PCP auf dieses Problem (effektiv berechenbar) zurückführen, können wir uns also auf PCP mit Eingaben aus $\{0,1\}^*$ beschränken.

Satz 4.7.6 *Sei (S,Σ) eine Signatur und $s \in S$, so daß mindestens die folgenden Symbole in Σ enthalten sind:*

$$\begin{aligned} &c : \to s \\ &f_0 : s \to s \\ &f_1 : s \to s \\ &p : s \times s. \end{aligned}$$

Dann ist die Menge der Σ-Formeln, die in allen (S,Σ)-Algebren gelten, unentscheidbar.

Beweis: Wir reduzieren PCP auf das Problem, Allgemeingültigkeit von Formeln über einer Signatur mit mindestens oben angegebener Reichhaltigkeit zu entscheiden. Wir verwenden die Kurznotation $f_{i_1,\dots,i_n}(t)$ für $f_{i_1}(\dots(f_{i_n}(t)\dots)$ für Indizes $i_1,\dots,i_n$ mit $n \geq 1$. Sei eine Eingabe

$$C = (x_1 \sim y_1, \dots, x_k \sim, y_k)$$

an PCP gegeben. Wir definieren die aus der Eingabe berechenbaren Formeln

$$\begin{aligned} &\varphi_1 = (p(f_{x_1}(c), f_{y_1}(c)) \wedge \dots \wedge p(f_{x_k}(c), f_{y_k}(c))), \\ &\varphi_2 = \forall X\, \forall Y\, (p(X,Y) \to (p(f_{x_1}(X), f_{y_1}(Y)) \wedge \dots \wedge p(f_{x_k}(X), f_{y_k}(Y)))), \\ &\varphi_3 = \exists X\, p(X,X). \end{aligned}$$

Es gilt jetzt

$$C \text{ hat eine Lösung} \iff A \models ((\varphi_1 \wedge \varphi_2) \to \varphi_3) \text{ für alle Algebren } A.$$

In der (S,Σ)-Algebra $A_C = (\{0,1\}^*, \{\epsilon, F_0, F_1, P\})$ mit

$$F_0(u) = 0u, \quad F_1(u) = 1u$$

und

$$P(u,v) \iff \exists n > 0, i_1,\dots,i_n \leq k\, (u = x_{i_1}\dots x_{i_n} \wedge v = y_{i_1}\dots y_{i_n})$$

ist die angegebene Formel genau dann gültig, wenn C eine Lösung hat. Daraus folgt die eine Richtung.

Sei umgekehrt C lösbar mit den Parametern $j_1, \ldots, j_n$ und A eine (S, Σ)-Algebra und $(\varphi_1 \wedge \varphi_2)$ in einem Zustand z in A gültig. Die Interpretationen der Symbole a in A bezeichnen wir mit denselben Buchstaben. Aus der Gültigkeit von φ_1 und φ_2 folgt sofort

$$(f_{x_{j_1}}(\ldots(f_{x_{j_n}}(\epsilon)\ldots)), f_{y_{j_1}}(\ldots(f_{y_{j_n}}(\epsilon)\ldots))) \in P.$$

Es ist $f_u(f_v(\ldots)) = f_{uv}(\ldots)$, daher folgt aus der Gleichheit der Ausdrücke $x_{j_1}\ldots x_{j_n}$ und $y_{j_1}\ldots y_{j_n}$ die Gültigkeit von $\exists X\, p(X, X)$ in A im Zustand z.

□

Aufgaben:

1. Zeigen Sie, daß PCP entscheidbar ist, sofern man die Eingaben auf Wörter aus einem einelementigen Alphabet beschränkt.

2. Zeigen Sie, daß, wenn PCP unentscheidbar ist, es schon bei Einschränkung auf Eingaben aus einem zweielementigen Alphabet unentscheidbar ist.

4.8 Komplexitätsmaße

Wir haben die den Zeitbedarf eines WHILE-Programmes messende Funktion Φ untersucht. Ein Programm benötigt noch andere Ressourcen (maximale Größe der Variablen zur Laufzeit eines WHILE-Programms, Tiefe des Variablenstacks bei rekursiven Programmen, Länge des Bandes einer Turingmaschine, ...), die bei einer konkreten Implementation nur begrenzt zur Verfügung stehen. Daher sind allgemeine Aussagen über die Komplexität von Programmen bzgl. irgendeiner meßbaren, nur begrenzt verfügbaren Ressource interessant.

Jedes der eingeführten Berechnungskonzepte auf den natürlichen Zahlen können wir in Analogie zu WHILE-Programmen durch natürliche Zahlen codieren. Wir sprechen allgemein vom i-ten Programm eines Konzepts. Für jedes Konzept sei φ_i die Funktion, die durch das i-te Programm berechnet wird.

Definition 4.8.1 *Ein* **Komplexitätsmaß** *(für ein Berechnungskonzept φ) ist eine Abbildung $\Phi : \mathbb{N}^2 \to \mathbb{N}$ mit den Eigenschaften: $\Phi(i,n)\downarrow \iff \varphi_i(n)\downarrow$ und die Menge $\{(i,n,m) \in \mathbb{N}^3 : \Phi(i,n) \leq m\}$ ist entscheidbar.*

Wir schreiben in Zukunft $\Phi_i(n)$ statt $\Phi(i,n)$.

Beispiel: Komplexitätsmaße sind etwa die folgenden:

- Betrachtet man WHILE-Programme, dann ist die Funktion Φ, die die Laufzeit eines WHILE-Programms angibt, ein Komplexitätsmaß, wie wir schon gesehen haben.

- Die Zeitkomplexität, d.h. $\Phi_i(n)$ = Zeit, die die i-te Turingmaschine auf der Eingabe n rechnet, ist ein Komplexitätsmaß. Genauer ist $\Phi_i(n)\uparrow$, falls $\varphi_i(n)\uparrow$ und sonst ist $\Phi_i(n) = \max_R\{t$: es gibt eine Rechnung R der Länge t der i-ten Turingmaschine auf $n\}$.

- Die Platzkomplexität, d.h. $\Phi_i(n)$ = Anzahl der verschiedenen Bandstellen, die die i-te Turingmaschine auf der Eingabe n höchstens besucht, ist ein Komplexitätsmaß. Hier wie bei den weiteren Komplexitätsmaßen dieses Abschnittes implizieren wir, daß im Fall $\varphi_i(n)\uparrow$ auch $\Phi_i(n)\uparrow$ sein soll. Die Menge $\{\Phi_i(n) \leq m\}$ ist entscheidbar, denn: Gegeben sei eine Turingmaschine i und n und m aus $\mathbb{N}$, dann testet man für n, ob eine auf n beginnende, haltende Rechnung der Länge $\leq m|Q||\Gamma|^m+1 = t$ existiert, die nicht mehr als m verschiedene Bandstellen besucht. Falls das der Fall ist, gilt $\Phi_i(n) \leq m$, sonst nicht. Wir können die zu betrachtenden Rechnungen durch t begrenzen, da eine Rechnung der Länge größer als t entweder mehr als m Plätze besucht oder zwei identische Bandzustände – das bedeutet eine Endlosschleife – beinhaltet.

- Der Bedarf an Speicherplatz in einem GOTO-Programm ist ein Komplexitätsmaß.

- Ist Φ ein Komplexitätsmaß, dann auch $\tilde{\Phi}$ mit $\tilde{\Phi}_i(n) = \min\{0, \Phi_i(n) -$ Anzahl der Zustände der i-ten Turingmaschine$\}$.

Am letzten Beispiel wird deutlich, daß für ein Komplexitätsmaß **nicht** notwendig

$$\Phi_i(\Phi_j(n)) \geq \Phi_j(n)$$

gelten muß.

Satz 4.8.2 *Es sei Φ ein Komplexitätsmaß und $B : \mathbb{N} \to \mathbb{N}$ eine totale, berechenbare Funktion. Dann gibt es eine totale, berechenbare Funktion $f : \mathbb{N} \to \{0,1\}$,so daß jedes Programm i, das f berechnet, für fast alle Werte n eine Komplexität $\Phi_i(n) \geq B(n)$ hat. Kurz gesagt: Es gibt beliebig komplexe Funktionen (sogar bei Einschränkung auf den Wertebereich $\{0,1\}$).*

Beweis: Sei $B : \mathbb{N} \to \mathbb{N}$ total und berechenbar. Induktiv über n wird $f(n)$ definiert und eine Menge M_n von Programmindizes von Programmen, die sicher f nicht berechnen, konstruiert. $n = 0$: Es sei $f(0) = 0$ und $M_0 = \emptyset$. $n+1$: Falls $\Phi_i(n+1) \geq B(n+1)$ für alle $i \in \{0, \ldots, n+1\} \backslash M_n$ gilt, sei $M_{n+1} = M_n$ und $f(n+1) = 1$. Ansonsten sei $i_0 := \min\{i \in \{0, \ldots, n+1\} \backslash M_n : \Phi_i(n+1) < B(n+1)\}$. Wir definieren $f(n+1) = 1 \iff$

$\varphi_{i_0}(n+1) = 0$. Das ist wegen der Bedingung $\Phi_{i_0}(n+1) < B(n+1)$, folglich $\Phi_{i_0}(n+1)\downarrow$, folglich $\varphi_{i_0}(n+1)\downarrow$ entscheidbar. Sei $M_{n+1} = M_n \cup \{i_0\}$.

Durch Induktion nach i wird gezeigt, daß für jeden Programmindex i entweder $\Phi_i(x) \geq B(x)$ für fast alle x gilt, oder daß es ein n gibt, so daß $i \in M_n$ ist. Insbesondere rechnet jedes f berechnende Programm auf n für fast alle n mit einer durch $B(n)$ nach unten beschränkten Komplexität.

$i = 0$: Der Induktionsanfang ist Spezialfall des Induktionsschritts.

$i \geq 1$: Angenommen es gelte $\Phi_i(x) < B(x)$ für unendlich viele x. Nach Induktionsvoraussetzung gibt es für alle $n < i$ ein $x_n \in \mathbb{N}$, so daß entweder $n \in M_{x_n}$ oder $\Phi_n(x) \geq B(x)$ für alle $x \geq x_n$ gilt. Sei $m := \sup\{x_0, \ldots, x_{i-1}\}$ und $x_i > m$, so daß $\Phi_i(x_i) < B(x_i)$ gilt. Entweder ist dann i schon in M_{x_i-1} oder i wird jetzt in M_{x_i} aufgenommen, denn alle anderen Indizes $n = 0, \ldots, i-1$ sind entweder schon in M_{x_i-1} oder es gilt $\Phi_n(x_i) \geq B(x_i)$.

□

Aufgaben:

1. Welche der Funktionen sind Komplexitätsmaße (für Turingmaschinen):

- $\Phi_i(n) = \begin{cases} 0 & \text{falls } \varphi_i(n)\downarrow \\ \uparrow & \text{sonst} \end{cases}$,
- $\Phi_i(n)$ = Anzahl der Richtungsänderungen einer auf n rechnenden Turingmaschine.

Kapitel 5

Komplexitätstheorie – das Wichtigste für den praktischen Informatiker

Mit den in den vorigen Kapiteln entwickelten Begriffen und Methoden gelingt eine erste Grobklassifikation von Problemen in entscheidbare und unentscheidbare Probleme. Sowohl die Klasse der unentscheidbaren wie auch die Klasse der entscheidbaren Probleme können nun in vielfältiger Weise in ihrer Feinstruktur näher untersucht werden. In ersterer gibt es Differenzierungen hinsichtlich des „Grads der Unentscheidbarkeit", und man kann nach Methoden fragen, unentscheidbare Probleme doch noch „partiell" lösen zu können: Aufzählungsverfahren, heuristische Verfahren, approximative Lösungen, etc. In letzterer gibt es Differenzierungen hinsichtlich des Aufwands an Zeit und Speicherplatz, den ein Algorithmus in Anspruch nimmt (nehmen muß). So ist es für den praktischen Informatiker von entscheidender Bedeutung, ob ein Sortieralgorithmus, der N Elemente zu sortieren hat, eine Laufzeit in der Größenordnung von N^2 oder von $N \log N$ hat, oder ob ein Datenbanksystem mit N Datenobjekten seine zentralen Operationen (Suchen, Einfügen, Löschen) in linearer Zeit in Abhängigkeit von N oder sogar in logarithmischer Zeit bewältigt.

Wir werden in diesem Kapitel allerdings nicht auf Komplexitätsschichten wie „lineare Zeit" oder „logarithmische Zeit" eingehen, da Resultate dieser Art stark von den zugrundeliegenden Datenstrukturen und Berechnungsformalismen abhängen und in den genauen Ausprägungen eher unter dem Stichwort „effiziente Algorithmen" untersucht werden. Wir beschäftigen uns statt dessen mit einer weitaus gröberen, aber für praktische Zwecke überaus wichtigen Vorstufe der komplexitätsmäßigen Klassifikation von Problemen, nämlich in solche mit polynomieller Laufzeit und solche, für die bislang lediglich Algorithmen mit exponentieller Laufzeit bekannt sind.

In letztere Klasse fallen viele Suchprobleme der angewandten Mathematik und praktischen Informatik, die aufgrund exponentiell großer Suchräume und mangels Kenntnis intelligenter Algorithmen in die Falle der „kombinatorischen Explosion" laufen, wenngleich die Theorie bislang noch nicht beweisen konnte, daß diese Explosion wirklich unausweichlich ist.

Das Thema ist also die Klasse P der in polynomieller Zeit lösbaren Probleme und die Frage, wie man gegebenenfalls von einem Problem nachweisen könnte, daß es nicht in dieser Klasse liegt. Letzteres wird auf indeterministische Algorithmen, die Komplexitätsklasse NP und ein ungelöstes Problem der theoretischen Informatik, das sogenannte P-NP-Problem, führen.

Das Kapitel beschränkt sich auf diesen kleinen, wenngleich für die Praxis ungemein wichtigen und von der Theorie her gesehen interessanten Ausschnitt der Komplexitätstheorie, die darüberhinaus noch weit mehr Themen zu bieten hat. Für eine vertiefende Lektüre möge der Leser das Buch von Wegener [9] zu Rate ziehen, in dem dann Hinweise auf weitere Spezialgebiete und zugehörige Literatur zu finden sind. Hieraus ist auch die Auswahl NP-vollständiger Probleme in diesem Kapitel entnommen. Eine umfangreiche Sammlung NP-vollständiger Probleme, sowie Literaturhinweise finden sich weiterhin in dem Standardwerk von Garey & Johnson [2].

5.1 Problemtypen

Wir wollen uns mit einer Anzahl von Problemen beschäftigen, die durch einen der im vorigen Kapitel angegebenen Formalismen berechenbar bzw. entscheidbar sind, und als nächste Stufe untersuchen, wie aufwendig ihre Lösung, beispielsweise hinsichtlich Rechenzeit oder Speicherplatz, ist.

Wir werden unsere Probleme von Turingmaschinen lösen lassen aus dem einfachen Grund, daß die Messung des Zeit- und Speicheraufwands hier völlig transparent und maschinenadäquat ist. Es gibt keine Operationen, die implizit viel Aufwand zur Durchführung erfordern, aber nur als ein Schritt gerechnet werden (,man überlege sich entsprechende Beispiele bei WHILE-Programmen über geeigneten Datenstrukturen; z.B. bei Bäumen, oder Multiplikation von Zahlen als Grundfunktion). In diesem Sinne ist die Programmiersprache der Turingmaschinen so etwas wie die kleinste komplexitätstheoretische Währungseinheit. Komplexitätsaussagen auf dieser Basis haben wirklich praktische Relevanz.

Bei vielen konkreten Problemstellungen ist ihre jeweilige Darstellung in Wortform in kanonischer Weise (meistens weil wir es so gewohnt sind oder eben so kennengelernt haben) vorgezeichnet. Dies muß aber nicht immer der Fall sein. Beispielsweise repräsentieren wir natürliche Zahlen gewohnheitsbedingt meistens durch Dezimalzeichenreihen (ohne führende Null). Manchmal aber eher durch Binärstrings. Seltener durch Strichfolgen. Die alten Römer hätten eine andere Darstellung bevorzugt. In Terminis von Dezimalstrings ist es sehr aufwendig, von einer gegebenen Zahl festzustellen, ob sie eine Primzahl ist. Hätten wir natürliche Zahl dagegen in Form von Primfaktorzerlegungen repräsentiert (warum nicht auch einmal so?), so wäre ein Primzahltest trivial gewesen. Ebenso einfach wäre Multiplikation gewesen. Nur mit der Addition hätte es Probleme gegeben.

Dieses Beispiel soll uns sagen, daß wir gegebene Probleme doch lieber genau hinsichtlich ihrer Wortrepräsentation definieren sollten. Wir werden also

- Zahlen als Dezimalstrings, Binärstrings oder seltener unär als Folge $||\ldots|$ codieren,
- Folgen von Zahlen als Strings mit Klammern und Kommata darstellen $(x_1, \ldots, x_n)$,
- Matrizen von Zahlen in Strings durch Nebeneinanderschreiben der Matrixzeilen transformieren,
- endliche Graphen (V, E) mit Knotenmenge V und Kantenrelation $E \subseteq V \times V$ entweder durch ihre Adjazenzmatrix oder ihre Adjazenzliste repräsentieren,
- endliche Mengen mittels einer Liste ihrer Elemente darstellen,
- endliche Funktionen durch ihren Graphen repräsentieren,
- logische Formeln oder Programme (z.B. Turingmaschinen) unmittelbar als Strings definieren.

Für die folgenden Abschnitte ist Σ ein festes Alphabet mit mindestens zwei Symbolen, etwa 0 und 1, auf das sich alle Definitionen beziehen. Bei Bedarf werden weitere Hilfssymbole, z.B. Trennzeichen, zwanglos hinzugenommen. Es ist aber klar, daß jedes andere Symbol im Zweifelsfall durch von der Turingmaschine abhängige, entsprechend lange Blöcke von 0 mit 1 als Randmarkierung codiert werden kann. Es reicht daher in Wirklichkeit immer ein zweielementiges Alphabet.

Wir zählen eine Liste von Problemen auf, die wir in diesem Kapitel näher untersuchen wollen. Alle angeführten Größen sind natürliche Zahlen.

- **KP** (knapsack problem) Gegeben seien n Objekte mit Gewichten $g_1, \ldots, g_n$ und Nutzen $w_1, \ldots, w_n$ und ein Rucksack, der nur bis zur Gewichtsschranke G befullt werden kann. Gibt es eine Bepackung des Rucksacks mit einigen der n Gegenstände, so daß ihr Gesamtgewicht das Limit G nicht übersteigt, aber der Gesamtnutzen eine gewisse vorgegebene Grenze W erreicht?
  Oder: Welchen Nutzen hat eine optimale Rucksackbepackung?
  Oder: Welche Gegenstände sind bei einer optimalen Bepackung einzupacken?

- **KP*** (simplified knapsack problem) Gegeben seien n Gegenstände mit Gewichten $g_1, \ldots, g_n$ und ein $G \in \mathbb{N}$. Kann man einige der Gegenstände so auswählen, daß die Summe ihrer Gewichte genau G ergibt?
Oder: Welche Gegenstände ergeben in der Gewichtssumme genau G?

- **TSP** (traveling salesman problem) Gegeben seien n Orte und die Kosten c_{ij}, die eine Reise vom Ort i zum Ort j kostet. Gibt es eine Rundreise durch alle Orte, so daß jeder Ort genau einmal besucht wird und die Gesamtkosten ein vorgegebenes K nicht übersteigen?
Oder: Was sind die Kosten einer preiswertesten Rundreise?
Oder: Wie sieht eine billigste Rundreise aus?

- **BPP** (bin packing problem) Es seien eine Anzahl k von Behältern eines Volumens b und n Objekte der Größe $g_1, \ldots, g_n$ gegeben. Kann man die n Objekte so auf die Behälter verteilen, daß keiner überläuft?
Oder: Wieviele Behälter der Größe b braucht man mindestens, damit eine solche Verteilung möglich ist?
Oder: Wie verteilt man die Gegenstände auf möglichst wenig Behälter?

- **PARTITION** Gegeben seien n Gegenstände mit Größen $g_1, \ldots, g_n$. Gibt es eine Teilmenge $J \subseteq \{1, \ldots, n\}$, so daß

$$\sum_{i \in J} g_i = \sum_{i \notin J} g_i$$

gilt?
Oder: Bestimme $J \subseteq \{1, \ldots, n\}$, so daß obige Gleichung gilt.

- **CLIQUE** Gegeben sei ein (ungerichteter) Graph G und ein $k \in \mathbb{N}$. Eine **Clique** in G ist ein Teilgraph, so daß jeder in diesem Teilgraphen auftretende Knoten mit jedem anderen Knoten in diesem Teilgraphen verbunden ist. Gibt es eine Clique der Größe k in G?
Oder: Wie groß ist die größte Clique in G?
Oder: Welches ist die größte Clique in G?

- **HC** (hamilton circuit) Gegeben sei ein (ungerichteter) Graph G. Gibt es einen Hamiltonkreis in G, d.h. einen Weg durch den Graphen, auf dem jeder Knoten genau einmal besucht wird?
Oder: Welches sind die zu einem Hamiltonkreis gehörenden Kanten?

- **DHC** (directed hamilton circuit) Dasselbe Problem wie HC in einem gerichteten Graphen.

- **SAT** (satisfiability problem) Gegeben sei eine aussagenlogische Formel φ, die eine Konjunktion von Disjunktionen von Literalen, d.h. von der Form

$$\bigwedge_i \bigvee_j L_{ij}$$

mit $L_{ij} \in \{V_0, V_1, \ldots, \neg V_0, \neg V_1, \ldots\}$ für Boolesche Variablen $V_0, V_1, \ldots$ ist. (Wir sagen, daß φ in konjunktiver Normalform ist.) Gibt es eine Belegung der Variablen V_i in φ mit Wahrheitswerten 'W' oder 'F', so daß φ in der Algebra *Boolean* gilt?
Oder: Wie sieht eine erfüllende Belegung der Variablen aus?

- **3-SAT** Dasselbe Problem wie SAT mit der Einschränkung, daß in einer Disjunktion je genau 3 Literale stehen.

Alle diese Probleme sind durch ein Programm lösbar. Wir wollen uns damit beschäftigen, wieviel Zeit ein Programm, das sie löst, benötigt. Dazu definieren wir:

Definition 5.1.1 *Sei* $T = (Q, \Sigma, \Gamma, \delta, b, F, \mathrm{y}, \mathrm{n})$ *eine Turingmaschine und* $t : \mathbb{N} \to \mathbb{N}$ *eine totale Funktion. Wir sagen, daß die* **Laufzeit von** T **durch** t **beschränkt ist**, *falls es für alle Wörter* $w \in \Sigma^*$ *der Länge* n *eine Rechnung*

$$(b, 0, \beta_w), (q_1, p_1, z_1), \ldots, (q_m, p_m, z_m)$$

in T *gibt mit Finalzustand* q_m *und* $m \leq t(n)$. *Ist* t *ein Polynom, heißt die Laufzeit von* T **polynomiell beschränkt**. *(Zur Erinnerung:* β_w *ist die im vorigen Kapitel definierte Bandrepräsentation eines Wortes* $w \in \Sigma^*$.*)*

Wir können leicht polynomiell zeitbeschränkte Turingmaschinen angeben, die ein Wort verschieben, kopieren, Zahlen addieren, multiplizieren, Polynome auswerten ...

Wie ist das bei der zu Beginn dieses Kapitels angegebenen Liste von Problemen? Wir haben jeweils mehrere Varianten eines Problems angegeben. Zunächst ging es nur darum, zu entscheiden, ob ein gewisser Sachverhalt gilt; dann in verschärfter Weise darum, einen optimalen Wert bzgl. einer gegebenen Nebenbedingung in einem Sachverhalt zu bestimmen; schließlich darum, die genauen weiteren Parameter zu bestimmen, so daß der Sachverhalt (mit optimalem Wert) eintritt. Dabei ist die jeweils letzte Variante der Probleme in der Praxis wohl am ehesten relevant.

Wir werden uns dafür interessieren, ob diese Probleme in polynomieller Zeit von einer Turingmaschine gelöst werden können. Es stellt sich heraus, daß wir für diese Fragestellung nur die jeweils erste Variante der angegebenen Probleme, die sogenannte Entscheidungsvariante betrachten müssen, da die anderen unter diesem Gesichtspunkt nicht wesentlich schwieriger als die erste sind.

Satz 5.1.2 *Sei* $L \subseteq \Sigma^*$, $\sigma \subseteq \Sigma$, $R \subseteq L \times \sigma^*$ *und* $f : R \to \mathbb{N}$ *mit* $f(w, x) > 0$. *Wir betrachten die folgenden drei Probleme:*

1. *Entscheide für jedes* $w \in L$ *und* $n \in \mathbb{N}$, *ob es ein* v *in* σ^* *mit* $(w, v) \in R$ *und* $f(w, v) > n$ *gibt.*

2. Berechne für jedes $w \in L$ *die Größe* $\max_v\{f(w,v) : (w,v) \in R\}$.

3. Berechne für jedes $w \in L$ *ein* $v \in \sigma^*$, *so daß* $(w,v) \in R$ *und* $f(w,v) = \max_v\{f(w,v) : (w,v) \in R\}$ *ist, bzw. im Falle, daß das Maximum* 0 *ist,* $v = \epsilon$.

Es gilt:
Ist (1) polynomiell zeitbeschränkt lösbar und $f(w,v)$ *durch ein Polynom in* $2^{|w|}$ *beschränkt, dann ist auch* (2) *polynomiell zeitbeschränkt lösbar.*
Ist (2) polynomiell zeitbeschränkt lösbar, $|v| = p(|w|)$ *für ein Polynom* p *für alle* (w,v) *in* R *mit maximalem* $f(w,v)$ *und kann man weiterhin für alle* $i \leq p(|w|)$ *und* $v_1 \in \sigma^i$ *die Größe* $\max_{v_2}\{f(w,v_1,v_2) : v_2 \in \sigma^{|v|-i}, (w,v_1,v_2) \in R\}$ *polynomiell berechnen, dann ist auch* (3) *polynomiell zeitbeschränkt lösbar.*
Ist (2) polynomiell zeitbeschränkt lösbar, $|v| = p(|W|)$ *für ein Polynom* p *für alle* (w,v) *in* R *mit maximalem* $f(w,v)$, $\sigma = \{0,1\}$ *und kann man weiterhin für alle* $i \leq p(|w|)$ *und* $v_1 \in \sigma^i$ *die Große* $\max_{\tilde{v}_1,v_2}\{f(w,\tilde{v}_1,0,v_2) : \tilde{v}_1 \leq v_1, v_2 \in \sigma^{|v|-i-1}, (w,\tilde{v}_1,0,v_2) \in R\}$ *polynomiell berechnen, dann ist auch* (3) *polynomiell zeitbeschränkt lösbar. (Zur Erinnerung:* $\tilde{v}_1 \leq v_1$ *bedeutet, daß für alle Komponenten diese Beziehung gilt.)*
Ist (3) polynomiell zeitbeschränkt lösbar und $f(w,v)$ *in* $|w|$ *polynomiell zeitbeschränkt berechenbar, dann ist auch* (1) *polynomiell zeitbeschränkt lösbar.*

Beweis: Wir berechnen eine obere Schranke S für $f(w,v)$ und erhalten den maximalen Wert W, indem wir diesen binär einschachteln, d.h. wir testen $W > S/2$, falls das zutrifft, $W > 3S/4$, sonst $W > S/4$ .... Jeder einzelne Test ist polynomiell und es werden davon $\log_2(\text{Polynom}(2^{|w|}))$ viele durchgeführt.

Wir berechnen für gegebenes w die Größe $R = \max_v\{f(w,v)\}$ und die Stellenanzahl eines möglichen v und legen der Reihe nach die Stellen von v fest, indem wir für schon berechnete $v_1,\ldots,v_i$ $\max\{f(w,v_1,\ldots,v_i,a,v) : v\}$ mit R vergleichen. Ist R gleich dem Maximum, kann man $v_{i+1} = a$ wählen, ansonsten muß man das nächste a probieren.

Bei der zweiten Variante, aus (2) auf (3) zu folgern, legen wir analog sukzessive die Stellen eines möglichen v fest, probieren dabei aber zunächst immer $a = 0$. Wird eine Stelle trotzdem als 1 gewählt, haben wir dadurch die Garantie, daß alle anderen optimalen Lösungen, deren Anfangsstück die vorgeschriebenen 0 enthält, an dieser Stelle auch eine 1 haben müssen.

Die letzte Aussage ist offensichtlich.

□

Das in der Richtung von (2) nach (3) verlangte Maximum kann man in der Regel deswegen berechnen, weil die Festlegung gewisser Parameter in v wieder auf die zweite Variante des gestellten Problems mit leicht veränderter Eingabe führt.

Beispiel: Wir illustrieren diesen Satz, indem wir ihn auf einige der obigen Probleme anwenden:

- KP: L besteht aus den Eingaben der n Objekte, deren Wert und Gewicht und der Gewichtsgrenze. (Wir gehen davon aus, daß kein Gewichts- oder Nutzenwert 0 ist.) R ergänzt diese Eingabe für jede mögliche Bepackung um einen Vektor der Länge n mit Eintrag 1 an i-ter Stelle, falls das i-te Objekt in dieser Bepackung vorkommt, sonst 0. Die Funktion f berechnet den Nutzen einer Bepackung, also die Summe der Werte der eingepackten Objekte. Das ist durch die Summe der Werte aller Objekte, d.h. ein Polynom in $2^{|w|}$ beschränkt (in w sind die Nutzenwerte als Dezimalzahlen codiert).

  Die Länge eines gesuchten v ist immer n. Zu gegebenem v_1 der Länge i berechnet man $\max_{v_2}\{(w, v_1, v_2)\}$, indem man den maximalen Wert von f zum KP mit Eingabe aller Objekte, $i+1, \ldots, n$ zum Gewicht $G - \sum_{(v_1)_l=1} g_l$ bestimmt (sofern ≥ 0, sonst ist das Maximum 0) und $\sum_{(v_1)_l=1} w_l$ dazuaddiert.

- PARTITION: L besteht aus allen Eingaben von n Elementen mit Größen $g_1, \ldots, g_n$. G ergänzt diese Eingaben um Vektoren der Länge n, so daß die Summe der Größen der Elemente mit Eintrag 1 gleich der Summe der Größen mit Eintrag 0 ist. f bewertet alle Elemente aus G mit 1. Bei gegebenem v_1 der Länge i berechnet man das Maximum durch Eingabe der Objekte $i+1, \ldots, n$ und zweier neue Objekte der Größe

  $$\sum_{j=i+1}^{n} g_j + \sum_{j \leq i, (v_1)_j = 1} g_j + 1$$

  bzw.

  $$\sum_{j=i+1}^{n} g_j + \sum_{j \leq i, (v_1)_j = 0} g_j + 1$$

  an PARTITION. Die beiden zusätzlichen Objekte repräsentieren die Größe der schon eingeteilten Objekte. Die Konstante $\sum_{j=i+1}^{n}$ sorgt dafür, daß die beiden neuen Objekte in verschiedene Klassen eingeteilt werden müssen, um insgesamt eine Gleichheit der Gewichtssummen zu erhalten.

- TSP: L besteht aus der Eingabe der n Orte mit Kosten c_{ij} um von Ort i nach j zu kommen. R ergänzt jede dieser Eingaben für jede mögliche Rundreise um einen Vektor der Länge n^2, mit Eintrag 1, falls die Verbindung ij in der Rundreise auftritt, sonst 0. f berechnet $\sum_{ij} c_{ij} + 1-$ Kosten der Rundreise. f ist durch $\sum_{ij} c_{ij} + 1$ beschränkt. Ein optimaler Vektor v hat immer die Länge n^2. Zu gegebenem v_1 und $a = 0$ bestimmt man das Maximum wie folgt: Man berechnet die Kosten einer optimalen Rundreise mit denselben Verbindungen, wobei allerdings die versuchsweise oder in v_1

schon ständig auf 0 gesetzten Verbindungen kl an der Stelle c_{kl} den Eintrag $\sum_{ij} c_{ij} + 1$ erhalten.

Auch bei den übrigen hier angegebenen Problemen findet man so Reduktionen der einzelnen Problemstellungen aufeinander. Allerdings ist es nicht kanonisch, wie bei dem Versuch, von der zweiten auf die dritte Variante zu schließen, ein Verfahren zur Bestimmung des Maximums bei gegebenem Anfang von v aussehen kann.

Wir haben also die Optimierungs- und Suchprobleme, die uns einfallen, auf Entscheidungsprobleme und damit auf das Akzeptieren einer Sprache $\{(w,n) \in L \times \mathbb{N} : \exists y\,((x,y) \in R \wedge f(x,y) \geq n)\}$ zurückgeführt. Wir definieren

Definition 5.1.3 *Die Menge der Sprachen über Σ, die von einer Turingmaschine in polynomieller Zeit akzeptiert werden können, bezeichnen wir mit* P.

Wir erinnern noch einmal daran, daß wir ein festes Alphabet Σ mit mindestens zwei Zeichen fixiert haben, bei Bedarf aber beliebige Zeichen verwenden, da sie immer durch zwei Zeichen codiert werden könnten.

Wir können durch leichte Modifikation einer durch das Polynom p beschränkten Turingmaschine immer erreichen, daß alle Rechnungen auf der Eingabe w genau die Länge $p(|w|)$ haben.

Definition 5.1.4 *Ein Problem $L \subseteq \Sigma^*$ liegt in der Klasse* **NP**, *falls es ein $L' \subseteq (\Sigma \cup \{\$\})^*$ in* P *und ein Polynom p gibt, so daß für alle $w \in \Sigma^*$ gilt:*

$$w \in L \iff \exists u \in \Sigma^* \,(|u| \leq p(|w|) \wedge u\$w \in L')\,.$$

Ein Problem $L \subseteq \Sigma^*$ liegt in der Klasse **co-NP**, *falls $\neg L$ in NP liegt.*

Wir können durch leichte Modifikation der L' erkennenden Turingmaschine immer erreichen, daß das Wort u genau die Länge $p(|w|)$ hat.

Alle zu Beginn dieses Kapitels angegebenen Probleme sind in NP. Etwa beim TSP wählt man als L' die Sprache $\{(v_{11},\ldots,v_{nn},n,w_{11},\ldots,w_{nn},R) \in \{0,1\}^* \times \mathbb{N} \times \mathbb{N}^* \times \mathbb{N}$: die Verbindungen mit $v_{ij} = 1$ bilden eine Rundreise zwischen den Orten $1,\ldots,n$ und, summiert man über diese Indizes w_{ij} auf, erhält man höchstens $R\}$.

Aufgaben:

1. Zeigen Sie, daß die drei Varianten von BPP genau dann in polynomieller Zeit lösbar sind, wenn es eine der drei Varianten ist. Verallgemeinern

Sie dazu das Problem darauf, daß man Behälter unterschiedlicher Größe $b_1, \ldots, b_k$ zur Verfügung hat, von denen man möglichst wenige gebrauchen will, und zeigen Sie, daß dieses allgemeinere Problem polynomiell lösbar ist, genau dann, wenn es das ursprüngliche ist.

2. Zeigen Sie, daß das Rucksackproblem deterministisch polynomiell lösbar ist, sofern alle Gewichte in n beschränkt sind; d.h. gegeben seien n Gegenstände mit Gewicht $g_1, \ldots, g_n$ und Wert $w_1, \ldots, w_n$, so daß $g_i \leq p(n)$ und $w_i \leq p(n)$ für alle i und ein Polynom p ist. Dann ist es möglich, gegeben ein Gewicht G (o.B.d.A. polynomiell in n beschränkt), in polynomieller Zeit in Abhängigkeit von n die optimale Bepackung des Rucksacks zum Gewicht G auszurechnen.

3. Zeigen Sie, daß 2-SAT, d.h. das Problem zu entscheiden, ob eine Konjunktion von Disjunktionen von je maximal zwei Literalen erfüllbar ist, in P liegt.

4. Zeigen Sie: $\{x \in \{|\}^* \ : \ |x| \text{ ist ein Primzahl } \}$ ist in P.

5.2 NP-Theorie

Wir haben im letzten Abschnitt einige Probleme kennengelernt, die Problemstellung auf das Akzeptieren gewisser Sprachen reduziert und die Probleme einer NP genannten Sprachklasse zugeordnet. Wir wollen noch eine andere Charakterisierung der Sprachklasse NP angeben.

Definition 5.2.1 *Eine* **indeterministische Turingmaschine** *T ist ein Tupel*

$$(Q, \Sigma, \Gamma, \delta, b, F, \mathrm{y}, \mathrm{n})$$

wie eine deterministische Turingmaschine mit dem einzigen Unterschied, daß δ jedem Element aus $Q \times \Gamma$ zwei (nicht notwendig verschiedene) Elemente aus $Q \times \Gamma \times \{L, S, R\}$ zuordnet:

$$\delta(q, a) = (q_1, a_1, b_1)(q_2, a_2, b_2)\,.$$

Der **Zustandsbegriff** *wird wie bei (deterministischen) Turingmaschinen definiert. Jeder Zustand z hat jetzt zwei mögliche Nachfolgezustände z' und z'', in die eine indeterministische Turingmaschine schalten kann. Auf dieser Basis ergeben sich wiederum die Begriffe* **haltende, akzeptierende** *und* **verwerfende Rechnung**. *Etwas genauer müssen wir Laufzeitdefinitionen behandeln. Wir sagen, daß eine indeterministische Turingmaschine die* **Laufzeitschranke** *$t(n)$ hat, falls für jedes $w \in \Sigma^*$ der Länge n jede mit $(b, 0, \beta_w)$ beginnende Rechnung nach höchstens $t(n)$ Überführungsschritten einen Endzustand erreicht. Ist $t(n)$ ein Polynom in n, dann heißt die Turingmaschine*

polynomiell zeitbeschränkt. *Sei T eine indeterministische Turingmaschine.*

Es sei yes(w) *die Menge der mit $(b, 0, \beta_w)$ startenden Rechnungen, die mit einem akzeptierenden Zustand halten,* no(w) *die Rechnungen, die verwerfend enden. Wir sagen, daß eine indeterministische polynomiell laufzeitbeschränkte Turingmaschine die Sprache $L \in \Sigma^*$ als* NP-**Maschine akzeptiert**, *falls für alle $w \in \Sigma^*$ gilt*

$$|\text{yes}(w)| > 0 \iff w \in L\,.$$

Bei einer indeterministischen Turingmaschine T soll die Möglichkeit modelliert werden, unter verschiedenen Rechenverläufen wählen zu könen, bzw. in einer probabilistischen Interpretation den Rechenverlauf durch das Werfen einer Münze beeinflussen zu können.

Da bei einer indeterministischen Turingmaschine auch die Möglichkeit

$$\delta(q, a) = (q, a, b)(q, a, b)$$

mit zwei identischen Paaren zugelassen ist, ist insbesondere jede (deterministische) Turingmaschine auch eine indeterministische Turingmaschine.

Eine Sprache wird von T als NP-Maschine akzeptiert, bedeutet also, daß die Maschine T für eine Eingabe $w \in L$ mindestens eine akzeptierende Rechnung erzeugt, während sie für eine Eingabe $w \notin L$ keine akzeptierende Rechnung erzeugt. Letzteres kann durch einfache Modifikation von T so verschärft werden, daß T für eine Eingabe $w \notin L$ nur verwerfende Rechnungen erzeugt. Es besteht ein einfacher Zusammenhang zur Problemklasse NP.

Satz 5.2.2 *Für eine Sprache $L \subseteq \Sigma^*$ sind äquivalent:*
$L \in$ NP,
es gibt eine polynomiell zeitbeschränkte indeterministische Turingmaschine, die L als NP-*Maschine akzeptiert.*

Beweis: Sei $L \in$ NP. Dann können wir L mit einer polynomiell zeitbeschränkten (mit Polynom $p(n)$) Turingmaschine wie folgt darstellen:

$$w \in L \iff \exists u \in \Sigma^* \left(|u| \leq p(|w|) \wedge T \text{ akzeptiert } u\$w\right).$$

Wir konstruieren eine nichtdeterministische polynomiell beschränkte Turingmaschine T^*, die L als NP-Maschine akzeptiert: T^* enthält alle Symbole aus T, ein neues Startsymbol, alle Produktionen von δ und zusätzlich für jedes Binärwort z der Länge $\leq m := \log_2(|\Sigma|)$ einen Zustand q_z. (Wir zählen den letzten Buchstaben von Σ mehrfach, so daß $|\Sigma|$ eine 2-er Potenz ist.) Die weiteren Zustände, Bandzeichen und Produktionen ergeben sich aus der Funktionsweise von T^*, die wir jetzt beschreiben: Zunächst wird bei Eingabe von w links von w ein Bandabschnitt der Länge $p(|w|)$ mit den Randbegrenzern \$ markiert. Es wird in diesem Bereich ausgehend von q_b von rechts nach links zufällig ein Wort aus Σ^* erzeugt mit den Produktionen:

$$\begin{aligned}
&\delta(q_b, \Box) = (q_\epsilon, \Box, S)(q_e, \Box, L),\\
&\delta(q_z, \Box) = (q_{0z}, \Box, S)(q_{1z}, \Box, S) \text{ für alle } |z| < m,\\
&\delta(q_z, \Box) = (q_\epsilon, a, L)(q_e, a, L) \text{ für alle } |z| = m,\\
&\qquad\qquad\qquad\qquad \text{und den } z\text{-ten Buchstaben } a \text{ in } \Sigma,\\
&\delta(q_e, \Box) = (q_e, \Box, L),\\
&\delta(q_e, \$) = (b, \$, S),\\
&\delta(q_\epsilon, \$) = (b, \$, S).
\end{aligned}$$

Danach simuliert T^* die Funktionsweise von T. Es ist klar, daß T^* polynomiell beschränkt ist und genau die Sprache L akzeptiert.

T sei umgekehrt eine durch p polynomiell zeitbeschränkte indeterministische Turingmaschine, so daß für alle Wörter $w \in \Sigma^*$ gilt:

$$w \in L \iff |\text{yes}(w)| > 0\,.$$

Wir konstruieren eine deterministische polynomiell zeitbeschränkte Turingmaschine T^*, so daß

$$L = \{w \in \Sigma^* \;:\; \exists u \in \Sigma^* \; (|u| \leq p'(|w|) \wedge T^* \text{ akzeptiert } u\$w\}$$

für ein Polynom p' gilt. Die Symbole und Produktionen von T^* ergeben sich aus der Funktionsweise, die wir jetzt beschreiben: Es sei ein Wort w gegeben, das von T akzeptiert wird. Es seien 0 und 1 zwei ausgezeichnete Zeichen in Σ. Gegeben sei ein Wort $u\$w$ mit $|u| \leq p(|w|) = p'(|w|)$, dann interpretiert T^* das Wort u als Codierung der Rechnung von T und führt genau diese Rechnung auf dem Wort w auch tatsächlich aus. Das heißt genau:

- Für alle Zustände q aus T und jede Aktion a in T^*, die einen neuen Zustand erfordert, wird ein neuer Zustand q_a definiert. Dadurch ist in T^* immer klar, in welchem Zustand sich T an dieser Berechnungsstelle befunden hätte.
- T^* wird im Zustand $(b, 0, \beta_{u\$w})$ gestartet.
- T^* markiert in w zu Beginn des Wortes die Arbeitsstelle.
- T^* berechnet $p(|w|)$ und geht in u bis zum ersten $\Box$, maximal aber $p(|w|)$ Schritte nach links und markiert die Stelle.
- Falls rechts keine Null oder Eins steht, bricht T^* die Rechnung ab, ansonsten verschiebt es die Markierung in u um eins nach rechts, geht bis zur Arbeitsstelle in w nach rechts und führt in Abhängigkeit, ob es eine 0 oder 1 gelesen hat, den ersten oder zweiten möglichen Arbeitsschritt von T auf diesem Wort im Startzustand aus.
- T^* liest den nächsten Schritt an der Markierung in u und führt ihn an der Arbeitsstelle in w aus, ...

...	□	#	0	1	...	1	#	w_1	...	w_n	□	...

- Sobald in u alle Arbeitsschritte bearbeitet wurden, beendet T^* die Rechnung und entfernt die Markierungen. Ein akzeptierender Zustand wird genau dann angenommen, wenn er auch in T erreicht wäre.

Es ist T^* polynomiell beschränkt und ein Wort $u\$w$ wird genau dann akzeptiert, wenn w auch von T akzeptiert würde und die jeweilige Befehlsauswahl einer akzeptierenden Rechnung in u codiert ist.

□

Definition 5.2.3 *Es seien $L, M \subseteq \Sigma^*$. L heißt* **polynomiell auf** M **reduzierbar**, *in Zeichen $L \leq_p M$, falls es eine durch eine deterministische Turingmaschine in polynomieller Zeit berechenbare Funktion $f : \Sigma^* \to \Sigma^*$ gibt, so daß für alle $w \in \Sigma^*$ gilt*

$$w \in L \iff f(w) \in M\,.$$

Definition 5.2.4 *Ein Problem $L \subseteq \Sigma^*$ heißt* **NP-vollständig**, *falls $L \in$ NP gilt und alle anderen Probleme $M \in$ NP polynomiell auf L reduziert werden können.* **NPC** *sei die Klasse aller* NP*-vollständigen Probleme.*

Die NP-vollständigen Probleme sind also die schwierigsten Probleme in der Klasse NP, sofern man polynomielle Algorithmen vernachlässigt. Wir wissen noch nichts über die Beziehung der Begriffe NP, P, co-NP und NPC untereinander.

Lemma 5.2.5 *Seien $L, M \subseteq \Sigma^*$. Es gilt*
P $\subseteq$ NP $\cap$ co-NP,
$\leq_p$ *ist reflexiv und transitiv,*
$L \leq_p M$ *und* $M \in$ P $\Rightarrow L \in$ P,
$L \leq_p M$ *und* $M \in$ NP $\Rightarrow L \in$ NP,
$L \leq_p M$, $L \in$ NPC *und* $M \in$ NP $\Rightarrow M \in$ NPC,
$L \in$ NPC *und* $L \in$ P $\Rightarrow$ P $=$ NP,
$L \in$ NPC *und* $L \in$ co-NP $\Rightarrow$ NP $=$ co-NP.

Beweis: Übung

Es liegt hier die Standardmethode vor, die NP-Vollständigkeit eines konkreten Problems zu zeigen: wir führen ein anderes bekanntes NP-vollständiges Problem darauf zurück (sobald wir nur eines kennen). Ferner wissen wir jetzt, daß wir nur für eines der NP-vollständigen Probleme einen polynomiellen Algorithmus zu finden brauchen, um für jedes Problem aus NP einen polynomiellen Algorithmus angeben zu können. Aber:

Es ist bis heute ungelöst, ob es einen solchen gibt; es wird aber als unwahrscheinlich angesehen, da man von tausenden NP-vollständiger Probleme trotz intensivster Beschäftigung keinen polynomiellen Algorithmus gefunden hat. Daher besagt der Beweis der NP-Vollständigkeit eines Problems bis heute, daß das Problem wahrscheinlich schwer ist.

Doch kommen wir zum Nachweis, daß es NP-vollständige Probleme gibt. Wir erinnern an die Tatsache, daß es eine universelle Turingmaschine gibt. Das heißt: Betrachten wir Turingmaschinen über einem festen Alphabet Σ, dann ist es in Analogie zu WHILE-Programmen möglich, die Zustandsüberführungsfunktion δ eindeutig und effektiv durch eine natürliche Zahl zu codieren, indem die benötigten Zustände und die Zeichen aus Σ durchnumeriert und Tupel $\delta(q,a) = (q_1, a_1, b_1)(q_2, a_2, b_2)$ als Tupel von 8 Zahlen in einer Liste codiert werden. Ferner gibt es eine Turingmaschine über demselben Alphabet Σ, die, erhält sie eine unär (oder binär) notierte natürliche Zahl und ein zu akzeptierendes Wort, die Arbeitsweise der durch die Zahl codierten Turingmaschine auf diesem Wort simuliert.

Wir werden statt des Codes für δ die Zeichenreihe selber nehmen und auch weitere Hilfssymbole benutzen, da diese, wie schon erwähnt, im Zweifel codiert werden könnten.

Satz 5.2.6 *Sei* 0 *ein Zeichen in* Σ. *Wir betrachten indeterministische Turingmaschinen mit festem Eingabealphabet* Σ *und Überführungsfunktion* δ. *Sei*

$$L = \{\delta\$0^t\$w \; : \; \textit{es gibt eine mit } b\Box w \textit{ beginnende akzeptierende Rechnung einer Länge } t \textit{ der durch } \delta \textit{ definierten Turingmaschine}\}.$$

Dann ist L NP-*vollständig.*

Beweis: L ist in NP, da wir bei gegebenem Wort u in deterministischer Weise überprüfen können, ob es von der Form $\delta\$0^t\$w$ mit einer indeterministischen Überführungsfunktion δ, $w \in \Sigma^*$ und $t \in \mathbb{N}$ ist. Hat es diese Form, so simulieren wir die Turingmaschine T mit der Überführungsfunktion δ in indeterministischer Weise maximal t Schritte auf w und akzeptieren, wenn wir bei dieser Simulation einen akzeptierenden Zustand von T erreicht haben. (Hauptidee dieser Konstruktion ist also, daß es eine universelle Turingmaschine gibt, die als Interpreter beliebig anderer, durch δ codierter Turingmaschinen wirkt.) All dies geschieht offenbar in einer polynomiell in $|u|$ beschränkten Zeit, da wir die Zeit t in Unärnotation durch 0^t codiert haben.

Jedes andere Problem L' in NP kann in polynomieller Zeit auf L reduziert werden. Sei dazu $L' \in$ NP und T eine nichtdeterministische Turingmaschine mit Überführungsfunktion δ, die L' in polynomieller Zeit akzeptiert. O.B.d.A. gibt es für jedes $w' \in L'$ eine akzeptierende Rechnung, die genau die Länge

$p(|w|)$ mit einem Polynom p hat. Es gilt für alle $w \in \Sigma^*$:

$$w \in L' \iff \delta\$0^{p(|w|)}\$w \in L.$$

Da die Funktion $f : \Sigma^* \to \Sigma^*$, $w \mapsto \delta\$0^{p(|w|)}\$w$ für festes p und festes δ in polynomieller Zeit berechnet werden kann, haben wir die gewünschte Reduktion von L' auf L gefunden.

□

Wir wissen somit, daß es NP-vollständige Probleme gibt. Allerdings ist das oben behandelte NP-vollständige Problem L nur von theoretischem Interesse. Für weitere praktisch relevante Probleme und Reduktionen taugt es noch nicht. Betrachten wir also praktisch relevante Probleme.

Satz 5.2.7 (Cook) SAT *ist* NP-*vollständig.*

Beweis: Sei $L \in \mathrm{NP}$ und $w \in L \iff \exists u \in \Sigma^* \; (|u| = p(|w|) \wedge u\$w \in L')$ eine Darstellung von L mit einem Polynom p und einer von der deterministischen Turingmaschine

$$M = (Q, \sigma, \Gamma, \delta, b, F, \mathrm{y}, \mathrm{n})$$

in durch das Polynom p' gegebener Zeit akzeptierten Sprache L'. Sei $\Sigma = \{a_0, \ldots, a_m\}$ und $w = w_1 \ldots w_n \in \Sigma^*$. $T = p'(p(n) + 1 + n)$ gibt die Rechenzeit von M auf dem Wort $u\$w$ mit $|u| = p(n)$ an und begrenzt gleichzeitig die besuchten Arbeitsfelder. Wir berechnen zu w in polynomieller Zeit eine Boolesche Formel $F(w)$, die den Existenzquantor $\exists u \in \Sigma^* \; |u| = p(|w|)$ sowie das Arbeiten von M auf $u\$w$ aussagenlogisch beschreibt. Wir verwenden hierbei die folgenden Booleschen Variablen (deren Leseart im Hinblick auf ihre spätere Verwendung in Klammern angegeben wird):

$$\begin{array}{ll} Z(t,q) & \text{(Zustand zur Zeit } t \text{ ist } q\text{)}, \\ P(t,x) & \text{(Position zur Zeit } t \text{ ist } x\text{)}, \\ B(t,x,a) & \text{(Feld } x \text{ zur Zeit } t \text{ enthält } a\text{)}. \end{array}$$

für alle $t \leq T$, $-T \leq x \leq T$, $q \in Q$, $a \in \Gamma$. $F(w)$ ist die Konjunktion folgender Formeln:

- Für alle $1 \leq y \leq p(n)$, $p(n) + n + 2 \leq z \leq T$ oder $-T \leq z \leq -1$:

$$\begin{array}{l} Z(0,b) \\ P(0,0) \\ B(0,0,\square) \\ B(0,y,a_0) \vee \ldots \vee B(0,y,a_m) \\ B(0,p(n)+1,\$) \\ B(0,p(n)+2,w_1) \\ \ldots \\ B(0,p(n)+n+1,w_n) \\ B(0,z,\square). \end{array}$$

Diese Formeln beschreiben die Anfangssituation der Turingmaschine bei Eingabe von Wort w.

- Für alle $t \leq T$, $x, x' \in [-T, T]$, $q, q' \in Q$, $a, a' \in \Gamma$ mit $q \neq q'$, $x \neq x'$ und $a \neq a'$:

$$\neg Z(t,q) \vee \neg Z(t,q')$$
$$\neg P(t,x) \vee \neg P(t,x')$$
$$\neg B(t,x,a) \vee \neg B(t,x,a') :$$

  Diese Formeln beschreiben, daß die Maschine sich zu einem Zeitpunkt in höchstens einem Zustand und an höchstens einer Position befindet und an jeder Bandstelle höchstens ein Zeichen steht.

- Für alle $t < T$, $q \in Q$, $a \in \Gamma$ mit $\delta(q,a) = (q', a', m')$, $-T \leq x \leq T$, $b \in \Gamma$:

$$\neg Z(t,q) \vee \neg P(t,x) \vee \neg B(t,x,a) \vee Z(t+1,q')$$
$$\neg Z(t,q) \vee \neg P(t,x) \vee \neg B(t,x,a) \vee B(t+1,x,a')$$
$$P(t,x) \vee \neg B(t,x,b) \vee B(t+1,x,b),$$

  sowie im Fall $m' = S$ die Formel

$$\neg Z(t,q) \vee \neg P(t,x) \vee \neg B(t,x,a) \vee P(t+1,x),$$

  sowie im Fall $m' = L$ und $-T < x$ die Formel

$$\neg Z(t,q) \vee \neg P(t,x) \vee \neg B(t,x,a) \vee P(t+1,x-1),$$

  sowie im Fall $m' = R$ und $x < T$ die Formel

$$\neg Z(t,q) \vee \neg P(t,x) \vee \neg B(t,x,a) \vee P(t+1,x+1).$$

  Diese Formeln beschreiben, wie sich der Bandzustand der Turingmaschine durch einen Arbeitsschritt ändert.

- $Z(T, \mathrm{y})$.
  Diese Formel beschreibt, daß die Turingmaschine in einem akzeptierenden Zustand endet.

Es gilt für alle $w \in \Sigma^*$ $w \in L \iff F(w)$ ist erfüllbar. Sei $w \in L$ ein Wort der Länge n. Es gibt also ein $u \in \Sigma^*$ der Länge $p(n)$, so daß die Turingmaschine M das Wort $u\$w$ in $T = p'(p(n)+n+1)$ Schritten akzeptiert. Sei $(z_0, \ldots, z_T)$ die Bandzustandsfolge einer akzeptierenden Rechnung. Wir erfüllen die Formel $f(w)$ durch folgende Wahrheitswertbelegung: Für alle t, q, a, x mit $0 \leq t \leq T$, $-T \leq x \leq T$, $q \in Q$ und $a \in \Gamma$ setzen wir

$$Z(t,q) = \begin{cases} W & \text{falls } q \text{ der Zustand in } z_t \text{ ist} \\ F & \text{sonst} \end{cases},$$
$$P(t,x) = \begin{cases} W & \text{falls } x \text{ die Position in } z_t \text{ ist} \\ F & \text{sonst} \end{cases},$$
$$B(t,x,a) = \begin{cases} W & \text{falls } a \text{ das Symbol auf Feld } x \text{ in } z_t \text{ ist} \\ F & \text{sonst} \end{cases}.$$

Sei umgekehrt $F(w)$ erfüllbar. Wir nehmen eine erfüllende Wahrheitswertbelegung der Booleschen Variablen her und definieren für jedes $t \leq T$ den Bandzustand z_t wie folgt:

Der Zustand in z_t ist das eindeutig bestimmte q mit $Z(t,q) = W$,

die Position des Kopfes von M in z_t ist das eindeutig bestimmte x mit $P(t,x) = W$,

das Symbol auf Feld x in z_t ist das eindeutig bestimmte a mit $B(t,x,a) = W$.

Die Formeln stellen sicher, daß in z_0 der Zustand b und die Bandposition 0 vorliegt, die rechte Bandhälfte mit $\$w\square\ldots$ beschriftet ist, in der linken Bandhälfte ein Wort der Länge $p(n)$ aus Σ^* steht, die Folge der Bandzustände einer Rechnung von M entspricht und der Endzustand der akzeptierende Zustand y ist. Es ist also $w \in L$.

□

Wir werden jetzt von allen zu Beginn dieses Kapitels aufgezählten Problemen die NP-Vollständigkeit nachweisen, indem wir die Probleme geeignet auf SAT bzw. schon als NP-vollständig nachgewiesene Probleme zurückführen. Das Vorgehen ist in folgender Graphik verdeutlicht:

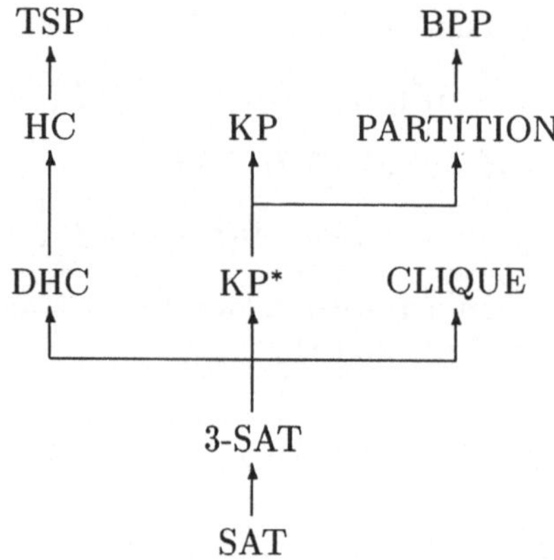

Satz 5.2.8 3-SAT$\leq_p$ SAT.

Beweis: Sei B eine Boolesche Formel in konjunktiver Normalform. Wir konstruieren eine Formel A in konjunktiver Normalform, deren Disjunktionen je aus genau drei Literalen bestehen und die genau dann erfüllbar ist, wenn B erfüllbar ist. A ist aus B in polynomieller Zeit konstruierbar. (Es sind L_i Literale und D eine Disjunktion von Literalen.)

- Für jede Disjunktion L_1 mit einem Literal bzw. $L_1 \vee L_2$ mit zwei Literalen in B wird in A die Disjunktion $L_1 \vee L_1 \vee L_1$ bzw. $L_1 \vee L_2 \vee L_2$ aufgenommen.
- Jede Disjunktion mit drei Literalen in B wird in A aufgenommen.

- Jede Disjunktion $L_1 \vee L_2 \vee L_3 \vee D$ mit mehr als drei Literalen in B wird sukzessive zu einer Konjunktion von Disjunktionen mit je genau drei Literalen wie folgt umgewandelt:
$$L_1 \vee L_2 \vee L_3 \vee D$$
wird zu
$$(L_1 \vee L_2 \vee \neg L') \wedge (\neg L_1 \vee L' \vee L') \wedge (\neg L_2 \vee L' \vee L') \wedge (L' \vee L_3 \vee D)$$
mit einer neuen Booleschen Variablen L'. Mit der Formel $L' \vee L_3 \vee D$, die ein Literal weniger als die Ausgangsformel enthält, fährt man analog fort. Man erhält schließlich aus einer Formel mit n Literalen $3(n-3)+1$ viele Disjunktionen mit je genau drei Literalen.

A ist erfüllbar genau dann, wenn B es ist, denn die Formel $(L_1 \vee L_2 \vee \neg L') \wedge (\neg L_1 \vee L' \vee L') \wedge (\neg L_2 \vee L' \vee L') \wedge (L' \vee L_3 \vee D)$, zu der eine Disjunktion mit mehr als drei Literalen aufgelöst wird, ist äquivalent zu

$$(L' \leftrightarrow (L_1 \vee L_2)) \wedge (L' \vee L_3 \vee D)\,.$$

□

Satz 5.2.9 3-SAT $\leq_p$ CLIQUE.

Beweis: Zu einer Booleschen Formel B der Form

$$(L_{11} \vee L_{12} \vee L_{13}) \wedge \ldots \wedge (L_{m1} \vee L_{m2} \vee L_{m3})$$

konstruieren wir den folgenden Graphen (V, E):

$$V = \{1, \ldots, m\} \times \{1, 2, 3\},$$
$$E = \{((a,b),(c,d)) \in V \times V \ : \ a \neq c, L_{ab} \neq \neg L_{cd}, L_{cd} \neq \neg L_{ab}\}.$$

Anders gesagt bedeutet dies: Knoten (a, b) repräsentiert das Literal L_{ab}; wir ziehen eine Kante von L_{ab} zu L_{cd}, sofern diese in verschiedenen der m Disjunktionen stehen ($a \neq c$) und sich L_{ab} und L_{cd} nicht widersprechen ($L_{ab} \neq \neg L_{cd}$, $L_{cd} \neq \neg L_{ab}$).

Nun zeigen wir, daß B genau dann erfüllbar ist, wenn der Graph (V, E) eine Clique der Mächtigkeit m besitzt:

Sei B erfüllbar. Wir betrachten eine Wahrheitswertbelegung der Literale in B, die die gesamte Formel B wahr macht. Somit muß in jeder der 3-er-Disjunktionen von B mindestens ein Literal wahr sein. Wir wählen aus jeder der m 3-er-Disjunktionen genau ein solches wahres Literal aus. Dies definiert unsere Clique C. Daß je zwei Knoten in C durch eine Kante in E verbunden sind, ist klar, da ein Literalpaar L und $\neg L$ keinesfalls gleichzeitig erfüllt werden kann.

Es sei umgekehrt C eine Clique der Mächtigkeit m in V. Wir definieren eine Wahrheitswertbelegung von B dadurch, daß genau alle den Knoten in C

entsprechenden Literale wahr sind. Das ist möglich, weil es unter diesen Literalen keine widersprüchlichen gibt. Mit dieser Wahrheitswertbelegung wird aber die gesamte Formel B erfüllt, da ja in jeder der m Disjunktionen genau ein Literal mit Wert W vorkommt.

□

Satz 5.2.10 3-SAT $\leq_p$ KP*.

Beweis: Gegeben sei eine Boolesche Formel $B = D_1 \wedge \ldots \wedge D_m$ mit Disjunktionen $D_j = L_{j1} \vee L_{j2} \vee L_{j3}$ und Literalen $L_{jk} \in \{X_1, \neg X_1, \ldots, X_n, \neg X_n\}$. Wir transformieren diese Formel in eine Eingabe von $2n + 2m$ Objekten und eine zu erreichende Gesamtgröße G an KP*. Die Gewichte der Objekte bezeichnen wir mit X_i, $\neg X_i$, E_j und e_j ($1 \leq i \leq n$, $1 \leq j \leq m$). Jedes Gewicht hat $m + n$ Ziffern, die wir durch $D_1, \ldots, D_m, K_1, \ldots, K_n$ ansprechen. Die Größen sind folgender Tabelle zu entnehmen:

		D_1	D_2	$\ldots$	D_m	K_1	K_2	$\ldots$	K_n
X_1	=	a_{11}	a_{12}	$\ldots$	a_{1m}	1	0	$\ldots$	0
X_2	=	a_{21}	a_{22}	$\ldots$	a_{2m}	0	1	$\ldots$	0
				$\ldots$					
X_n	=	a_{n1}	a_{n2}	$\ldots$	a_{nm}	0	0	$\ldots$	1
$\neg X_1$	=	b_{11}	b_{12}	$\ldots$	b_{1m}	1	0	$\ldots$	0
$\neg X_2$	=	b_{21}	b_{n2}	$\ldots$	b_{2m}	0	1	$\ldots$	0
				$\ldots$					
$\neg X_n$	=	b_{n1}	b_{n2}	$\ldots$	b_{nm}	0	0	$\ldots$	1
e_1	=	1	0	$\ldots$	0	0	0	$\ldots$	0
e_2	=	0	1	$\ldots$	0	0	0	$\ldots$	0
				$\ldots$					
e_m	=	0	0	$\ldots$	1	0	0	$\ldots$	0
E_1	=	2	0	$\ldots$	0	0	0	$\ldots$	0
E_2	=	0	2	$\ldots$	0	0	0	$\ldots$	0
				$\ldots$					
E_m	=	0	0	$\ldots$	2	0	0	$\ldots$	0
G	=	4	4	$\ldots$	4	1	1	$\ldots$	1

Es ist $a_{ij} = 1$, falls X_i in D_j vorkommt, sonst 0 und $b_{ij} = 1$, falls $\neg X_i$ in D_j vorkommt, sonst 0.

Wir halten folgende Sachverhalte fest: Summieren wir eine Teilauswahl der Zahlen $X_1, \ldots, X_n, \neg X_1, \ldots, \neg X_n$ auf, so ergibt sich eine Zahl, deren Ziffern $D_1, \ldots, D_m$ zwischen 0 und 3 und deren Ziffern $K_1, \ldots, K_n$ zwischen 0 und 2 liegen. Es treten keinerlei Überträge der Dezimalstellen auf. Summieren wir eine Teilauswahl der Zahlen $X_1, \ldots, X_n, \neg X_1, \ldots, \neg X_n$ auf, in der mindestens für ein i sowohl X_i als auch $\neg X_i$ vorkommt, so ergibt sich eine Zahl, deren Ziffern K_i gleich 2 sind.

Nun zum Nachweis der Reduktionseigenschaft: Es sei die Formel B erfüllbar. Wir betrachten eine Belegung der Booleschen Variablen mit Wahrheitswerten, für die B erfüllt ist. Somit enthält jede Disjunktion D_j mindestens ein sich zu W auswertendes Literal. Nun summieren wir diejenigen Zahlen unter $X_1, \ldots, X_n, \neg X_1, \ldots, \neg X_n$, für die das entsprechende Literal unter der betrachteten Belegung den Wahrheitswert W erhält. Da für jedes $i = 1, \ldots, n$ genau eine der Zahlen X_i und $\neg X_i$ aufsummiert wird, erhalten wir eine Zwischensumme, deren Dezimalziffern $K_1, \ldots, K_n$ alle gleich 1 sind. Da jede Disjunktion D_j mindestens ein sich zu W auswertendes Literal enthält, erhalten wir eine Zwischensumme, deren Dezimalziffern $D_1, \ldots, D_m$ alle ungleich 0, also Ziffern zwischen 1 und 3 sind. Durch Hinzuaddieren einer geeigneten Teilauswahl der Zahlen $e_1, \ldots, e_m, E_1, \ldots, E_m$ können wir jede der Ziffern $D_1, \ldots, D_m$ einzeln und unabhängig voneinander zu 4 ergänzen. Dabei ändern sich die Ziffern $K_1, \ldots, K_n$ nicht mehr. Insgesamt ergibt sich die Summe $G = 4 \ldots 41 \ldots 1$.

Eine Teilsumme der Zahlen $X_1, \ldots, E_m$ ergebe G. Wegen der Ziffern $K_1, \ldots, K_n$ muß für jedes $i = 1, \ldots, n$ genau eine der beiden Zahlen X_i oder $\neg X_i$ in der Teilsumme vorkommen. Wir belegen X_i mit W, falls X_i in der Teilsumme vorkommt, und mit F, falls $\neg X_i$ in der Teilsumme vorkommt. Da die Teilsumme in den Ziffern $D_1, \ldots, D_m$ zu $4 \ldots 4$ ergänzt wird, muß in jeder Spalte D_j mindestens eine Zahl 1 vorkommen, d.h. in jeder Disjunktion D_j muß mindestens ein mit W belegtes Literal enthalten sein. Somit wertet sich die Formel B insgesamt unter der definierten Wahrheitswertbelegung zu W aus, sie ist also erfüllbar.

□

Satz 5.2.11 KP* $\leq_p$ KP.

Beweis: Sei $g_1, \ldots, g_n$ mit Gewichtsziel G eine Eingabe an KP*. An KP stellen wir dann die Anfrage, ob Gegenstände mit Gewicht $g_1, \ldots, g_n$ und Wert $g_1, \ldots, g_n$ in einen Rucksack mit Maximalgewicht G und Mindestwert G gepackt werden können. Es wird offenbar genau dann positiv geantwortet, wenn die ursprüngliche Anfrage an KP* positiv beantwortet wurde.

□

Satz 5.2.12 KP* $\leq_p$ PARTITION.

Beweis: An KP* sei die Eingabe $g_1, \ldots, g_n, G$ gegeben. An PARTITION bilden wir im Fall $g_1 + \ldots + g_n < G$ die triviale Eingabe $a_1 = 1, a_2 = 2$ und im Fall $g_1 + \ldots + g_n \geq G$ die Eingabe $a_1, \ldots, a_{n+2}$ mit

$$\begin{aligned} a_i &= g_i \quad (1 \leq i \leq n), \\ a_{n+1} &= g_1 + \ldots + g_n - G + 1, \\ a_{n+2} &= G + 1. \end{aligned}$$

Wir untersuchen den zweiten Fall genauer:
Sei $I \subseteq \{1, \ldots, n\}$, so daß die Summe der g_i mit $i \in I$ gleich G ist. Dann setzen wir $J = I \cup \{n+1\}$ und erhalten

$$\sum_{j \in J} a_j \quad = \quad \sum_{i \in I} g_i + g_1 + \ldots + g_n - G + 1$$

$$\begin{aligned} &= G + g_1 + \ldots + g_n - G + 1 \\ &= g_1 + \ldots + g_n + 1 \end{aligned}$$

und

$$\begin{aligned} \sum_{j \notin J} a_j &= \sum_{i \notin I} g_i + G + 1 \\ &= g_1 + \ldots + g_n - G + G + 1 \\ &= g_1 + \ldots + g_n + 1. \end{aligned}$$

Beide Teilsummen sind gleich.

Sei $J \subseteq \{1 \ldots, n+2\}$, so daß die Summe aller a_j mit $j \in J$ gleich der Summe aller a_j mit $j \notin J$ ist. Wegen der 1 in a_{n+1} und a_{n+2} muß J genau einen der Indizes $n+1$ und $n+2$ enthalten. Sei also o.B.d.A. $J = I \cup \{n+1\}$ mit $I \subseteq \{1, \ldots, n\}$. Man erhält

$$\begin{aligned} \sum_{i \in I} g_i + g_1 + \ldots + g_n - G + 1 &= \sum_{i \notin I} g_i + G + 1 \\ &= g_1 + \ldots + g_n - \sum_{i \in I} g_i + G + 1. \end{aligned}$$

Es folgt $\sum_{i \in I} g_i = G$.

□

Satz 5.2.13 PARTITION $\leq_p$ BPP.

Beweis: Sei $g_1, \ldots, g_n$ eine Eingabe an PARTITION. Wir stellen an BPP die Anfrage, ob die Objekte der Größe $g_1, \ldots, g_n$ auf zwei Behälter des Volumens $b =$ ganzzahliger Anteil von $(g_1 + \ldots + g_n)/2$ verteilt werden können.

Fall 1: $g_1 + \ldots + g_n$ ist ungerade: Dann gibt es keine Teilmenge $I \subseteq \{1, \ldots, n\}$, so daß die Summe der g_i mit $i \in I$ gleich der Summe der g_i mit $i \notin I$ ist. Es gibt aber auch keine Möglichkeit, die Elemente $1, \ldots, n$ auf zwei Behälter der Größe b zu verteilen. Dies liegt daran, daß bei ungeradem $g_1 + \ldots + g_n$ die Ungleichung $b + b < g_1 + \ldots + g_n$ gilt.

Fall 2: $g_1 + \ldots + g_n$ ist gerade: Dann ist offenbar $b + b = (g_1 + \ldots + g_n)$. Haben wir eine Teilmenge $I \subseteq \{1, \ldots, n\}$, so daß die Summe der g_i mit $i \in I$ gleich der Summe der g_i mit $i \notin I$ ist, so ist $I_1 = I$ und $I_2 = \{1, \ldots, n\} \backslash I$ eine gesuchte Verteilung der Elemente auf zwei Behälter der Größe b. Ist umgekehrt I_1 und I_2 eine Verteilung von $\{1, \ldots, n\}$ auf zwei Behälter, so daß die Summe der g_i mit $i \in I_1$ höchstens gleich b und die Summe der g_i mit $i \in I_2$ ebenfalls höchstens gleich b ist, so müssen beide Summen sogar exakt gleich b sein. Somit ist $I = I_1$ eine Teilmenge von $\{1, \ldots, n\}$, so daß die Summe der g_i mit $i \in I$ gleich der Summe der g_i mit $i \notin I$ ist.

□

Beweistechnisch gesehen haben wir bei der Reduktion von PARTITION auf

BPP ausgenutzt, daß PARTITION in gewissem Sinne in BPP als Teilproblem enthalten ist. Dieses Enthaltensein als Teilproblem ist stets der Kern von Reduktionen; nicht immer ist es in solch offensichtlicher Weise gegeben wie in der obigen Konstruktion.

Satz 5.2.14 3-SAT $\leq_p$ DHC.

Beweis: Sei eine Boolesche Formel $B = D_1 \wedge \ldots \wedge D_m$ mit Disjunktionen $D_j = L_{j1} \vee L_{j2} \vee L_{j3}$ und Literalen $L_{ij} \in \{X_1, \neg X_1, \ldots, X_n, \neg X_n\}$ gegeben. Wir konstruieren daraus in polynomieller Zeit einen Graphen G, der genau dann einen Hamiltonkreis hat, wenn B erfüllbar ist. Für jede Variable X_i, die tatsächlich in B vorkommt, nehmen wir in G einen Knoten, den wir ebenfalls mit X_i bezeichnen, auf. Für jede Disjunktion D_j werden 6 Knoten und Kanten der Form

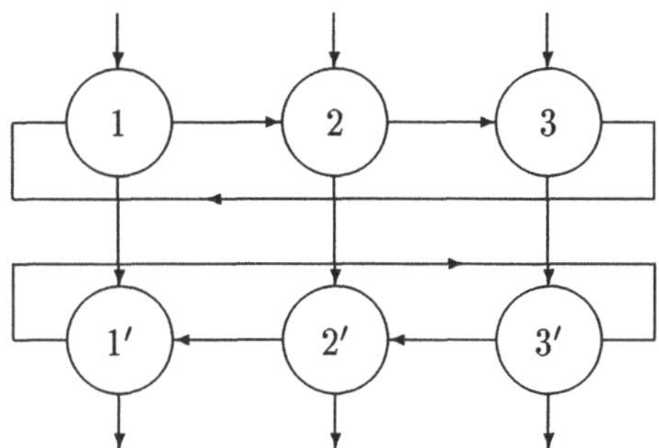

in G aufgenommen. Wir bezeichnen die Knoten mit D_{ji} bzw. D'_{ji} für $i = 1, 2, 3$. Für jede Variable X_i listen wir die Disjunktionen, in denen X_i vorkommt, und die Disjunktionen, in denen $\neg X_i$ vorkommt, auf: Es seien k_1^i, $\ldots$, $k_{n_i}^i$ bzw. $k_1'^i, \ldots, k_{n_i}'^i$ die Indizes dieser Disjunktionen. Mit zusätzlichen Kanten reihen wir nacheinander alle Variablen und die Disjunktionen, in denen sie positiv vorkommen, und ebenso alle Variablen und die Disjunktionen, in denen sie negativ vorkommen, auf.

D.h. wir ziehen Kanten von X_0 zu $D_{k_1^0 j}$, falls X_0 als j-tes Literal in $D_{k_1^0}$ vorkommt, von $D'_{k_1^0, j}$ zu $D_{k_2^0 j}$, falls X_0 als j-tes Literal in $D_{k_2^0}$ vorkommt, $\ldots$, von $D'_{k_{n_0-1}^0, j}$ zu $D_{k_{n_0}^0 j}$, falls X_0 als j-tes Literal in $D_{k_{n_0}^0}$ vorkommt, von $D'_{k_{n_0}^0, j}$ zu X_1, $\ldots$von X_n zu $D_{k_1^n j}$, falls X_n als j-tes Literal in $D_{k_1^n}$ vorkommt, von $D'_{k_1^n, j}$ zu $D_{k_2^n j}$, falls X_n als j-tes Literal in $D_{k_2^n}$ vorkommt, $\ldots$, von $D'_{k_{n_n-1}^n, j}$ zu $D_{k_{n_n}^n j}$, falls X_n als j-tes Literal in $D_{k_{n_n}^n}$ vorkommt, von $D'_{k_{n_n}^n, j}$ zu X_0, analog wird X_0 mit den Disjunktionen, in denen es negativ vorkommt, verbunden, dann X_2, $\ldots$, X_n, und man kehrt schließlich zu X_0 zurück.

Sei jetzt B erfüllbar. Dann hat der Graph einen Hamiltonkreis: Man besucht nacheinander die Variablenknoten X_0, $X_1, \ldots$, X_n und dazwischen jeweils die sich anschließende Verbindung durch die Disjunktionenknoten, die der Wahrheitsbelegung der Variablen entspricht. In den 6-er Knoten einer Disjunktion wählt man den Weg je nachdem, wieviele der Literale in der Disjunktion erfüllt sind, so daß alle 6 Knoten genau einmal durchlaufen werden. Sind etwa alle drei Literale erfüllt und betritt man also in jedem i ($i = 1, 2, 3$) den 6-er Knoten, dann verläßt man ihn je direkt wieder in i'. Sind nur die Literale 1 und 2 erfüllt, wählt man den Weg $1 \rightarrow 1'$ und $2 \rightarrow 3 \rightarrow 3' \rightarrow 2$, etc. Man erhält einen Hamiltonkreis, da jede Disjunktion erfüllt und auf diese Weise die zugehörigen Knoten vollständig durchlaufen werden.

Es gebe umgekehrt einen Hamiltonkreis im konstruierten Graphen. Man überlegt sich leicht, daß ein 6-er Knoten einer Disjunktion, wird er in einem Hamiltonkreis in i betreten, notwendig evtl. nach Betreten anderer Knoten des 6-er Knotens in i' wieder verlassen wird, da jeder Knoten genau einmal betreten werden muß. In einem Hamiltonkreis im Graphen werden also notwendig nach einem Variablenknoten X_i alle Disjunktionen mit positivem Vorkommen von X_i oder alle Knoten mit negativem Vorkommen von X_i in Folge besucht.

Man erhält eine die Formel B erfüllende Belegung der Variablen wie folgt: Ausgehend von X_0 durchläuft man den Hamiltonkreis und belegt eine Variable X_i mit W, falls die Kante von X_i zu den positiven Vorkommen in den Disjunktionen im Hamiltonkreis liegt, sonst mit F. Da jeder Variablenknoten genau einmal durchlaufen wird, ergibt das eine Wahrheitswertbelegung. Da jeder Disjunktionenknoten mindestens einmal durchlaufen wird, ist die Formel B mit dieser Belegung erfüllt.

□

Satz 5.2.15 DHC $\leq_p$ HC.

Beweis: Sei (V, E) ein gerichteter Graph. Wir konstruieren daraus einen ungerichteten Graphen (V', E'), indem wir jeden Knoten mit seinen Ein- und Ausgängen wie folgt durch drei neue Knoten mit ungerichteten Verbindungen simulieren:

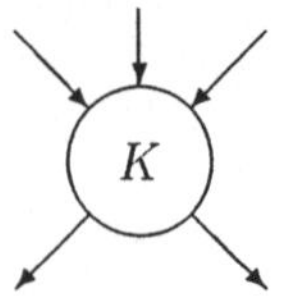

K

wird simuliert durch die 3-er Kette

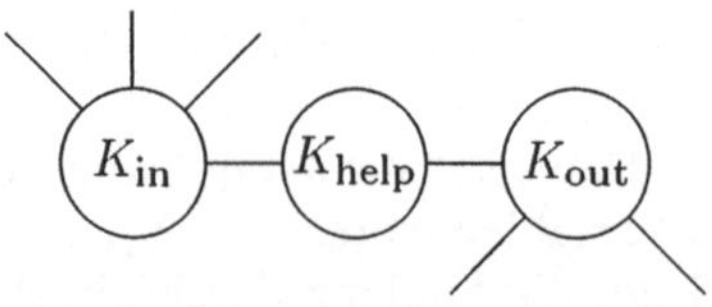

K_{in} — K_{help} — K_{out}

Einen gerichteten Hamiltonkreis in (V, E) können wir sofort in einen ungerichteten Hamiltonkreis in (V', E') umwandeln, indem wir einen gerichteten Schritt von k zu h durch den Schritt $k_{\text{in}}, k_{\text{help}}, k_{\text{out}}, h_{\text{in}}, h_{\text{help}}, h_{\text{out}}$ ersetzen.

Es sei umgekehrt ein ungerichteter Hamiltonkreis in (V', E') gegeben. Die eingezogenen Nadelöhre erzwingen, daß man unmittelbar nach Betreten eines Randknotens einer 3-er-Kette den mittleren Knoten besuchen muß, da dieser ansonsten in einem Hamiltonkreis nicht mehr besucht werden kann (weil man ihn anschließend nicht mehr verlassen könnte, ohne einen bereits einmal besuchten Knoten ein zweites Mal zu besuchen). Somit werden alle 3-er-Ketten in derselben Durchlaufrichtung besucht. Dies definiert in jedem Fall einen Hamiltonkreis in dem gegebenen gerichteten Graphen.

□

Satz 5.2.16 HC $\leq_p$ TSP.

Beweis: Sei (V, E) ein ungerichteter Graph. Sei o.B.d.A. $V = \{1, \ldots, N\}$ für ein $N \in \mathbb{N}$. Wir konstruieren die folgende Eingabe an TSP: Es sind N Orte gegeben mit Kosten $c_{ij} = 1$ für $(i, j) \in E$ und $c_{ij} = 2$ für $(i, j) \notin E$ und der Kostengrenze $G = N$. Es gibt im Graphen genau dann einen Hamiltonkreis, wenn man eine Rundreise, deren Kosten durch G begrenzt sind, durch die N Orte findet.

Es gebe einen Hamiltonkreis $(k_1, \ldots, k_N)$ in (V, E). $(k_1, \ldots, k_N)$ speichert die Knoten in der Besuchsreihenfolge ab, es ist daher eine Permutation von $\{1, \ldots, N\}$ und es gilt

$$c_{k_N,k_1} + \sum_{i=1}^{N-1} c_{k_i,k_{i+1}} = 1 + N - 1 \leq G.$$

$(k_1, \ldots, k_N)$ ist also auch eine Rundreise mit Gesamtkosten $\leq G$.

Es gebe umgekehrt eine Permutation $(k_1, \ldots, k_N)$ von $\{1, \ldots, N\}$ mit

$$c_{k_N,k_1} + \sum_{i=1}^{N-1} c_{k_i,k_{i+i}} \leq G.$$

Die N Einzelkosten dieser Summe sind alle mindestens 1, wegen $G = N$ also gleich 1. Es ist also $(k_i, k_{i+1}) \in E$ für $i < N$ und $(k_N, k_1) \in E$. Das definiert einen Hamiltonkreis.

□

Genau dieselbe Reduktion und derselbe Beweis zeigen, daß DHC $\leq_p$ TSP gilt. Die zu einem gerichteten Graphen (V, E) konstruierte Eingabe an TSP hat dann die Eigenart, daß die Kostenfunktion $c_{i,j}$ nicht notwendigerweise symmetrisch ist. Die Symmetrie der Funktion c war bei TSP aber auch garnicht verlangt, geht nirgends in den Beweis für DHC $\leq_p$ TSP ein und ist schließlich vom praktischen Standpunkt auch nicht unbedingt sinnvoll: Der

Weg vom Zugspitzgipfel zur Talstation verursacht sicherlich andere Kosten als der Weg von der Talstation zum Gipfel.

Ein anderer Beweis benutzt die Transitivität von $\leq_p$ und DHC $\leq_p$ HC.

Aufgaben:

1. Eine allgemeine nichtdeterministische Turingmaschine (GNTM) besteht wie eine nichtdeterministische Turingmaschine (NTM) aus einem Tupel
$$(Q, \Sigma, \Gamma, \delta, b, F, \mathrm{y}, \mathrm{n}),$$
wobei δ bei gegebenem Zustand q und gelesenem Zeichen eine Anzahl von a $n(q,a) \in \mathbb{N}\backslash\{0\}$ Ausgaben (q_i, a_i, m_i), $i \in \{1, \ldots, n(q,a)\}$ liefert, von denen der Automat bei einer konkreten Rechnung zufällig eine auswählt. Man simuliere eine GNTM durch eine NTM (d.h. δ hat je genau zwei mögliche Werte); wie groß ist der Aufwand ?

2. Zeigen Sie, daß eine nichtdeterministische polynomiell zeitbeschränkte Turingmaschine durch eine deterministische Turingmaschine simuliert werden kann. Wie groß ist der Aufwand?

3. Es sei 3-SAT* das Problem von einer Booleschen Formel, die eine Konjunktion von Disjunktionen von jeweils genau drei Literalen mit voneinander verschiedenen Variablen ist, zu entscheiden, ob sie erfüllbar ist. (Die Boolesche Formel hat also die Form
$$(*X_1^1 \vee *X_1^2 \vee *X_1^3) \wedge \ldots \wedge (*X_n^1 \vee *X_n^2 \vee *X_n^3),$$
wobei $*$ entweder $\neg$ oder nichts ist und X_i^j Variablen aus einer Menge $\{Y_1, \ldots, Y_m\}$ mit $X_i^1 \neq X_i^2 \neq X_i^3$, $X_i^1 \neq X_i^3$ für alle i sind.) Zeigen Sie, daß 3-SAT* NP-vollständig ist.

4. Zeigen Sie, daß $\{x$: x ist eine Zahl in Dezimaldarstellung, x ist eine Primzahl$\}$ in NP $\cap$ co-NP ist. (Sie können dabei folgendes Ergebnis der Algebra benutzen: $p > 2$ ist eine Primzahl $\Longleftrightarrow$ es gibt ein x mit $1 < x < p$, so daß $x^{p-1} \equiv 1 \bmod p$ und $x^{(p-1)/q} \not\equiv 1 \bmod p$ für jede Primzahl q, die p teilt, gilt. $a \equiv b \bmod p$ bedeutet, daß a und b beim Teilen durch p denselben Rest haben.)

5. Ganzzahliges Lineares Programmieren (ILP) ist das Problem von m Ungleichungen in n Unbekannten $x_1, \ldots, x_n$ der Form
$$a_{i1}x_1 + \ldots + a_{in}x_n \geq b_i\,, \quad i = 1 \ldots, m$$
mit $a_{ij} \in \mathbb{Z}, b_i \in \mathbb{Z}$ zu entscheiden, ob es eine ganzzahlige Lösung $x_1, \ldots, x_n$ gibt. Zeigen Sie, daß ILP NP-hart ist. (Ein Problem L heißt **NP-hart**, falls jedes andere Problem aus NP polynomiell auf L zurückgeführt werden kann. L selber muß aber nicht in NP sein.) ILP ist sogar NP-vollständig, man benötigt für diesen Nachweis aber noch Ergebnisse der Linearen Algebra. Sie können es ja versuchen. Wo ist das Problem?

6. Wir haben n Schulklassen und m Lehrer auf der Schule. Jeder Lehrer muß in einigen der Klassen Unterricht halten. Die Lehrer und Klassen sind jeweils nur zu gewissen vorgegebenen Zeiten verfügbar. Zeigen Sie: Das Problem, unter den gegebenen Umständen einen Stundenplan zu erstellen, ist NP-vollständig.

5.3 Ausblick auf weitere Komplexitätsklassen

Wir haben untersucht, wieviel Zeit einige Probleme brauchen, um sie mit einer deterministischen oder indeterministischen Turingmaschine zu lösen. Genauso interessant ist es, den Bedarf an Speicherplatz einiger Probleme zu betrachten. Allgemeiner könnte man das Verhalten eines Problems bzgl. eines beliebigen Komplexitätsmaßes untersuchen.

Wir beschränken uns hier auf den Platz- und Zeitbedarf. Eine Turingmaschine heißt durch eine Funktion $s(n)$ zeit- bzw. platzbeschränkt, sofern für jedes Wort der Länge n jede Rechnung auf diesem Wort maximal $s(n)$ Schritte bzw. $s(n)$ verschiedene Bandstellen benötigt. Da der Zeit- und Platzbedarf bei jedem Wort mindestens 1 ist, betrachten wir implizit statt der Funktion $s(n)$ immer $\min\{s(n), 1\}$.

Definition 5.3.1 *Es sei $s : \mathbb{N} \to \mathbb{N}$ eine totale Funktion und $s(n) \geq n$. Wir definieren*

- **DTime**$(s(n))$ *als die Menge der Sprachen, die durch eine deterministische Turingmaschine mit durch $c \cdot s(n)$ beschränkter Zeit erkannt werden können für eine geeignete Konstante c.*
- **NTime**$(s(n))$ *als die Menge der Sprachen, die durch eine indeterministische Turingmaschine mit durch $c \cdot s(n)$ beschränkter Zeit erkannt werden können für eine geeignete Konstante c.*
- **DSpace**$(s(n))$ *als die Menge der Sprachen, die durch eine deterministische Turingmaschine mit durch $c \cdot s(n)$ beschränktem Platz erkannt werden können für eine geeignete Konstante c.*
- **NSpace**$(s(n))$ *als die Menge der Sprachen, die durch eine indeterministische Turingmaschine mit durch $c \cdot s(n)$ beschränktem Platz erkannt werden können für eine geeignete Konstante c.*

Wir betrachten keine sublinearen Funktionen s, da hier die Definition etwas anders aussehen müßte: Eine Turingmaschine benötigt etwa auf einem Wort der Länge n immer mindestens n Bandstellen. Wollte man sublinearen Platzbedarf messen, müßte man etwa nur den Platz messen, den die Turingmaschine zusätzlich zu diesen n Stellen besucht, aber gleichzeitig verlangen, daß das Eingabewort nicht verändert wird.

Es wäre nicht nötig gewesen, beim Platzverbrauch einer Turingmaschine die Multiplikation von s mit einer Konstanten zuzulassen, denn es gilt:

Lemma 5.3.2 *Sei $s(n) \geq n$. Ist eine Turingmaschine T durch $s(n)$ platzbeschränkt, dann gibt es für jedes $c > 0$ eine durch $c \cdot s(n)$ platzbeschränkte Turingmaschine T', die dieselbe Sprache erkennt.*

Beweis: Es ist nur der Fall $c < 1$ zu betrachten. Wir wählen $m \in \mathbb{N}$ so, daß $1/m < c$ gilt. Es ist möglich, durch endlich viele neue Zeichen je m Zeichen des Bandalphabets $a_1, \ldots, a_m$ in einem Zeichen $[a_1 \ldots a_m]$ zu codieren und die Funktionsweise von T auf den codierten Zeichen exakt nachzubilden. Dazu muß T' zunächst das Eingabewort (und evtl. einige Leerzeichen) in Blöcke der Länge m einteilen, diese durch je einen Buchstaben ersetzen und sich in entsprechend vielen neuen Zuständen q^i nicht nur die ursprüngliche Aktion q, sondern auch die Arbeitsstelle i in einem Buchstabenblock merken. Die neuen Regeln beinhalten dann eine Bewegung nach rechts oder links nur, wenn sich T' an einem Rand eines Zeichenblockes befindet, sonst bewirkt eine Bewegung des ursprünglichen δ lediglich eine Änderung des Index i im Nachfolgezustand.

□

Lemma 5.3.3 *Sei $s(n) \geq n$. Es gelten die folgenden Zusammenhänge:*

$\mathrm{DTime}(s(n)) \subseteq \mathrm{DSpace}(s(n))$ *und* $\mathrm{NTime}(s(n)) \subseteq \mathrm{NSpace}(s(n))$,

$\mathrm{NTime}(s(n)) \subseteq \mathrm{DTime}(2^{s(n)})$,

$\mathrm{NSpace}(s(n)) \subseteq \mathrm{DSpace}(2^{s(n)})$, *(Es gilt sogar die schärfere Inklusion, daß $\mathrm{NSpace}(s(n))$ in $\mathrm{DSpace}(s(n)^2)$ enthalten ist, sofern die Binärdarstellung von $s(n)$ durch eine $s(n)$ bandbeschränkte deterministische Turingmaschine berechnet werden kann. (Satz von Savitch))*

$\mathrm{DSpace}(s(n)) \subseteq \mathrm{DTime}(2^{s(n)})$,

$\mathrm{NSpace}(s(n)) \subseteq \mathrm{NTime}(2^{s(n)})$.

Beweis: Übung

Aufgaben:

1. Eine Funktion $s : \mathbb{N} \to \mathbb{N}$ heißt **bandkonstruierbar**, falls es eine $s(n)$ platzbeschränkte deterministische, Turingmaschine gibt, die bei Eingabe eines Wortes w die Binärdarstellung von $s(|w|)$ berechnent. Zeigen sie, daß alle Polynome bandkonstruierbar sind.

Kapitel 6

Chomsky-Hierarchie – nur ein kurzer Seitenblick

Bei unserem Vorhaben, durch Einführung gewisser Problemklassen etwas Ordnung in die Welt der Probleme zu bringen, haben wir in den vorangehenden Kapiteln die Klasse der rekursiv aufzählbaren und die Teilklasse der entscheidbaren Probleme kennengelernt, sowie eine Stufe tiefer die Komplexitätsklasse der NP-Probleme und die Teilklasse der P-Probleme.

Mit der Klasse P – und schon gar nicht mit der Klasse NP – sind wir beileibe noch nicht in trivialem Gelände angelangt. Es sind noch lange nicht alle wichtigen strukturellen Fragen in diesem Kontext gelöst (etwa die Frage, ob P $\neq$ NP gilt), fernerhin ist die Klasse P für den praktischen Informatiker in gewissem Sinne noch erheblich zu groß, findet er doch in seinem Repertoire praxisrelevanter Algorithmen wohl keinen, dessen Laufzeit in der Größenordnung des Polynoms N^{100} in Abhängigkeit von der Eingabelänge N liegt, wiewohl es durchaus Algorithmen mit Laufzeiten in der Größenordnung von N^7 gibt.

Diese Tatsache ist für die Informatik Anlaß, nach weiteren, strukturell möglicherweise noch einfacheren Problemklassen zu fragen. Ein klassischer Ansatz für eine Viererhierarchie solcher Klassen ist in der Informatik unter dem Namen Chomsky-Hierarchie bekannt. Es gibt (vom Umfang her in dieser Reihenfolge wachsend) die Klassen der:

- Chomsky-3-Probleme: Diese sind sehr einfache Probleme, die von einer besonders einfachen Art von Maschine, den sogenannten endlichen Automaten, gelost werden konnen. Die endlichen Automaten dürfen eine vorgelegte Eingabe lediglich Zeichen für Zeichen von links nach rechts lesen („scannen“) und müssen ohne Verwendung eines Speichers entscheiden, ob die Eingabe zur betrachteten Sprache gehört oder nicht. Beispielsweise gibt es einen endlichen Automaten, der in der Lage ist, Dezimalzahlen auf Teilbarkeit etwa durch 7 zu untersuchen. Wie geht das wohl?
  Endliche Automaten finden Verwendung bei der sogenannten lexikalischen

Analyse von Programmiersprachen, bilden also einen Vorverarbeitungsschritt bei der Syntaxanalyse von Programmen, die wiederum üblicherweise eine Komponente von Compilern ist. Die mathematische Struktur der Chomsky-3-Problemklasse ist vollständig aufgeklärt, allerdings auch deshalb, weil sie eine besonders einfache und wenig reichhaltige Klasse ist.

- Chomsky-2-Probleme: Diese ist vom Standpunkt der Programmiersprachensyntax wesentlich interessanter. Ihr gehören alle Sprachen an, die mit sogenannten kontextfreien Grammatiken definiert werden können. Letztere haben etwas mit den in der Informatik zur Definition von Programmiersprachen benutzten Backus-Naur-Form-Regeln (BNF) zu tun. In der Tat sind Programmiersprachen, abgesehen von gewissen Komponenten, in weiten Teilen durch Chomsky-2-Sprachen definierbar.

- Chomsky-1-Probleme: Diese erweitern Chomsky-2-Probleme um die Möglichkeit, in definierenden Grammatiken Kontextbezüge einzubringen. Dieses wird zur Festlegung gewisser syntaktischer Zusammenhänge bei Programmen oft benötigt. Beispielsweise ist der folgende Text

```
main()
{
        int Vi;
        Vj = Vk;
}
```

nur dann ein syntaktisch korrekt gebildetes C-Programm, wenn $i = j = k$ gilt. Bei der Generierung der drei Variablen V_i, V_j und V_k, kann man also nicht lokal jede der drei Variablen für sich oder auch nur zwei gleichzeitig und die dritte danach erzeugen (dieses wäre beides kontextfrei), sondern muß alle drei gekoppelt betrachten (dieses erfordert Kontextbezug). Interessant ist, daß die Chomsky-1-Klasse etwas mit Komplexitätsklassen zu tun hat: Sie stimmt nämlich mit der Klasse der in linearem Platz mit einer Turingmaschine lösbaren Problemem überein.

- Chomsky-0-Probleme: Diese werden von beliebigen Grammatiken definiert bzw. alternativ von beliebigen Turingmaschinen erkannt. Wir landen wieder bei der wohlbekannten Klasse der rekursiv aufzählbaren Probleme.

Obwohl gerade in den unteren Schichten, d.h. den Schichten 2 und 3 der Chomsky-Hierarchie sich aufgrund der strukturellen Einfachheit viele Zusammenhänge vollständig aufklären und viele wichtige Eigenschaften entscheidbar sind, gibt es doch auch hier eine große Zahl unentscheidbarer Eigenschaften. Einige dieser Unentscheidbarkeitsresultate werden wir mit den in den vorigen Kapiteln erarbeitenden Methoden (insbesondere dem Postschen Korrespondenzproblem) nachweisen können.

Zusammenfassend kann unser Interesse an der Chomsky-Hierarchie in dreierlei Weise begründet werden:

1. Chomsky-Klassen bieten weitere (feinere) Möglichkeiten zur Klassifikation von Problemen, die strukturell zum Teil mit bekannten Klassen der Berechenbarkeits- oder Komplexitätstheorie zusammenfallen, zum Teil dagegen auch neue Aspekte aufweisen.

2. Die unteren Chomsky-Klassen (3, 2 und teilweise auch 1) sind in der Theorie der Programmiersprachensyntax wichtig und runden damit unsere bislang mehr auf Fragen der Programmiersprachensemantik zentrierte Behandlung in den Kapiteln 2 und 3 ab.

3. Die Chomsky-Hierarchie ist ein Anwendungsgebiet für die in Kapitel 3 erarbeiteten Methoden, etwa zum Nachweis der Unentscheidbarkeit gewisser Eigenschaften.

Dieses Kapitel wird allerdings nur einen bescheidenen Vorgeschmack auf die Chomsky-Sprachklassen geben. Nach der Definition der jeweiligen Sprachklasse werden wir einige typische und wichtige Beispiele, Begriffe, Aussagen und Methoden präsentieren. Für eine weitere Beschäftigung mit dieser Thematik wird der Leser auf Wegener [9], Hopcroft & Ullman [4] und Brauer [1] verwiesen.

6.1 Grammatiken und Automaten

Wir definieren nun den grundlegenden Formalismus, der benötigt wird, um die Sprachen der verschiedenen Chomsky-Sprachklassen zu erzeugen.

Definition 6.1.1 *Eine* **Grammatik** *ist ein Tupel*

$$G = (N, T, \Pi, Z)$$

mit einer endlichen Menge N der sogenannten Nichtterminalsymbole, einer endlichen Menge T der sogenannten Terminalsymbole mit der Eigenschaft $N \cap T = \emptyset$, einem endlichen Wortersetzungsystem Π mit Produktionen $l ::= r$ mit $l, r \in (N \cup T)^*$ und der Eigenschaft, daß l mindestens ein Zeichen aus N enthalt, und einem Startsymbol $Z \in N$. Die von einer Grammatik G **erzeugte Sprache** *ist die Menge*

$$L(G) = \{w \in T^* \ : \ Z \vdash_\Pi w\}$$

Zwei Grammatiken, die dieselbe Sprache erzeugen, heißen **äquivalent**.

Grammatiken dienen zur deklarativen, transparenten Definition von Sprachen. Ausgehend vom Startsymbol wird ein Wort der Sprache durch Anwenden von Produktionen generiert. Diese Darstellung einer Sprache eignet sich im allgemeinen nicht dazu, effizient zu testen, ob ein konkretes Wort in der Sprache enthalten ist.

Demgegenüber steht der Formalismus der Automaten:

Definition 6.1.2 *Ein* **Automat** *(oder Akzeptor) ist ein* 6-*Tupel*

$$A = (Q, N, T, \Pi, i, F)$$

mit einer endlichen Menge Q *von sogenannten Zuständen, einer endlichen Menge* N *von Hilfssymbolen und einem endlichen Eingabealphabet* T*, so daß die Mengen* Q*,* N *und* T *paarweise disjunkt sind, einem Initialkontext* i *der Form* lq*, (*$l \in (N \cup T)^*$*,* $q \in Q$*,) einer endlichen Menge* F *von Finalsituationen der Form* lqr*, (*$l, r \in (N \cup T)^*$*,* $q \in Q$*) und einer endlichen Menge* Π *von Produktionen der Form* $lqr ::= l'q'r'$ *(mit* $l, l', r, r' \in (N \cup T)^*$ *und* $q\, q' \in Q$*).*

Die von einem Automaten A **akzeptierte Sprache** $L(A)$ *ist die Menge*

$$\{w \in T^* \; : \; \exists f \in F \;\; iw \vdash_\Pi f\}.$$

Zwei Automaten heißen **äquivalent***, sofern sie dieselbe Sprache akzeptieren.*

Automaten dienen zur prozeduralen, effizienten Erkennung von Elementen einer Sprache. Sie arbeiten wie Turingmaschinen lokal kontext- und zustandsgesteuert auf einem zu erkennenden Wort.

Den einzelnen Klassen der Chomsky-Hierarchie entsprechen jeweils bestimmte (eingeschränkte) Klassen von Automaten, die wir in jeder Stufe gesondert definieren werden. Um Aussagen über eine tatsächlich effiziente Verarbeitung einer Sprache treffen zu können, ist es interessant, diese eingeschränkten Automaten auf Determinismus, Terminierung und effiziente Normalformen zu untersuchen. Wir werden dazu nur sehr eingeschränkte Ergebnisse in den unteren Sprachklassen herleiten.

6.2 Chomsky-3: Reguläre Sprachen und endliche Automaten

Wir beginnen mit der einfachsten Klasse aus der Chomsky-Hierachie, den durch endliche Automaten erkennbaren Sprachen.

Definition 6.2.1 *Ein (deterministischer)* **endlicher Automat** *ist ein* 5-*Tupel*

$$A = (Q, \Sigma, \Pi, q_0, F)$$

mit folgenden Bestandteilen:

- *Einer endlichen Zustandsmenge* Q*,*
- *einem endlichen Eingabealphabet* Σ*,*
- *einem Startzustand* $q_0 \in Q$*,*
- *einer Menge von Finalzuständen* $F \subseteq Q$ *und*

- *einer Menge* Π *von Produktionen der Form* $qa ::= q'$ *mit* $a \in \Sigma$ *und* $q, q' \in Q$*, so daß es für jedes Paar* $(q, a) \in Q \times \Sigma$ *genau eine Produktion* $qa ::= q'$ *in* Π *gibt.*

Ein **indeterministischer endlicher Automat** *ist ein ebensolches 5-Tupel* A *mit dem Unterschied, daß es für jedes Paar* $(q, a) \in Q \times \Sigma$ *eine beliebige Anzahl von Produktionen der Form* $qa ::= q'$ *sowie Produktionen* $q ::= q'$ *(Spontanübergänge) in* Π *geben darf. Ableitbarkeit in* A *bedeutet Ableitbarkeit in der zugehörigen Menge von Produktionen* Π*. Die von einem endlichen Automaten* A **akzeptierte Sprache** *ist die Menge*

$$L(A) = \{w \in \Sigma^* \ : \ q_0 w \vdash_A f \text{ für ein } f \in F\}.$$

Eine Sprache heißt **regulär** *oder* **Chomsky-3-Sprache**, *falls sie von einem indeterministischen endlichen Automaten akzeptiert wird.*

Die Idee hierbei ist die folgende. Ein endlicher Automat ist eine Turingmaschine, die nichts anderes darf, als zustandsgesteuert Eingabewörter $w \in \Sigma^*$ Zeichen für Zeichen aufzufressen und sich dabei Information im Zustand q zu merken. Je nach erreichtem Endzustand wird das Eingabewort akzeptiert oder verworfen.

Wir werden endliche Automaten durch Automatendiagramme darstellen: Ein Automatendiagramm ist ein Graph mit Knoten für jeden Zustand in Q und einer mit a beschrifteten Kante vom Knoten q zum Knoten q' für jede Produktion $qa ::= q'$ in Π bzw. einer unbeschrifteten Kante von q zu q' für jeden Spontanübergang $q ::= q'$ in Π. Auf jeden Startzustand zeigt ein zusätzlicher Pfeil, von jedem Endzustand führt ein zusätzlicher Pfeil weg.

Beispiel: Ein Bauer möchte mit einem Boot einen Fluß überqueren. Er hat eine Gans, einen Fuchs und einen Sack Korn bei sich, kann davon aber nur eine Sache gleichzeitig im Boot mitnehmen. Läßt der Bauer die Gans und das Korn unbeaufsichtigt, dann frißt die Gans das Korn, läßt der Bauer Fuchs und Gans alleine, wird die Gans vom Fuchs gefressen. Beide Ereignisse sind also unerwünscht. Man kann die Möglichkeiten des Bauern in einem endlichen Automaten darstellen: Die Zustände geben an, auf welcher Seite des Flußes sich Bauer, Fuchs, Gans und Korn befinden, Σ besteht aus je einem Zeichen für jeden transportfähigen Gegenstand bzw. ein b, wenn der Bauer nichts mitnimmt, und Π gibt an, wie sich eine Situation durch Transport eines gewissen Gegenstands ändert.

Wir geben ein Automatendiagramm an:

(Jeder Pfad in diesem Graphen, der am Anfangsknoten startet und am Knoten, der den Endzustand repräsentiert, endet, repräsentiert eine mögliche Transportserie des Bauern.)

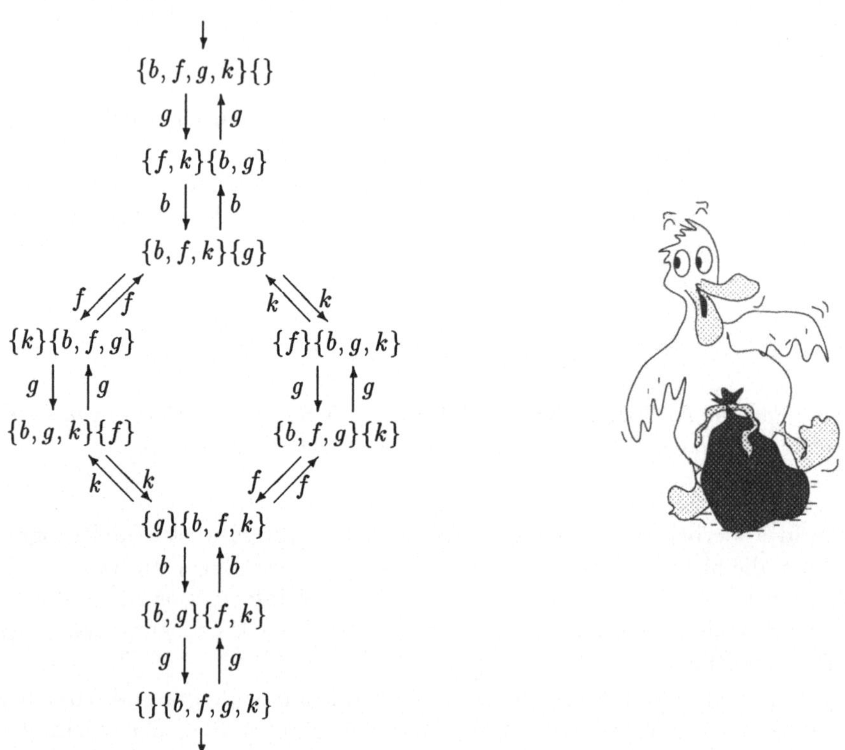

Wir konstruieren einen endlichen Automaten, der eine Dezimalzahl auf Teilbarkeit durch 5 untersucht. Dazu führen wir für jeden möglichen Rest beim Teilen durch 5 einen Zustand ein. Die Produktionen geben analog zum schriftlichen Teilen den nächsten Rest bei gegebenem Übertrag und einer neuen Stelle an.

Es ist also $A = (\{q_0, q_1, q_2, q_3, q_4\}, \{0, 1, 2, 3, 4, 5, 6, 7, 8, 9\}, \Pi, q_0, \{q_0\})$ mit den sich aus folgender Tabelle ergebenden Produktionen:

	0	1	2	3	4	5	6	7	8	9
q_0	q_0	q_1	q_2	q_3	q_4	q_0	q_1	q_2	q_3	q_4
q_1	q_1	q_2	q_3	q_4	q_0	q_1	q_2	q_3	q_4	q_0
q_2	q_2	q_3	q_4	q_0	q_1	q_2	q_3	q_4	q_0	q_1
q_3	q_3	q_4	q_0	q_1	q_2	q_3	q_4	q_0	q_1	q_2
q_4	q_4	q_0	q_1	q_2	q_3	q_4	q_0	q_1	q_2	q_3

Wir können noch einen anderen Automaten angeben, der eine Zahl auf Teilbarkeit durch 5 untersucht, indem lediglich festgestellt wird, ob die letzte Ziffer der Dezimalzahl eine 0 oder 5 ist. Dieser Automat hat also nur zwei Zustände, dieselben Start- und Endzustände und dasselbe Alphabet wie A und die Produktionen

	0	1	2	3	4	5	6	7	8	9
q_0	q_0	q_1	q_1	q_1	q_1	q_0	q_1	q_1	q_1	q_1
q_1	q_1	q_1	q_1	q_1	q_0	q_1	q_1	q_1	q_1	q_0

Dieser Automat ist ein Automat mit einer minimalen Anzahl von Zuständen, der Teilbarkeit durch 5 testen kann.

Es stellt sich die Frage, ob man aus dem Automat A automatisch den kleineren Automaten konstruieren kann. Tatsächlich ist es so, daß man zu jedem endlichen Automaten einen Automaten konstruieren kann, der dieselbe Sprache erkennt und eine minimale Anzahl an Zuständen benötigt, indem man alle Zustände im ursprünglichen Automaten, die beim Erkennen der Sprache dieselbe Funktion haben, zu einem einzigen zusammenfaßt. Details zu dieser Fragestellung findet der Leser in dem bereits zitierten Buch von Wegener [9].

Wir haben auch indeterministische endliche Automaten definiert. Diese sind aber nicht ausdrucksstärker als deterministische endliche Automaten.

Lemma 6.2.2 *Sei A ein nichtdeterministischer endlicher Automat. Dann kann man alle Spontanübergänge in A beseitigen, d.h. es gibt einen nichtdeterministischen endlichen Automaten A', der keine Produktionen der Form $q ::= q'$ enthält und dieselbe Sprache wie A erkennt.*

Beweis: Sei $A = (Q, \Sigma, \Pi, q_0, F)$ ein indeterministischer endlicher Automat. Wir definieren die 2-stellige Relation $R(A)$ als die Menge aller Paare (q, q'), zu denen es eine Folge von Zuständen $q_0, q_1, \ldots, q_n$ mit $q = q_0$, $q_n = q'$ und $q_i ::= q_{i+1} \in \Pi$ (für $0 \leq i < n$) gibt.

Man kann diese Relation effektiv berechnen, indem man ausgehend von der Menge $M = \{(q,q) \; : \; q \in Q\}$ induktiv solche Paare (q, q') zu M hinzunimmt, für die es (q, q'') in M mit $q'' ::= q'$ in Π gibt, die aber selbst noch nicht in M enthalten sind. Da die Menge $Q \times Q$ endlich ist, ist dieser Prozeß nach endlich vielen Schritten abgeschlossen und hat dann $R(A)$ generiert. (Woran erkennt man das Ende dieses Prozesses?)

Nun bauen wir solche Ketten von Spontanübergängen in die anderen, „normalen“ Befehle ein. Dazu definieren wir $A^* = (Q, \Sigma, \Pi^*, q_0, F^*)$ mit den Festlegungen

$$\Pi^* = \{qa ::= q' \; : \; \exists q'' \, ((q, q'') \in R(A) \wedge q''a ::= q' \in \Pi)\},$$

$$F^* = \{q \; : \; \exists f \in F \, (q, f) \in R(A)\}.$$

A^* akzeptiert dieselbe Sprache wie A und enthält keine Spontanübergänge mehr.

□

Satz 6.2.3 (Büchi) *Zu jedem indeterministischen endlichen Automaten gibt es einen deterministischen endlichen Automaten, der dieselbe Sprache akzeptiert.*

Beweis: Sei $A = (Q, \Sigma, \Pi, q_0, F)$ ein indeterministischer endlicher Automat. A enthalte keine Spontanübergänge. Der deterministische Automat $A' = (Q', \Sigma, \Pi', q_0', F')$ mit

- A' = Potenzmenge von A,
- $\Pi' = \{Ma ::= \{q' \in Q \,:\, \exists q \in M\; qa ::= q' \in \Pi\} \,:\, M \subseteq Q, a \in \Sigma\}$,
- $q_0' = \{q_0\}$,
- $F' = \{M \subseteq Q \,:\, M \cap F \neq \emptyset\}$.

erkennt dieselbe Sprache wie A.
Beweis: Wir zeigen zunächst durch Induktion nach $|y|$ die Aussage

$$My \vdash_{A'} \{q' \in Q \,:\, \exists q \in M\; qy \vdash_A q'\}$$

für alle $y \in \Sigma^*$ und $M \subseteq Q$:
Für $y = \epsilon$ ist obige Menge gleich M. Aus M ist M selber in 0 Schritten in A' ableitbar. Im Fall $y = az$ für ein $a \in \Sigma$ erhält man

$$\begin{aligned} Maz &\vdash_{A'} \{q' \,:\, \exists q \in M\; qa ::= q' \in \Pi\}z \\ &\vdash_{A'} \{q'' \,:\, \exists q' \exists q \in M\; qa ::= q' \in \Pi,\; q'z \vdash_A q''\} \\ &= \{q'' \,:\, \exists q \in M\; qaz \vdash_A q''\}. \end{aligned}$$

Es folgt jetzt $L(A) = L(A')$, denn es ist

$$\begin{aligned} y \in L(A') &\iff \exists M \subseteq Q\,(M \cap F \neq \emptyset \wedge \{q_0\}y \vdash_{A'} M) \\ &\iff \{q \in Q \,:\, q_0 y \vdash_A q\} \cap F \neq \emptyset \\ &\iff y \in L(A)\,. \end{aligned}$$

□

Wir sprechen daher nur von endlichen Automaten und benutzen dabei je nach Bedarf deterministische oder indeterministische endliche Automaten, da man sie gegenseitig simulieren kann.

Wir wollen noch einen anderen Formalismus vorstellen, der zu den endlichen Automaten äquivalent ist.

Definition 6.2.4 Reguläre Ausdrücke *über einem Alphabet Σ sind alle Wörter über dem Alphabet $\Sigma \cup \{\Lambda, \cup, *, (,)\}$, die durch den folgenden Kalkül erzeugt werden*

$$\frac{}{\Lambda} \qquad \frac{}{a} \quad \text{für jedes } a \in \Sigma$$

$$\frac{\alpha, \beta}{(\alpha\beta)} \qquad \frac{\alpha, \beta}{(\alpha \cup \beta)} \qquad \frac{\alpha}{\alpha^*}.$$

Wir ordnen jedem regulären Ausdruck α über Σ eine durch diesen Ausdruck repräsentierte Sprache $\langle\alpha\rangle \subseteq \Sigma^*$ wie folgt zu:

- $\langle\Lambda\rangle = \emptyset$,
- $\langle a\rangle = \{a\}$ *für* $a \in \Sigma$,
- $\langle(\alpha\beta)\rangle = \langle\alpha\rangle\langle\beta\rangle$,
- $\langle(\alpha \cup \beta)\rangle = \langle\alpha\rangle \cup \langle\beta\rangle$,
- $\langle\alpha^*\rangle = \langle\alpha\rangle^*$.

Satz 6.2.5 *Die von regulären Ausdrücken erzeugten Sprachen sind genau diejenigen, die von endlichen Automaten erkannt werden können.*

Beweis: Sei ein regulärer Ausdruck α gegeben. Induktiv über den Aufbau von α konstruieren wir einen endlichen Automaten A_α, der die von α repräsentierte Sprache erkennt. Das Eingabealphabet ist immer Σ, die übrigen Symbole in A_α ergeben sich aus dem Kontext. Wir zeichnen jeweils einen den Automaten darstellenden Graphen mit genau einem Finalzustand, falls der Graph nicht leer ist. Werden schon konstruierte Graphen als Teilgraphen benutzt, ist jeweils dafür zu sorgen, daß die Zustände disjunkt sind. Pfeile, die von einem schon konstruierten Teilgraphen ausgehen, meinen Pfeile vom Finalzustand dieses Teilgraphen. A_Λ entspricht ein Automat mit leerer Produktionenmenge Π.

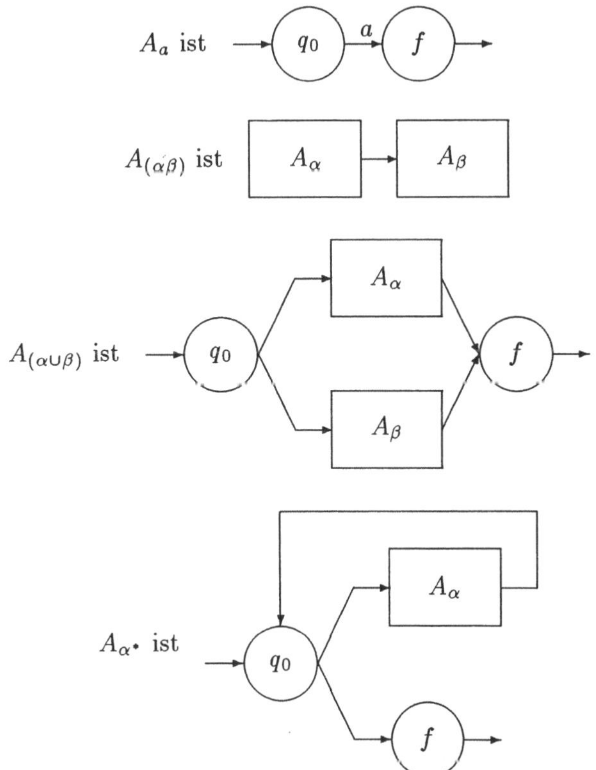

Sei umgekehrt ein deterministischer endlicher Automat $A = (Q, \Sigma, \Pi, q_1, F)$ mit $Q = \{q_1, \ldots, q_n\}$ gegeben. Für $i, j \in \{1, \ldots, n\}$ und $t \in \{0, \ldots, n\}$ definieren wir L_{ij}^t als diejenigen $y \in \Sigma^*$, für die es eine Ableitung $q_i y \vdash^1 q_{i_1} y_1 \vdash^1 \ldots \vdash^1 q_{i_k} y_k \vdash^1 q_j$ gibt mit Zwischenzuständen $q_{i_1}, \ldots, q_{i_k} \in \{q_1, \ldots, q_t\}$. Jedes L_{ij}^t ist durch einen regulären Ausdruck darstellbar, insbesondere also auch $L(A)$. Wir zeigen dieses durch Induktion nach t:

$L_{ij}^0 = \{y \in \Sigma^* \; : \; q_i \vdash^l q_j, \, l \in \{0,1\}\}$ ist eine endliche Menge und daher durch einen regulären Ausdruck darstellbar.

$L_{ij}^{t+1} = L_{ij}^t \cup L_{it+1}^t (L_{t+1t+1}^t)^* L_{t+1}^t$ ist nach Induktionsvoraussetzung durch einen regulären Ausdruck darstellbar.

□

Insbesondere sind reguläre Sprachen abgeschlossen gegen Vereinigung, Konkatenation und Wiederholung. Man überlegt sich leicht, daß reguläre Sprachen auch gegen Komplementbildung und Durchschnitt abgeschlossen sind.

Wie zeigt man von einer Sprache, daß sie nicht regulär ist? Eine mögliche Handhabe bietet der folgende Satz:

Satz 6.2.6 (Pumping-Lemma) *Zu jeder regulären Sprache L kann man ein $n \in \mathbb{N}$ konstruieren, so daß für alle $y \in L$ gilt: Ist $|y| \geq n$ dann kann man y zerlegen in $y = uvw$ mit $0 < |v| \leq n$, so daß für alle $i \in \mathbb{N}$ auch $uv^iw \in L$ ist.*

Beweis: Es sei $L = L(A)$ mit einem deterministischen endlichen Automaten $A = (Q, \Sigma, \Pi, q_0, F)$. Sei $n := |Q| + 1$. Sei $y \in L(A)$ ein Wort der Länge $\geq n$. Dann gibt es eine Ableitung

$$q_0 y = q_0 a_0 \ldots a_m \vdash^1 q_{i_1} a_1 \ldots a_m \vdash^1 \ldots \vdash^1 q_{i_m} a_m \vdash^1 q_{i_{m+1}} \in F$$

in A. Es gibt darin mindestens zwei gleiche Zustände $q_{i_l} = q_{i_k}$ für $1 \leq l < k \leq m+1$. Wir können l und k außerdem so wählen, daß $k - l \leq n$ gilt. Wir zerlegen y in $u = a_1 \ldots a_{l-1}$, $v = a_l \ldots a_{k-1}$ und $w = a_k \ldots a_m$. Es ist $0 < |v| \leq n$ und $uv^iw \in L(A)$ für alle $i \in \mathbb{N}$, denn es gibt die Ableitungen

$$q_0 uw \vdash \ldots \vdash q_{i_l} w = q_{i_k} w \vdash \ldots \vdash q_{i_{m+1}}$$

im Fall $i = 0$ und im Fall $i > 0$

$$q_0 uv^iw \vdash \ldots \vdash q_{i_l} v^i w \vdash \ldots \vdash q_{i_k} v^{i-1} w = q_{i_l} v^{i-1} w \vdash \ldots \vdash q_{i_k} w \vdash \ldots \vdash q_{i_{m+1}}.$$

□

Beispiel: $L = \{a^n b^n \; : \; n \in \mathbb{N}\}$ ist nicht regulär, denn ansonsten gäbe es für jedes $x \in L$ hinreichender Länge eine Zerlegung $x = uvw$ mit nichtleerem v, so daß für alle $i \in \mathbb{N}$ auch uv^iw in L wäre. Die Möglichkeiten $v \in \{a\}^*$ und $v \in \{b\}^*$ sind ausgeschlossen, da sonst Wörter mit ungleicher Anzahl von a

und b in L existierten. v kann aber auch nicht a und b enthalten, da sonst zu L Wörter mit verkreuzten Buchstaben a und b gehörten.

Das Pumping-Lemma kann aber auch dazu verwandt werden, die Entscheidbarkeit gewisser Fragen zu beantworten:

Satz 6.2.7 *Für einen endlichen Automaten A ist entscheidbar, ob $L(A)$ leer ist.*

Beweis: Sei n zu L gemäß dem Pumping-Lemma konstruiert. Dann wissen wir, daß, falls L ein Wort enthält, es auch ein Wort der Länge kleiner als n enthalten muß. Auf alle anderen Wörter in L kann man nämlich das Pumping-Lemma anwenden und sukzessive ein Wort echt kleinerer Länge in L erhalten. Es gibt über einem endlichen Alphabet nur endlich viele Wörter der Länge kleiner als n, für diese endlich vielen kann man testen, ob sie in der Sprache $L(A)$ sind.

□

Aufgaben:

1. Für einen endlichen Automaten A ist es entscheidbar, ob $L(A)$ endlich ist, ebenso, ob $L(A)$ gleich Σ^* ist.

2. Eine **rechtslineare Grammatik** (N, T, Π, Z) enthält lediglich Produktionen der Form $A ::= xB$ und $A ::= x$ mit $A, B \in N$ und $x \in T$. Zeigen Sie, daß die durch eine rechtslineare Grammatik erzeugten Sprachen genau die regulären sind.

3. Die Sprache der Palindrome $\{u \in \{0,1\}^* \; : \; u = u^{\mathrm{mi}}\}$ ist nicht regulär.

4. Die Sprache $\{u \in \{0,1\}^* \; : \; u$ enthält gleich viele 0 und 1$\}$ ist nicht regulär.

6.3 Chomsky-2: Kontextfreie Sprachen

Definition 6.3.1 *Eine* **kontextfreie Grammatik** *ist eine Grammatik $G = (N, T, \Pi, Z)$ mit Produktionen der Form $A ::= r$ mit $A \in N$ und $r \in (N \cup T)^*$. Eine Sprache heißt* **kontextfreie** *oder* **Chomsky-2-Sprache**, *falls sie durch eine kontextfreie Grammatik erzeugt werden kann.*

Beispiel: Die Sprache $\{a^n b^n \; : \; n \in \mathbb{N}\}$ ist kontextfrei, denn sie wird durch die Grammatik

$$G = (\{Z\}, \{a, b\}, \{Z ::= \epsilon, Z ::= aZb\}, Z)$$

erzeugt. Die kontextfreien Sprachen bilden also eine echte Obermenge der regulären Sprachen.

Lemma 6.3.2 *Für eine kontextfreie Grammatik G und Wörter x, y, z, u, v aus $(N \cup T)^*$ gilt*

$x \vdash_G y \Rightarrow uxv \vdash_G uyv$,

$xy \vdash_G z \Rightarrow$ *es gibt a und b aus $(N \cup T)^*$ mit $z = ab$, $x \vdash_G a$ und $y \vdash_G b$.*

Beweis: Übung

Beispiel:

- Sei G die kontextfreie Grammatik $(N, T, \Pi, \langle\text{satz}\rangle)$ mit

$$N = \{\langle\text{satz}\rangle, \langle\text{subjekt}\rangle, \langle\text{prädikat}\rangle, \langle\text{objekt}\rangle\},$$
$$T = \{\text{man}, \text{trägt}, \text{eineleiter}, \text{verantwortung}\}$$

und den Produktionen

⟨satz⟩ ::= ⟨subjekt⟩⟨prädikat⟩⟨objekt⟩
⟨subjekt⟩ ::= man
⟨prädikat⟩ ::= trägt
⟨objekt⟩ ::= verantwortung
⟨objekt⟩ ::= eineleiter.

Das Folgende ist eine Ableitung (vertikal notiert) aus G:

⟨satz⟩
⟨subjekt⟩⟨prädikat⟩⟨objekt⟩
⟨subjekt⟩ trägt ⟨objekt⟩
⟨subjekt⟩ trägt eineleiter
man trägt eineleiter.

Betrachten wir eine andere Ableitung, nämlich

⟨satz⟩
⟨subjekt⟩⟨prädikat⟩⟨objekt⟩
⟨subjekt⟩⟨prädikat⟩eineleiter
man⟨prädikat⟩eineleiter
man trägt eineleiter.

Zwar sind diese beiden Ableitungen verschieden, doch in einem gewissen Sinn nur recht unwesentlich. Es gibt in verschiedenen Stadien dieser Ableitungen mehrere Stellen, wo man in unterschiedlicher Weise weiterarbeiten

kann. Die beiden Ableitungen unterscheiden sich darin, wo man zuerst weitergearbeitet hat. In Wahrheit hätten wir auch simultan oder parallel an allen Stellen gleichzeitig weiterarbeiten können; beeinflußt die Arbeit an einer Stelle doch nicht die Arbeit an einer anderen. Wir werden dieses parallele Erzeugen eines Wortes z in $L(G)$ demnächst in dem Begriff des Strukturbaums eines Wortes z in $L(G)$ erfassen; im Vorgriff auf diese Definition sei an dieser Stelle schon gesagt, daß es zu einem z in $L(G)$ verschiedene Strukturbäume geben kann, je nachdem nämlich, wie man z aus Z ableitet. Andererseits können verschiedene Arten, z aus Z abzuleiten, zum selben Strukturbaum führen.
In unserem obigen Beispiel würde ein Strukturbaum wie folgt aussehen:

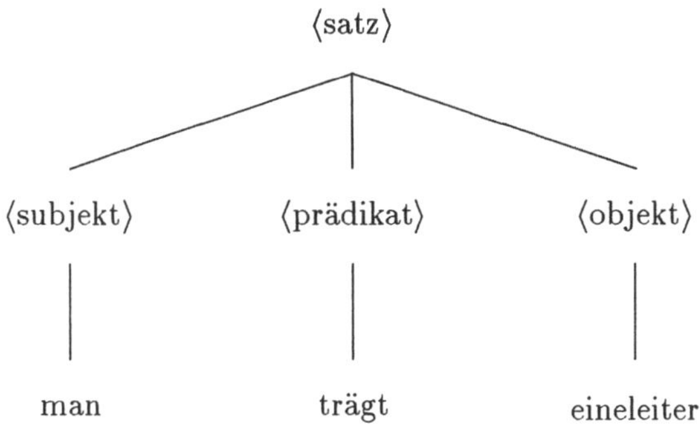

$L(G)$ enthält die zwei Wörter:

man trägt eineleiter
man trägt verantwortung.

- Gegeben sei eine Signatur (S, Σ) und eine endliche Variablenmenge V über (S, Σ). Wir konstruieren eine Grammatik, die gerade die Menge der Terme über (S, Σ) und V erzeugt. Wir nehmen als Nichtterminale

$$\{T\} \cup \{T_s \;:\; s \in S\} \cup \{V_s \;:\; s \in S\},$$

als Terminale

$$\Sigma \cup V \cup \{(,),\text{'}\,\},$$

als Startzeichen T und als Produktionen für jedes $s \in S$, jede Variable X vom Typ V in s, jede Konstante $c : s$ und jedes Funktionssymbol $f : s_1 \times \ldots \times s_n \to s$ in Σ die folgenden:

$$\begin{aligned} T &::= T_s, \\ T_s &::= V_s, \\ T_s &::= c, \\ T_s &::= f(T_{s_1}, \ldots, T_{s_n}), \\ V_s &::= X. \end{aligned}$$

- Gegeben sei eine Signatur (S, Σ) und eine endliche Variablenmenge V über (S, Σ). Wir konstruieren eine Grammatik, die gerade die Booleschen Formeln über (S, Σ) und V erzeugt. Wir nehmen als Nichtterminale

$$\{T\} \cup \{T_s \ : \ s \in S\} \cup \{V_s \ : \ s \in S\} \cup \{B, O_1, O_2\},$$

als Terminale

$$\Sigma \cup V \cup \{(,),',=,\neg,\wedge,\vee,\rightarrow,\leftrightarrow\},$$

als Startzeichen B und als Produktionen alle aus dem vorigen Beispiel sowie für jedes $s \in S$ und jedes Relationssymbol $r : s_1 \times \ldots \times s_n$ in Σ die folgenden:

$$\begin{aligned}
&B ::= T_s = T_s,\\
&T_s ::= r(T_{s_1}, \ldots, T_{s_n}),\\
&B ::= O_1 B,\\
&B ::= (B O_2 B),\\
&O_1 ::= \neg,\\
&O_2 ::= \wedge,\\
&O_2 ::= \vee,\\
&O_2 ::= \rightarrow,\\
&O_2 ::= \leftrightarrow.
\end{aligned}$$

Offenbar ist $L(G)$ die Menge der Booleschen Formeln über (S, Σ) und V.

Die Grammatik kann so erweitert werden, daß die von ihr erzeugte Sprache genau die prädikatenlogischen Formeln über (S, Σ) und V beinhaltet.

- Wir erweitern diese Grammatik zu einer Grammatik mit dem Startsymbol ⟨programm⟩, die genau die Programme über (S, Σ) und V erzeugt. Wir geben lediglich die Produktionen an.

⟨programm⟩ ::= ϵ,
⟨programm⟩ ::= ⟨anwfolge⟩,
⟨anwfolge⟩ ::= ⟨anw⟩; ⟨rest⟩,
⟨rest⟩ ::= ϵ,
⟨rest⟩ ::= ⟨anwfolge⟩,
⟨anw⟩ ::= ⟨zuweisung⟩,
⟨anw⟩ ::= ⟨test⟩,
⟨anw⟩ ::= ⟨schleife⟩,
⟨zuweisung⟩ ::= $V_s := T_s$,
⟨test⟩ ::= IF B THEN ⟨programm⟩ ELSE ⟨programm⟩ END,
⟨schleife⟩ ::= WHILE B DO ⟨programm⟩ END.

- Eine alternative Grammatik, die aber genau dieselbe Menge, nämlich die Menge der Programme über (S, Σ) und V erzeugt, ist die folgende:

⟨programm⟩ ::= ϵ,
⟨programm⟩ ::= ⟨anwfolge⟩,
⟨anwfolge⟩ ::= ⟨anw⟩;
⟨anwfolge⟩ ::= ⟨anwfolge⟩⟨anwfolge⟩,
⟨anw⟩ ::= ⟨zuweisung⟩,
⟨anw⟩ ::= ⟨test⟩,
⟨anw⟩ ::= ⟨schleife⟩,
⟨zuweisung⟩ ::= V_s := T_s,
⟨test⟩ ::= IF B THEN ⟨programm⟩ ELSE ⟨programm⟩ END,
⟨schleife⟩ ::= WHILE B DO ⟨programm⟩ END.

Es wird sich zeigen, daß diese Grammatik einen ganz gravierenden Nachteil aufweist.

Da Programme also im wesentlichen kontextfrei sind, kümmern wir uns zunächst darum, welche Anforderungen an eine kontextfreie Grammatik G gestellt werden, um ein Wort der Sprache $L(G)$ möglichst effizient erkennen zu können. Erst danach werden wir die Struktur der Chomsky-2-Sprachen untersuchen.

Definition 6.3.3 *Es sei G eine kontextfreie Grammatik und $(Z, u_1, \dots, u_n)$ eine Ableitung in G. Induktiv über n definieren wir den* **Strukturbaum** *zur Ableitung:*

- *Der Strukturbaum zur Ableitung (Z) besteht aus einem einzigen mit Z beschrifteten Knoten.*
- *Es sei eine Ableitung $(Z, u_1, \dots, u_n, u_{n+1})$ mit $u_n = uAv$, $u_{n+1} = ub_1 \dots b_m v$ und einer Produktion $A ::= b_1 \dots b_m$ von G mit einzelnen Zeichen b_i gegeben. Wir bilden (induktiv) den Strukturbaum von $(Z, u_1, \dots, u_n)$ und verlängern den $|u| + 1$-ten Knoten, der ja mit dem zu ersetzenden A beschriftet ist, durch m Folgeknoten, die mit $b_1, \dots, b_m$ beschriftet sind.*

Beispiel: Wir wollen drei Ableitungen des Programms $A_1; A_2; A_3;$ mit der Grammatik betrachten, die wir oben als letzte der Programmgrammatiken definiert haben.

Es sieht dabei so aus, als wäre in den ersten beiden Ableitungen im wesentlichen derselbe Syntaxaufbau von $A_1; A_2; A_3;$ erfolgt, wenngleich in etwas anderer Reihenfolge, während in der letzten Ableitung das Programm anders aufgebaut wird. In den ersten beiden Fällen erscheint das Programm in der Klammerung $A_1; (A_2; A_3;)$, im dritten Fall als $(A_1; A_2;) A_3;$.

Diese Beobachtung wird dann an den Strukturbäumen deutlicher werden.

⟨programm⟩
⟨anwfolge⟩
⟨anwfolge⟩⟨anwfolge⟩
⟨anw⟩; ⟨anwfolge⟩
... Ableitung von A_1...
A_1; ⟨anwfolge⟩
A_1; ⟨anwfolge⟩⟨anwfolge⟩
A_1; ⟨anw⟩; ⟨anwfolge⟩
... Ableitung von A_2...
A_1; A_2; ⟨anwfolge⟩
A_1; A_2; ⟨anw⟩;
... Ableitung von A_3...
A_1; A_2; A_3;

⟨programm⟩
⟨anwfolge⟩
⟨anwfolge⟩⟨anwfolge⟩
⟨anw⟩; ⟨anwfolge⟩
⟨anw⟩; ⟨anwfolge⟩⟨anwfolge⟩
⟨anw⟩; ⟨anw⟩; ⟨anwfolge⟩
⟨anw⟩; ⟨anw⟩; ⟨anw⟩;
... Ableitung von A_1...
A_1; ⟨anw⟩; ⟨anw⟩;
... Ableitung von A_2...
A_1; A_2; ⟨anw⟩;
... Ableitung von A_3...
A_1; A_2; A_3;

⟨programm⟩
⟨anwfolge⟩
⟨anwfolge⟩⟨anwfolge⟩
⟨anwfolge⟩⟨anw⟩;
... Ableitung von A_3...
⟨anwfolge⟩A_3;
⟨anwfolge⟩⟨anwfolge⟩A_3;
⟨anw⟩; ⟨anwfolge⟩A_3;
... Ableitung von A_1...
A_1; ⟨anwfolge⟩A_3;
A_1; ⟨anw⟩; A_3;
... Ableitung von A_2...
A_1; A_2; A_3;

Der Strukturbaum der ersten beiden Ableitungen ist identisch und hat die Form:

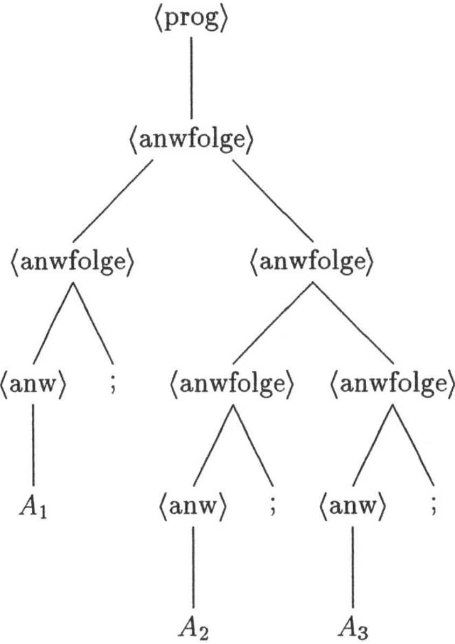

Der Strukturbaum der dritten Ableitung dagegen sieht folgendermaßen aus:

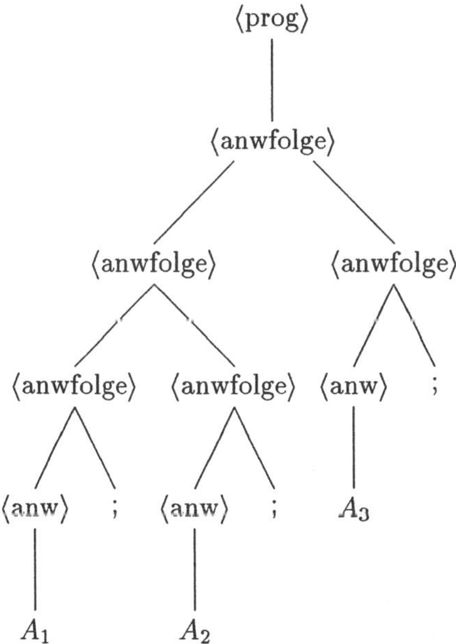

Dasselbe ableitbare Wort $A_1; A_2; A_3;$ besitzt also Ableitungen mit verschiedenen Strukturbäumen. Dies ist eine Art Mehrdeutigkeit der Gramma tik. Im Falle der Programme ist es zwar zufälligerweise unerheblich (was die Semantik betrifft), ob wir die Leseart $(A_1; A_2;) A_3;$ oder $A_1; (A_2; A_3;)$ zugrundelegen, dennoch ist es nicht schön, eine solche Mehrdeutigkeit in der Grammatik zu haben.

Ein anderes Beispiel zeigt die dahinterstehende Problematik besser. Wir erzeugen ungeklammerte, infix notierte, arithmetische Ausdrücke mit einer Grammatik mit folgenden Produktionen:

$$A ::= A + A,$$
$$A ::= A * A,$$
$$A ::= 17.$$

Es ist klar, daß es zu $17 + 17 * 17$ verschiedene Ableitungen mit unterschiedlichen Strukturbäumen gibt, die jeweils den Klammerungen $(17 + 17) * 17$ und $17 + (17 * 17)$ entsprechen. In diesem Falle ist die Art der Klammerung für die Semantik des Ausdrucks, d.h. für seinen numerischen Wert, von Bedeutung.

Definition 6.3.4 *Eine kontextfreie Grammatik G heißt* **eindeutig**, *falls für jedes $w \in L(G)$ gilt: Alle Ableitungen von w besitzen denselben Strukturbaum.*

Somit sind eindeutige Grammatiken diejenigen, die für $w \in L(G)$ keine unterschiedliche syntaktische Leseart (Klammerung, Syntaxaufbau) zulassen.

Die früher angesprochene Eindeutigkeit der Term- und Formelsyntax besagt gerade, daß die hier angegebenen Grammatiken, die Terme bzw. Formeln erzeugen, eindeutig sind. Die erste Grammatik, die Programme erzeugt, ist ebenfalls eindeutig, die zweite nicht.

Definition 6.3.5 *Sei G eine kontextfreie Grammatik und $(u_0, u_1, \ldots, u_n)$ eine Ableitung in G. Die Ableitung heißt* **Linksableitung** *in G, falls für alle $i < n$ u_{i+1} aus u_i durch Ersetzen des linkesten Nichtterminalzeichens mit Hilfe einer Regel in G entsteht, sie heißt* **Rechtsableitung**, *falls jeweils das rechteste Nichtterminalzeichen ersetzt wird.*

Eine Ableitung kann man immer in eine Links- bzw. Rechtsableitung umwandeln, indem man im Strukturbaum von der Wurzel startend jeweils erst alle links bzw. rechts liegenden Ableitungsschritte bis zu den Blättern aufschreibt.

Eine alternative Charakterisierung, daß eine Grammatik eindeutig ist, beinhaltet daher das folgende Lemma:

Lemma 6.3.6 *Eine kontextfreie Grammatik ist genau dann eindeutig, wenn jedes durch die Grammatik erzeugte Wort genau eine Links- bzw. Rechtsableitung besitzt.*

Beweis: Übung

Zu einer gegebenen kontextfreien Sprache würden wir gerne einen Automaten konstruieren, der möglichst effizient testen kann, ob ein Wort zu dieser Sprache gehört. Wir betrachten zwei Automaten, die eine kontextfreie Sprache erkennen.

Definition 6.3.7 *Sei* $G = (N, T, \Pi, Z)$ *eine kontextfreie Grammatik. Der* **LL-Automat** *zu* G *ist das folgende Tupel*

$$A_{\mathrm{LL}}(G) = (\{\#\}, N \cup T, T, \Pi_{\mathrm{LL}}(G), Z\#, \{\#\})$$

mit folgenden Produktionen in $\Pi_{\mathrm{LL}}(G)$:
Für alle $t \in T$ *und alle Produktionen* $A ::= B_1 \ldots B_n$ *in* Π *mit einzelnen Zeichen* B_i

$$\begin{array}{ll} A\# ::= B_n \ldots B_1\# & \text{(produce)}, \\ t\#t ::= \# & \text{(compare)}. \end{array}$$

Ableitbarkeit in A_{LL} *bedeutet Ableitbarkeit in diesem Wortersetzungssystem. Die von* A_{LL} *akzeptierte Sprache ist die Menge*

$$\{x \in T^* \ : \ Z\#x \vdash \#\}.$$

Der **LR-Automat** *zu* G *ist das folgende Tupel*

$$A_{\mathrm{LR}}(G) = (\{\#\}, N \cup T, T, \Pi_{\mathrm{LR}}(G), \#, \{Z\#\})$$

mit folgenden Produktionen in $\Pi_{\mathrm{LR}}(G)$:
Für alle $t \in T$ *und alle Produktionen* $A ::= B_1 \ldots B_n$ *in* Π *mit einzelnen Zeichen* B_i

$$\begin{array}{ll} B_1 \ldots B_n\# ::= A\# & \text{(reduce)}, \\ \#t ::= t\# & \text{(shift)}. \end{array}$$

Ableitbarkeit in A_{LR} *bedeutet Ableitbarkeit in diesem Wortersetzungssystem. Die von* A_{LR} *akzeptierte Sprache ist die Menge*

$$\{x \in T^* \ : \ \#x \vdash Z\#\}.$$

Der LL-Automat versucht, den Strukturbaum einer Ableitung in folgender Weise nachzubilden: Der Strukturbaum von z wird top-down mit den produce-Produktionen in einer bestimmten Reihenfolge aufgebaut, bei der soweit wie möglich zuerst links in die Tiefe gegangen wird (pre-order).

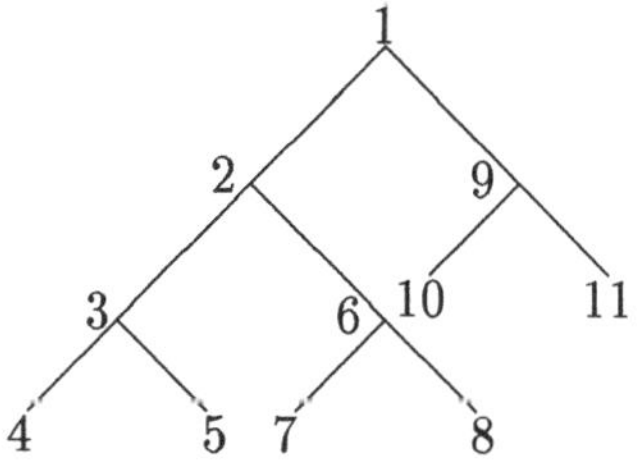

Bereits erzeugte terminale Anfangsstücke von z, die im Baum als Blätter von links nach rechts erscheinen, werden dabei mit den compare-Produktionen weggekürzt.

Erfolgreich sind wir, wenn am Ende das gesamte Eingabewort weggekürzt wurde. Die pre-order-Reihenfolge ist dabei die einzig mögliche von LL simulierbare Reihenfolge, da man wegen der Spiegelung der rechten Seite einer Produktion und dem Arbeiten unmittelbar links von # nur an das linkeste Nichtterminalsymbol herankommt. Pre-order-Aufbau des Strukturbaums entspricht offensichtlich einer Linksableitung des Wortes.

Der LR-Akzeptor versucht, den Strukturbaum bottom-up in einer bestimmten Reihenfolge mit den reduce-Produktionen aufzubauen, bei der das Besuchen der Knoten von unten nach oben so weit wie möglich links geschieht (post-order).

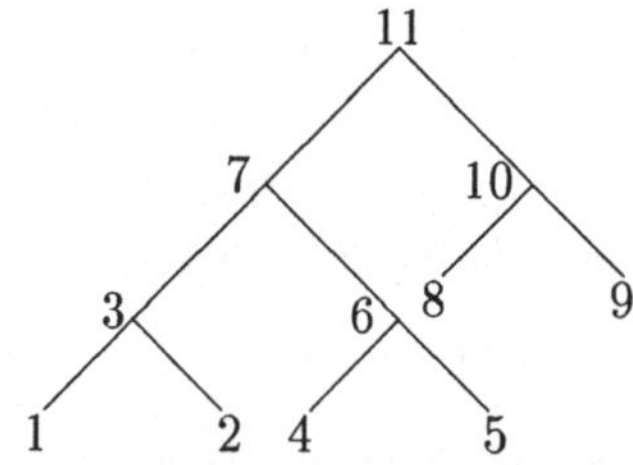

Die shift-Produktionen stellen hierbei die links von # benötigten Anfangsstücke bereit. Erfolgreich sind wir, wenn am Ende das gesamte Eingabewort zu Z reduziert wurde. Diese Reihenfolge ist dabei die einzig mögliche von LR simulierbare Reihenfolge, da kein ‚Zurück-shiften' erlaubt ist (hat man zuerst zu weit rechts reduziert, so kommt man nicht mehr an weiter links stehende Arbeiststellen zurück). Deshalb entspricht dieser Aufbau des Strukturbaums offensichtlich einer Rechtsableitung.
Es gilt offensichtlich:

Lemma 6.3.8 *Sei G eine kontextfreie Grammatik. Es ist $x \in G \iff x \in L(A_{\mathrm{LL}}(G))$
$\iff x \in L(A_{\mathrm{LR}}(G))$.*

Allgemeiner können wir sogenannte Kellerautomaten betrachten.

Definition 6.3.9 *Ein Kellerautomat ist ein Tupel*

$$K = (Q, \Gamma, \Sigma, \Pi, iq_0, F)$$

mit einer Menge von Zuständen Q, einer davon disjunkten Menge Γ, $\Sigma \subseteq \Gamma$, $i \in \Gamma$, $q_0 \in Q$, $F \subseteq Q$ und einer Menge Π von Produktionen der Form

$$\begin{array}{ll} aqb ::= xq' & \text{(Lesen eines Zeichens),} \\ aq ::= xq' & \text{(Spontanübergang).} \end{array}$$

mit $x \in \Gamma^*, a \in \Gamma$, $q, q' \in Q$ *und* $b \in \Sigma$. *Die von* K *akzeptierte Sprache ist die Menge*

$$L(K) = \{x \in \Sigma^* \ : \ iq_0 x \vdash_\Pi f \textit{ für ein } f \in F\}.$$

Lesen eines Zeichens und Spontanübergänge erzeugen in Abhängigkeit eines gewissen im Keller vorhandenen Wortes ein neues.

Satz 6.3.10 *Die kontextfreien Sprachen sind genau diejenigen, die durch einen Kellerautomaten akzeptiert werden.*

Beweis: Ein LL-Automat ist bereits ein Kellerautomat, ein LR-Automat kann leicht in einen Kellerautomaten abgewandelt werden, daher ist jede kontextfreie Grammatik durch einen Kellerautomaten erkennbar.

Sei umgekehrt ein Kellerautomat K gegeben. Durch leichte Modifikation von K können wir erreichen, daß die Finalmenge nur aus dem Zustand f besteht. Wir definieren eine kontextfreie Grammatik G mit Nichtterminalen $N_G = \{[xq, q'] \ : \ x \in \Gamma, q, q' \in Q\}$, Startzustand $Z = [iq_0, f]$, Terminalsymbolen Σ und Produktionen

$$[xq, q'] ::= a[x_m q_m, q_{m-1}][x_{m-1}q_{m-1}, q_{m-2}] \ldots [x_2 q_2, q_1][x_1 q_1, q']$$

für jeden Befehl $xqa ::= x_1 \ldots x_m q_m$ mit $a \in \Sigma \cup \{\epsilon\}$ und alle $q_1, \ldots, q_{m-1}, q' \in Q$. Es gilt für $x \in \Gamma, q, q' \in Q$ und $w \in \Sigma^*$

$$xqw \vdash_K q' \iff [xq, q'] \vdash_G w\,,$$

insbesondere erzeugt also G genau die von K akzeptierte Sprache. Wir zeigen obige Behauptung:
Es gelte $[xq, q'] \vdash_G w$. Induktiv über die Länge einer Ableitung in G zeigen wir, daß im Kellerautomaten aus xqw der Zustand q' ableitbar ist. Hierzu untersuchen wir den ersten Ableitungsschritt, der von $[xq, q']$ zu w geführt hat. Es sei wie folgt abgeleitet worden:

$$[xq, q'] \vdash^1_G a[x_m q_m, q_{m-1}][x_{m-1}q_{m-1}, q_{m-2}] \ldots [x_2 q_2, q_1][x_1 q_1, q'] \vdash_G w$$

mit $a \in \Sigma \cup \{\epsilon\}$. Somit ist w zerlegbar in Teilwörter $aw_m \ldots w_1$ mit der Eigenschaft $[x_i q_i, q_{i-1}] \vdash_G w_i$ für $1 < i \leq m$ und $[x_1 q_1, q'] \vdash_G w_1$. Nach Induktionsvoraussetzung folgt $x_i q_i w_i \vdash_K q_{i-1}$ für $1 < i \leq m$ und $x_1 q_1 w_1 \vdash_K q'$. Da es die Regel $xqa ::= x_1 \ldots x_m q_m$ im Kellerautomaten gibt, erhält man die Ableitung

$$\begin{aligned}
xqw = xqaw_m \ldots w_1 &\vdash_K x_1 \ldots x_{m-1} x_m q_m w_m w_{m-1} \ldots w_1 \\
&\vdash_K x_1 \ldots x_{m-1} q_{m-1} w_{m-1} \ldots w_1 \\
&\vdash_K x_1 \ldots q_{m-2} \ldots w_1 \\
&\ldots \\
&\vdash_K x_1 q_1 w_1 \\
&\vdash_K q'.
\end{aligned}$$

Es gelte umgekehrt $xqw \vdash_K q'$. Induktiv über die Länge einer Ableitung im Kellerautomaten zeigen wir, daß in der Grammatik aus $[xq, q']$ das Wort w ableitbar ist. Hierzu untersuchen wir den ersten Ableitungsschritt, der von xqw zu q' geführt hat. Dieser sei

$$xqw \vdash_K^1 x_1 \dots x_m q_m v \vdash_K q' ,$$

mit $w = av$ und $a \in \Sigma \cup \{\epsilon\}$. Wir zerlegen die Ableitung von $x_1 \dots x_m q_m v$ nach q' in m Phasen, die dadurch definiert sind, daß nach der i-ten Phase im Keller nur noch die Zeichen $x_1 \dots x_{m-i}$ verbleiben. (Da der Keller vollständig abgearbeitet wird, müssen die Kellerzeichen ja Schritt für Schritt verschwinden. Uns interessieren nicht die übrigen Zeichen, die im Keller evtl. zwischenzeitlich erzeugt werden.) Die Ableitung hat also die Form (w_i sind entsprechende Teilwörter von w)

$$\begin{aligned} xqw &\vdash_K^1 x_1 \dots x_m q_m v \\ &= x_1 \dots x_m q_m w_m \dots w_1 \\ &\vdash_K x_1 \dots x_{m-1} q_{m-1} w_{m-1} \dots w_1 \\ &\vdash_K x_1 \dots q_{m-2} \dots w_1 \\ &\dots \\ &\vdash_K x_1 q_1 w_1 \\ &\vdash_K q' \end{aligned}$$

und es gilt $x_i q_i w_i \vdash_K q_{i-1}$ für $1 < i \leq m$ und $x_1 q_1 w_1 \vdash_K q'$. Mit Induktionsvoraussetzung erhalten wir dann $[x_i q_i, q_{i-1}] \vdash_G w_i$ für $1 < i \leq m$ und $[x_1 q_1, q'] \vdash_G w_1$. Das ergibt die Ableitung

$$\begin{aligned} [xq, q'] \vdash_G^1 & a[x_m q_m, q_{m-1}][x_{m-1} q_{m-1}, q_{m-2}] \dots [x_2 q_2, q_1][x_1 q_1, q'] \\ & \vdash_G a w_m \dots w_1 = av = w . \end{aligned}$$

□

Wie sollte ein Kellerautomat aussehen, damit er möglichst effizient ein Wort akzeptieren kann?

Wir wollen nur solche kontextfreien Sprachen betrachten, die eine eindeutige Grammatik haben. (Das ist eine echte Einschränkung der Sprachklasse, da etwa die Sprache $\{a^i b^j c^k : i, j, k \in \mathbb{N}, i = j \vee j = k\}$ zwar kontextfrei ist, man aber nachweisen kann, daß es keine eindeutige, diese Sprache erzeugende Grammatik gibt. Für die üblichen Programmiersprachen kann aber eine eindeutige Grammatik gefunden werden.) Bei einer eindeutigen Grammatik ist es sichergestellt, daß ein LL- bzw. LR-Akzeptor ein Wort der Sprache nur auf eine mögliche Weise akzeptieren kann. Dieses bedeutet aber nicht, daß es in jedem Akzeptionsschritt nur genau eine Möglichkeit gibt, weiter zu akzeptieren. Das Gegenteil ist in der Regel (bei A_{LR} sogar immer) der Fall: Neben der einzigen richtigen nächsten Produktion, die zu einer Akzeption führt, gibt es noch weitere anwendbare Produktionen, die allerdings in Sackgassen enden – enden müssen. Solche Sackgassen zu vermeiden, kann eine komplizierte Angelegenheit sein.

Beispiel: Der LR-Akzeptor A zur eindeutigen Grammatik

$$(\{Z\}, \{a, b\}, \{Z ::= \epsilon, Z ::= aZb\}, Z)$$

besitzt die Produktionen $\epsilon\# ::= Z\#$, $aZb\# ::= Z\#$ und die shift-Regeln. Eine Akzeption von $ab\#$ etwa hat die Form

$$\#ab \vdash a\#b \vdash aZ\#b \vdash aZb\# \vdash Z\# .$$

Der zweite Schritt ist eine reduce-Operation, die nicht in Abhängigkeit vom Keller entschieden werden kann, da etwa bei der Akzeption von a^2b^2 derselbe Keller aufgebaut wird, aber in diesem Fall eine shift-Operation durchzuführen ist.

Wir können schärfer verlangen, daß der Automat **deterministisch** arbeiten soll, das heißt, daß es für jedes Tupel $(x, q) \in \Gamma \times Q$ entweder genau eine Produktion der Form $xq ::= x'q'$ oder für jedes $a \in \Sigma$ genau eine Produktion der Form $xqa ::= x'q'$ gibt. Dieses führt zu der Teilklasse der **deterministischen kontextfreien Sprachen**. Es ist allerdings eine echte Teilklasse der kontextfreien Sprachen, die für unsere Zwecke nicht genügend ausdrucksstark ist.

Als mögliche Erweiterung lassen wir zu, daß dem Automaten endlich viele der noch einzulesenden Buchstaben zur Verfügung stehen.

Wir sagen, daß ein LL- bzw. LR-Automat A **deterministisch mit Vorausschau** n ($n \in \mathbb{N}$) arbeitet, falls es nur in Abhängigkeit vom Kellerinhalt und den n nächsten Eingabezeichen eindeutig möglich ist, die einzig richtige, als nächstes anzuwendende Produktion zu finden.

Formal heißt das etwa für den LR-Automaten: Sind $\#w_1 \vdash \ldots \vdash x_1\#y_1 \vdash \tilde{x}_1\#\tilde{y}_1 \vdash \ldots \vdash Z\#$ und $\#w_2 \vdash \ldots \vdash x_2\#y_2 \vdash \tilde{x}_2\#\tilde{y}_2 \vdash \ldots \vdash Z\#$ zwei Ableitungen und $x_1 = x_2$ und $y_1 : k = y_2 : k$ ($y : k$ meint die ersten k Zeichen von y, bzw. y selber im Fall $|y| < k$), dann gilt auch $\tilde{x}_1 = \tilde{x}_2$ und in beiden obigen Schritten wurde eine reduce-Regel angewandt oder in beiden obigen Schritten wurde eine shift-Regel angewandt.

Beispiel: Der LR-Automat für obige Grammatik erkennt die Sprache $\{a^n b^n\}$ eindeutig mit 1-Vorausschau; wir geben die Aktionen, die der LR-Automat bei entsprechendem Keller und gelesenem Anfangswort durchführt, in Form einer Tabelle an:

Kellerinhalt	nächstes Zeichen	Aktion
beliebig	a	shift
a^n	b	reduce $\epsilon\# ::= Z\#$
$a^n Z$	b	shift
$a^n aZb$	beliebig	reduce $aZb\# ::= Z\#$
sonst	sonst	Fehler

Die erste Grammatik, die wir für WHILE-Programme angegeben haben, arbeitet deterministisch mit der Vorausschau 1.

Es ist nicht sichergestellt, daß es zu einer eindeutigen kontextfreien Grammatik einen Automaten mit endlicher Vorausschau gibt. Es ist allerdings bei gegebener Garammatik effektiv testbar, ob der zugehörige LR-Automat deterministisch mit Vorausschau n arbeitet, und die sogenannte ‚Parse'-Tabelle des LR-Automaten kann dann automatisch berechnet werden. Wir kommen jetzt zu ersten strukturellen Aussagen über die Chomsky-2-Sprachklasse:
Es gilt offensichtlich: Sind G und L kontextfrei, dann auch $L \cup G$, L^* und LG. Ferner können wir zeigen:

Lemma 6.3.11 *Der Schnitt einer kontextfreien mit einer regulären Sprache ist wieder kontextfrei.*

Beweis: Es sei K ein Kellerautomat mit Produktionen der Form

$$\begin{aligned} xq_K a &::= x'q'_K, \\ yq_K &::= y'q'_K \end{aligned}$$

und A ein deterministischer endlicher Automat mit Produktionen

$$q_A a ::= q'_A \quad (= \delta(q_A, a)).$$

Die Idee ist es, beim Auffressen des Eingabewortes w durch den Kellerautomaten K (w wird durch K ja Buchstabe für Buchstabe weggefressen), den durch Abarbeitung von A jeweils erreichten Zustand mitzuprotokollieren. Formal erledigt dies der folgende Kellerautomat $[K, A]$ mit Zuständen $[q_K, q_A]$, wobei q_K ein Zustand von K und q_A ein Zustand von A ist, und Produktionen

$$\begin{aligned} x[q_K, q_A]a &::= x'[q'_K, \delta(q_A, a)], \\ y[q_K, q_A] &::= y'[q'_K, q_A]. \end{aligned}$$

Startzustand ist $[i_K, i_A]$ mit dem Startzustand i_K von K und dem Startzustand i_A von A. Finalzustände sind alle $[f_K, f_A]$, wobei f_K ein Finalzustand von K und f_A ein Finalzustand von A ist. Damit ist klar, daß für alle $w \in \Sigma^*$ gilt:

$$\begin{aligned} w \in L(K) \cap L(A) &\iff \exists f_K \in F_K\, i_K w \vdash_K f_K \wedge \exists f_A \in F_A\, i_A w \vdash_A f_A \\ &\iff \exists [f_K, f_A] \in F_K \times F_A\, [i_K, i_A] w \vdash_{[K,A]} [f_K, f_A] \\ &\iff w \in L([K, A]) \end{aligned}$$

Somit ist $L(A) \cap L(K)$ ebenfalls kontextfrei.

□

Bevor wir weitere strukturelle Fragen untersuchen, zeigen wir zunächst, daß jede kontextfreie Sprache eine besonders einfache Darstellung mit Hilfe einer kontextfreien Grammatik hat.

Definition 6.3.12 *Eine kontextfreie Grammatik ist in* **Chomsky-Normalform**, *sofern alle Produktionen die Form $A ::= BC$ oder $A ::= a$ für $A, B, C \in N$ und $a \in T$ haben.*

Satz 6.3.13 *Zu jeder kontextfreien Grammatik G mit $\epsilon \notin L(G)$ gibt es eine kontextfreie Grammatik G' in Chomsky-Normalform, die dieselbe Sprache erzeugt.*

Beweis: Wir skizzieren lediglich die Beweisschritte; dabei nehmen wir in jedem Schritt an, daß die betrachtete kontextfreie Grammatik die bis dahin erreichte Form hat. Diese Form wird durch keine der nachfolgenden Modifikationen zerstört.
1. Schritt: (ϵ-frei) Zu $G = (N, T, \Pi, Z)$ gibt es eine äquivalente Grammatik $G' = (N, T, \Pi', Z)$, die keine Produktionen der Form $A ::= \epsilon$ enthält. Dazu sei $M \subseteq N$ die Menge der Nichtterminalsymbole A mit $A \vdash_G \epsilon$. (Man kann M sukzessive berechnen, indem man mit den Nichtterminalsymbolen startet, die in einem Schritt zu ϵ abgeleitet werden können, und dann sukzessive diejenigen noch nicht in M enthaltenen Nichtterminalsymbole A hinzunimmt, für die es in Π eine Produktion $A ::= B_1 \ldots B_n$ mit schon in M enthaltenen B_i gibt. Da die Menge der Nichtterminale endlich ist, terminiert diese Rechnung.) Es ist dann $\Pi' = \Pi \setminus \{A ::= \epsilon \ : \ A \in N\}$ vereinigt mit denjenigen Produktionen $A ::= r'$ mit $|r'| \neq 0$, die man aus einer Produktion $A ::= r$ in Π durch Streichen mancher Nichtterminale aus M in r erhält.
2. Schritt: (normierte Terminierung) Zu $G = (N, T, \Pi, Z)$ gibt es eine äquivalente Grammatik $G' = (\tilde{N}, T, \Pi', Z)$, die nur Produktionen $A ::= a$ mit $a \in T$ und $A ::= r$ mit $r \in \tilde{N}^*$ enthält. Es ist $\tilde{N} = N \cup \{A_a \ : \ a \in T\}$ und Π' erhält man aus Π, indem jedes Terminalsymbol a in Π durch A_a ersetzt wird, vereinigt mit $\{A_a ::= a \ : \ a \in T\}$.
3. Schritt: (keine Kettenproduktionen) Zu einer Grammatik $G = (N, T, \Pi, Z)$ gibt es eine äquivalente Grammatik $G' = (N, T, \Pi', Z)$, die keine Produktionen der Form $A ::= B$ mit $A, B \in N$ enthält. Dazu sei $M = \{(A, B) \in N^2 \ : \ A \vdash_G B\}$. ($M$ kann von der Menge $\{(A, A) \ : \ A \in N\}$ ausgehend sukzessive berechnet werden, indem man diejenigen neuen Paare (A, C) in M aufnimmt, so daß (A, B) für ein B schon in M und $B ::= C$ in Π ist.) Π' ist dann $\Pi \setminus \{A ::= B \ : \ A, B \in N\}$ vereinigt mit denjenigen Produktionen $A ::= r'$ mit $|r'| > 1$, die aus Produktionen $A ::= r$ in Π durch Ersetzen mancher B in r durch C mit $(B, C) \in M$ entstehen, vereinigt mit den Produktionen $A ::= a$ für alle $(A, A_a) \in M$.

4. Schritt: (Chomsky-Normalform) Wir müssen lediglich noch alle Produktionen $A ::= B_1 \dots B_n$ mit $n > 2$ ersetzen. Dazu führen wir die Regeln $A ::= B_1 H_1$, $H_1 ::= B_2 H_2, \dots, H_{n-3} ::= B_{n-2} H_{n-2}$, $H_{n-2} ::= B_{n-1} B_n$ mit neuen Nichtterminalsymbolen $H_1, \dots, H_{n-2}$ ein.

□

Ist jetzt eine beliebige kontextfreie Grammatik G gegeben, dann kann man zunächst testen, ob ϵ in $L(G)$ ist, indem man $Z \in M$ für die im zweiten Schritt konstruierte Menge M testet. Führt man die im vorigen Beweis angegebenen Operationen durch, dann erhält man eine Grammatik G' in Chomsky-Normalform, so daß $(N \cup \{Z'\}, T, \Pi \cup \{Z' ::= Z, Z' ::= \epsilon\}, Z')$ im Fall $\epsilon \in L(G)$ eine zu G äquivalente Grammatik ist.

Der folgende Satz ist ein Analogon zum Pumping-Lemma für kontextfreie Sprachen:

Satz 6.3.14 (uvwxy-Theorem) *Zu jeder kontextfreien Grammatik G kann man ein $n \in \mathbb{N}$ konstruieren, so daß für jedes Wort $z \in L(G)$ mit $|z| \geq n$ gilt: Es gibt eine Zerlegung von z in uvwxy mit $0 < |vx|$ und $|vwx| \leq n$ und für jedes $i \in \mathbb{N}$ ist auch $uv^i wx^i y \in L(G)$.*

Beweis: Im Fall $\epsilon \in L(G)$ betrachten wir nur die Sprache $L(G) \setminus \{\epsilon\}$. Wir nehmen an, daß G in Chomsky-Normalform ist. Es sei $n = 2^{|N|} + 1$, x ein Wort aus $L(G)$ mit $|x| \geq n$ und S ein Strukturbaum für x. Da jeder Knoten in S genau zwei bzw. auf der untersten Ebene genau einen Nachfolger besitzt, gibt es einen Pfad der Länge $> |N| + 1$ in diesem Baum. Auf diesem Pfad liegen notwendig zwei unterschiedliche Knoten, die dieselben Nichtterminalsymbole bezeichnen. Wir wählen zwei solche Knoten q_1 und q_2 aus, so daß der Weg von q_1 über q_2 zu den Blättern maximal die Länge $|N| + 2$ hat. Das Wort u wird gebildet aus allen Buchstaben in S, die links vom unter q_1 liegenden Teilbaum stehen, y aus den Buchstaben in S rechts vom unterhalb q_1 liegenden Teilbaum, v aus den Buchstaben im Teilbaum unterhalb q_1 links vom Teilbaum unterhalb q_2, x aus den Buchstaben unterhalb q_1 rechts von q_2 und w aus den Buchstaben im Teilbaum unterhalb q_2.

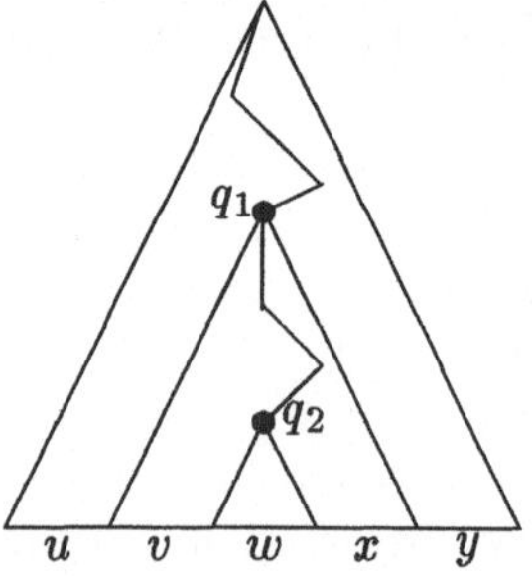

Eine Ableitung des Wortes uwy erhält man durch Ersetzen des Teilbaums unter q_1 durch den Teilbaum unter q_2:

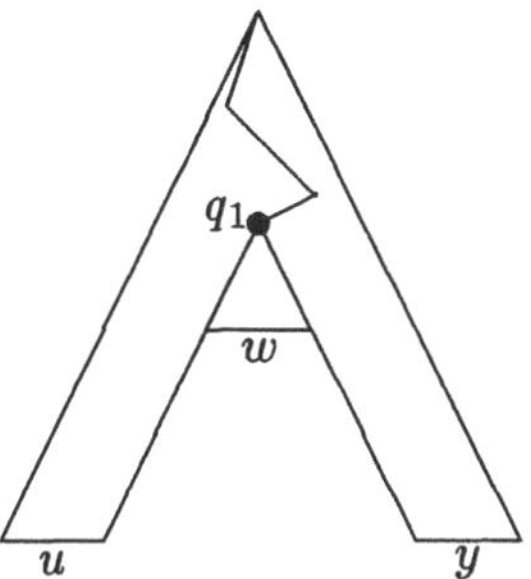

Eine Ableitung von uv^iwx^iy für $i \geq 2$ bekommt man, indem man den Teilbaum unter q_2 entsprechend häufig durch den Teilbaum unter q_1 ersetzt:

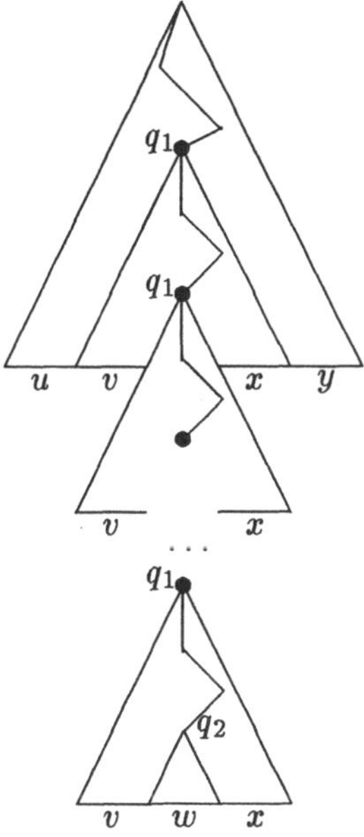

□

Beispiel: $\{a^nb^nc^n : n \in \mathbb{N}\}$ ist nicht kontextfrei, denn sonst müßte man für hinreichend großes n das Wort $a^nb^nc^n$ in $uvwxy$ gemäß vorigem Satz zerlegen können. v bzw. x kann nicht mehr als einen verschiedenen Buchstaben enthalten, da sonst beim Aufpumpen von v bzw. x Kreuzungen von a und b bzw. b und c entstünden. Enthalten v und w jeweils nur maximal einen verschiedenen Buchstaben, dann können maximal zwei Buchstaben aufgepumpt werden, vom dritten gibt es also zuwenig.

Da die Sprache $\{a^nb^nc^m : n, m \in \mathbb{N}\}$ kontextfrei ist, folgt

Lemma 6.3.15 *Die kontextfreien Sprachen sind nicht abgeschlossen gegenüber Durchschnitt und Komplement.*

Wir wollen noch einige Entscheidbarkeitsaussagen herleiten.

Lemma 6.3.16 *Für eine kontextfreie Sprache ist entscheidbar,*
ob ein gegebenes Wort in ihr enthalten ist,
ob sie leer ist,
ob sie unendlich viele Elemente enthält.

Beweis: Bei einem gegebenen Wort $x \neq \epsilon$ und einer kontextfreien Grammatik in Chomsky-Normalform braucht man lediglich zu testen, ob x in höchstens $2|x| + 1$ Schritten ableitbar ist.

Eine kontextfreie Sprache ist leer, falls sie kein Wort der Länge $< n$ mit n aus dem uvwxy-Theorem enthält. Das ist entscheidbar.

Eine kontextfreie Sprache enthält unendlich viele Elemente, falls sie ein Wort x der Länge $\geq n$ und $< 2n$ mit n wie eben enthält. Dieses folgt, da x durch Aufpumpen beliebig viele Elemente erzeugt, andererseits aber x durch Abpumpen auf entsprechend kurze Länge gebracht werden kann.

□

Wir haben gesehen, daß $x \in L(G)$ entscheidbar ist, allerdings hat obiges Entscheidungsverfahren selbst bei einer Grammatik in Chomsky-Normalform exponentiellen Aufwand. Es gibt wesentlich effektivere Entscheidungsverfahren.

Satz 6.3.17 (Cocke-Kasami-Younger) *Sei G eine Grammatik in Chomsky-Normalform. Dann gibt es einen Algorithmus, der für ein Wort der Länge n testet, ob es in $L(G)$ liegt, und dessen Laufzeit von der Größenordnung n^3 ist.*

Beweis: Sei $w = w_1 \dots w_n$ und $L_{ij} = \{A \in N : A \vdash w_i \dots w_j\}$. Es ist offensichtlich $w \in L(G) \iff Z \in L_{1n}$. Wir berechnen induktiv mit wachsendem $j - i$ die Menge L_{ij}:
Für $j - i = 0$ ist $L_{ij} = \{A : A ::= w_i \in \Pi\}$. Ist $j - i > 0$, kann man die Menge L_{ij} als diejenigen Nichtterminalsymbole A bestimmen, für die es eine Regel $A ::= BC$ in Π und ein $i < k \leq j$ gibt, so daß B in L_{ik-1} und C in L_{kj} liegen.

In jedem Schritt müssen maximal $2n$ Mengen betrachtet werden und es gibt weniger als n^2 Mengen L_{ij}, daher kann die Laufzeit dieses Algorithmus durch $c \cdot n^3$ mit einer von der Grammatik abhängigen Konstanten c nach oben beschränkt werden.

□

Bei einer kontextfreien Grammatik, deren LR-Automat deterministisch mit

Vorausschau 1 arbeitet, ist der Aufwand sogar linear, wenn man eine geeignete Normalform der Grammatik zugrundelegt.
Als Anwendung des Postschen Korrespondenzproblems zeigen wir:

Satz 6.3.18 *Sind G_1 und G_2 kontextfreie Grammatiken, dann ist es unentscheidbar, ob die zugehörigen Sprachen disjunkt sind.*

Beweis: Wir reduzieren das Postsche Korrespondenzproblem auf die Frage, ob zwei kontextfreie Grammatiken nichtleeren Schnitt haben. Sei eine Eingabe $(x_1 \sim y_1, \ldots, x_k \sim y_k)$ an PCP über einem Alphabet Σ gegeben. Für $i = 1, 2$ definieren wir

$$G_i = (\{Z\}, \Sigma \cup \{a_1, \ldots, a_k\}, \Pi_i, Z)$$

mit $\Pi_1 = \{Z ::= a_1x_1, \ldots, Z ::= a_kx_k, Z ::= a_1Zx_1, \ldots, Z ::= a_kZx_k\}$ und $\Pi_2 = \{Z ::= a_1y_1, \ldots, Z ::= a_ky_k, Z ::= a_1Zy_1, \ldots, Z ::= a_kZy_k\}$.

Sei $x_{i_1} \ldots x_{i_n} = y_{i_1} \ldots y_{i_n}$. Es ist

$$Z \vdash_{G_1} a_{i_n} \ldots a_{i_1} x_{i_1} \ldots x_{i_n}$$

und

$$Z \vdash_{G_2} a_{i_n} \ldots a_{i_1} y_{i_1} \ldots y_{i_n}$$

Da die Wortteile mit x bzw. y nach Voraussetzung gleich sind, gilt also $L(G_1) \cap L(G_2) \neq \emptyset$.

Sei umgekehrt $L(G_1) \cap L(G_2) \neq \emptyset$. Da alle in G_1 ableitbaren Wörter die Form $a_{i_n} \ldots a_{i_1} x_{i_1} \ldots x_{i_n}$ und alle in G_2 ableitbaren Wörter die Form $a_{j_m} \ldots a_{j_1} y_{j_1} \ldots y_{j_m}$ haben, folgt notwendig $n = m$, $i_l = j_l$ für alle l und $x_{i_1} \ldots x_{i_n} = y_{i_1} \ldots y_{i_n}$.

□

Aufgaben:

1. Ist $\{0^p \ : \ p \text{ ist eine Primzahl}\}$ kontextfrei?

2. Ist $\{a^n b^{n^2} \ : \ n \in \mathbb{N}\}$ kontextfrei?

3. Eine Sprache L hat die Präfixeigenschaft, falls kein Element aus L echtes Anfangswort eines anderen Elementes aus L ist. Zeigen Sie, daß eine deterministische kontextfreie Sprache die Präfixeigenschaft hat. (Etwa die Sprache der WHILE-Programme hat sie nicht, kann also nicht deterministisch durch einen Kellerautomaten akzeptiert werden.)

4. Geben Sie zur Grammatik der WHILE-Programme den LL- und LR-Automaten an. Mit welcher Vorausschau arbeiten diese deterministisch und wie sieht eine Parse-Tabelle dann aus?

5. Zeigen Sie, daß der LL- bzw. LR-Automat zur Grammatik

$$(\{R, F, I, F, z\}, \{0,1,2,3,4,5,6,7,8,9,.,*_i,*_f\}, \Pi, R)$$

mit den Produktionen

$$R ::= I *_i I, R ::= F *_f F, I ::= z, I ::= Iz, F ::= z, F ::= Fz,$$
$$z ::= 0, \ldots, z ::= 9$$

in Π nicht mit endlicher Vorausschau arbeitet.

6.4 Chomsky-1: Kontextsensitive Sprachen

Definition 6.4.1 *Eine Grammatik $G = (N, T, \Pi, Z)$ heißt* **kontextsensitiv**, *falls Π nur Produktionen der Form $xAy ::= xry$ mit $x, y, r \in (N \cup T)^*$, $A \in N$ und $r \neq \epsilon$ und evtl. noch $Z ::= \epsilon$, aber dann keine Produktion, auf der Z auf der rechten Seite vorkommt, enthält. Eine von einer kontextsensitiven Grammatik akzeptierte Sprache heißt* **kontextsensitive** *oder* **Typ-1-Sprache**.

Die Zusatzbedingungen, falls $Z ::= \epsilon$ in Π vorkommt, d.h. $\epsilon \in L(G)$ ist, dienen dazu, sicherzustellen, daß Wörter bei einer Ableitung höchstens länger werden können.

Beispiel:

- Jede kontextfreie Sprache ist auch kontextsensitiv. Dazu muß man statt der ursprünglichen kontextfreien Sprache evtl. die Normalform ϵ-frei (vgl. uvwxy-Theorem) betrachten.

- Die Sprache $\{a^n b^n c^n \ : \ n \in \mathbb{N}\}$ ist kontextsensitiv, denn sie wird von der Grammatik $(\{Z, A, B, H, C\}, \{a, b, c\}, \Pi, Z)$ mit Produktionen $\Pi = \{Z ::= \epsilon, Z ::= Ac, A ::= ab, A ::= aACB, CB ::= CH, CH ::= BH, BH ::= BC, B ::= b, Cc ::= cc\}$ erzeugt. Insbesondere sind die kontextsensitiven Sprachen eine echte Obermenge der kontextfreien Sprachen.

Lemma 6.4.2 *Sind L und G kontextsensitiv, dann auch L^*, $L \cup G$ und LG.*

Beweis: Übung

Lemma 6.4.3 *Für ein Wort x und eine kontextsensitive Grammatik G ist es entscheidbar, ob $x \in L(G)$ ist.*

Beweis: Es ist $\epsilon \in L(G) \iff Z ::= \epsilon \in \Pi$. Ist $x \neq \epsilon$ gegeben, dann braucht man lediglich Ableitungen $Z \vdash^1 x_1 \vdash^1 x_2 \vdash^1 \ldots$ mit Zwischenwörtern x_i der Länge $\leq x$ zu betrachten, da die Wörter beim Ableiten höchstens länger werden. Es reicht ferner, diese Ableitungen nur bis zu einer Länge $(|N|+|T|+1)^{|x|}+1$ zu durchsuchen, da ansonsten die Ableitung zwei identische Wörter $x_i = x_j$ mit $i \neq j$ enthält. Solche Schleifen können aber in einer terminierenden Ableitung eliminiert werden, unendliche Rechnungen interessieren nicht. □

Die Sprachklasse der kontextsensitiven Sprachen ist tatsächlich schon bekannt, denn es gilt:

Satz 6.4.4 *Die kontextsensitiven Sprachen sind genau diejenigen aus der Sprachklasse* NSpace(n).

Beweis: Sei G eine kontextsensitive Grammatik. Eine nichtdeterministische, linear platzbeschränkte Turingmaschine M, die genau die Wörter aus $L(G)$ akzeptiert, arbeitet folgendermaßen: $\epsilon \in L(G)$ kann anhand der Grammatik sofort entschieden werden. Gegeben sei ein $x \neq \epsilon$ aus T^*; M markiert auf dem Band einen Abschnitt der Länge $|x|$, schreibt dort das Startsymbol der Grammatik auf und verwandelt dann solange geratene linke Seiten einer Produktion $l ::= r$ in G auf diesem Bandabschnitt in rechte Seiten um, bis entweder ein mit x übereinstimmendes Wort erzeugt wurde, oder ein Wort der Länge $> |x|$ entstünde. Im letzteren Fall wird x nicht akzeptiert. Es ist klar, daß diese Vorgehensweise in jedem Schritt evtl. Verschiebeoperationen verlangt, um einen linearen Platzbedarf zu garantieren, und die Turingmaschine ohne Erfolg terminiert, falls ein Teilabschnitt geraten wurde, der keiner linken Seite einer Produktion entspricht.

Sei umgekehrt eine linear platzbeschränkte Turingmaschine M gegeben. Wir nehmen o.B.d.A. an, daß M bei Eingaben der Länge n tatsächlich nur den Platz n benötigt. Eine kontextsensitive Grammatik, die $L(T)\backslash\{\epsilon\}$ erzeugt, (ϵ kann bei Bedarf in offensichtlicher Weise zu $L(G)$ hinzugefügt werden,) hat folgende Form: Die Nichtterminalsymbole sind $\{Z\} \cup ((\Gamma \cup Q \times \Gamma) \times \Sigma)$. Nach Start in Z ist es mit Hilfe von G zunächst möglich, beliebig lange Wörter aus Σ^* zu erzeugen:

$$Z ::= Z(a, a) \text{ für alle } a \in \Sigma.$$

Dann wird auf den jeweils ersten Zeichen dieser Tupel die ursprüngliche Turingmaschine simuliert und im Falle eines akzeptierenden Zustands aus den zweiten Komponenten der Tupel das Wort dann auch als Element aus Σ^* erzeugt:

$$\begin{array}{lcll}
Z & ::= & (q_0 a, a), & \\
(qa, b) & ::= & (q'a', b) & \text{falls } (q', a', S) \in \delta(q, a), \\
(qa, b)(a_1, c) & ::= & (a', b)(qa_1, c) & \text{falls } (q', a', R) \in \delta(q, a), \\
(a_1, b)(qa, c) & ::= & (qa_1, b)(a', c) & \text{falls } (q', a', L) \in \delta(q, a), \\
(qa, b) & ::= & b & \text{falls } q \text{ akzeptierender Zustand ist,} \\
(a, b) & ::= & b. &
\end{array}$$

Dieses wird zu einer kontextsensitive Grammatik umgeformt, indem Regeln der Form $AB ::= CD$ durch $AB ::= AH$, $AH ::= CH$ und $CH ::= CD$ mit einem neuen Nichtterminalsymbol H ersetzt werden.

□

Wir nehmen dieses Ergebnis als Anlaß zur Definition:

Definition 6.4.5 *Eine Sprache in der Klasse* Dspace(n) *heißt* **deterministische Chomsky-1-Sprache**.

Entsprechend nennen wir die üblichen kontextsensitiven Sprachen auch nichtdeterministische Chomsky-1-Sprachen.

Die deterministischen Chomsky-1-Sprachen sind in den nichtdeterministischen enthalten. Es ist aber noch ein ungelöstes Problem, ob diese Inklusion echt ist.

Aufgaben:

1. Eine Grammatik $G = (N, T, \Pi, Z)$ heißt **erweiternd**, falls Π nur Produktionen der Form $l ::= r$ mit $l \neq \epsilon$ und $|r| \geq |l|$ enthält. Zeigen Sie, daß es zu jeder erweiternden Grammatik eine äquivalente kontextsensitive Grammatik gibt.

2. Es ist auch möglich, kontextsensitive Sprachen mit Hilfe eines sogenannten linear beschränkten Automaten zu definieren:
   Ein **linear beschränkter Automat** ist ein Tupel
   $$A = (Q, N, T, \Pi, i, F)$$
   mit paarweise disjunkten Alphabeten Q (Zustände), N (Hilfssymbole) und T (Eingabezeichen), einem Startzustend $i \in Q$, einer Finalmenge $F \subseteq Q$ und einem Wortersetzungssystem Π mit Produktionen der Form
   $$\begin{array}{ll} qa ::= q'a' & q, q' \in Q, a, a' \in N \cup T, \\ qa ::= aq' & q, q' \in Q, a \in N \cup T, \\ bqa ::= q'ba & q, q' \in Q, a, b \in N \cup T, \text{ en bloc.} \end{array}$$
   ‚En bloc' bedeutet dabei, daß, falls Π die Regel $bqa ::= q'ba$ enthält, die Regel für alle $b \in N \cup T$ in Π ist, aber dann keine der Form $qa ::= q'a'$ oder $qa ::= aq'$. Ableitbarkeit $\vdash_A$ bedeutet Ableitbarkeit in Π. Die von einem linear beschränkten Automaten akzeptierte Sprache ist die Menge
   $$\{y \in T^* \; : \; \exists f \in F \, \exists x \in (N \cup T)^* \; iy \vdash_A xf\}.$$
   Es gilt: Die von einem linear beschränkten Automaten akzeptierten Sprachen sind genau die kontextsensitiven Sprachen.

6.5 Chomsky-0: Allgemeine Grammatiken

Die allgemeinste Stufe der Chomsky-Hierarchie schließlich bildet die Klasse der Chomsky-0-Sprachen.

Definition 6.5.1 *Die* **Chomsky-0-Sprachen** *sind diejenigen Sprachen, die durch eine (beliebige) Grammatik erzeugt werden.*

Auch diese Begriffsbildung führt auf eine uns schon bekannte Sprachklasse. Es gilt nämlich:

Satz 6.5.2 *Die Chomsky-0-Sprachen sind genau die rekursiv aufzählbaren Sprachen.*

Beweis: Wir müssen lediglich zeigen, daß die durch eine Grammatik erzeugten Sprachen genau diejenigen sind, die von einer Turingmaschine akzeptiert werden. Da die Sprachklasse der von einer nichtdeterministischen Turingmaschine akzeptierten Sprachen mit der Klasse der von einer deterministischen Turingmaschine akzeptierten Sprachen übereinstimmt, können wir beide Arten von Turingmaschinen verwenden.

Sei also eine deterministische Turingmaschine gegeben. Wir haben bereits gesehen, daß man die Funktionsweise einer Turingmaschine durch ein Wortersetzungssystem beschreiben kann. Dieses liefert in natürlicher Weise eine die durch die Turingmaschine akzeptierte Sprache erzeugende Grammatik. (Übung)

Sei umgekehrt eine Grammatik G gegeben. Eine $L(G)$ akzeptierende indeterministische Turingmaschine T hat etwa folgende Funktionsweise: Bei Eingabe eines Wortes x versucht T auf einem markierten Bandabschnitt, ausgehend vom Startsymbol in nichtdeterministischer Weise linke Seiten von Produktionen der Grammatik auszusuchen und durch rechte Seiten zu ersetzen. Dabei ist nach Bedarf Platz zu schaffen, indem der Abschnitt geeignet verschoben und die Randmarkierungen erweitert werden. Stimmt das erzeugte Wort mit x überein, akzeptiert T.

□

Insbesondere ist also die Klasse der Chomsky-0-Sprachen eine echte Obermenge der kontextsensitiven Sprachen, da letztere eine Teilmenge der entscheidbaren Sprachen bilden.

Wir können weiterhin die Teilklasse der deterministischen bzw. der indeterministischen Chomsky-0-Sprachen als die durch eine deterministische bzw. indeterministische Turingmaschine akzeptierten Sprachen definieren. Da jede indeterministische Turingmaschine durch eine deterministische Turingmaschine simuliert werden kann, fallen auf der 0-ten Stufe der Chomsky-Hierarchie diese beiden Klassen also wieder zusammen.

Kapitel 7

Lösungen und Hinweise zu den Aufgaben

Der Leser möge die folgenden Lösungsskizzen nicht vorschnell zu Rate ziehen. Allemal am besten ist es, die Übungsaufgaben vollständig selbständig gelöst zu haben. Danach können die folgenden Hinweise als Nachkontrolle dienen. Lediglich im Falle völliger Verzweiflung sollen die Hinweise eine gewisse Hilfestellung bieten.

Zu Aufgaben, die sich in einfacher Weise auf der Basis von Definitionen lösen lassen, haben wir allerdings auf Hinweise verzichtet. Ebenso sind die verschiedenen Aufgaben im laufenden Text nicht ausgeführt, da sich solche jeweils aus ihrem lokalen Kontext heraus leicht lösen lassen.

Aufgaben in Kapitel 2

2.1.2 Bei (1) zeigt man durch Induktion nach x, daß $A(x,y) > y$ für alle y gilt. Im Induktionsschritt kann man dann unter der Annahme dieser Aussage für ein festes x die Aussage für $x+1$ durch Induktion nach y beweisen.

Als Beispiel geben wir weiter den Induktionsschritt in (4) an: Die Annahme ist, daß für ein festes y die Aussage $A(x+2),y) > A(x,2y)$ gilt. Dieses erhält man aus der Kette

$$\begin{aligned} A(x+2,y+1) = A(x+1,A(x+2,y) &\overset{(2)+(IV)}{>} A(x+1,A(x,2y)) \\ &\overset{(1)+(2)}{\geq} A(x+1,2y+1) \\ &\overset{(3)}{\geq} A(x,2(y+1)) \end{aligned}$$

2.1.3 Die Aussage läßt sich durch eine Induktion über die Wortlänge von u leicht zeigen.

2.1.4 Die Menge der ableitbaren Wörter in diesem Wortersetzungssystem ist

$$\{(ui)^n Z \ : \ n \in \mathbb{N}\} \cup \{(ui)^n \ : \ n \in \mathbb{N}\}.$$

Daß jedes Wort obiger Form ableitbar ist, kann man durch Induktion nach n zeigen. Daß umgekehrt jedes ableitbare Wort diese Form hat, zeigt man durch Induktion über die Länge einer Ableitung.

Aufgaben in Kapitel 3

3.1.2 Man benötigt etwa Funktionen, um ein Element in ein Array schreiben und aus einem Array lesen zu können, den Index eines Arrayfelds erzeugen zu können ...

3.1.3 Man kann die Algebra $\mathcal{N}at$ geeignet erweitern:
Es wird lediglich noch eine Predecessor-Funktion benötigt, um auch negative Zahlen erzeugen zu können.

3.2.1 Die Aussage, daß kein Term t_1 echtes Präfix eines anderen Terms t_2 sein kann, läßt sich leicht durch Induktion über die Länge von t_1 mithilfe der Aufgabe 2.2.3. zeigen. Daraus ergibt sich unmittelbar die Eindeutigkeit der Termsyntax. Diese ist auch bei Weglassen von Klammern und Kommata gegeben, da wir Funktionssymbole verschiedener Stelligkeiten verschieden benennen und für Variablen und Funktionsbezeichner verschiedene Buchstaben benutzen. Der Beweis überträgt sich auf diesen Fall dann unmittelbar.

3.2.2 Auch hier zeigt man zunächst durch Induktion über die Länge einer Formel φ, daß φ kein echtes Präfix einer anderen Formel ψ sein kann. Ohne Klammern ist die Formelsyntax nicht eindeutig. Man betrachte zum Beispiel eine Formel der Form $\varphi \wedge \psi \vee \chi$.

3.2.3 Für die Hilfsaussage ist nur die eine Richtung, nämlich $X\sigma = X\rho$ für alle Variablen $X \Rightarrow \sigma = \rho$, zu zeigen. Ist $X_i/t_i \in \sigma$, dann ist notwendig $X_i \neq t_i$ und wegen $t_i = X_i\sigma = X_i\rho$ das Paar X_i/t_i auch in ρ. Man erhält $\sigma \subset \rho$. Analog folgt die andere Inklusion.

Für die Aufgabe wählt man im Fall $\sigma = \{X_i/t_i \ : \ i = 1 \ldots n\}$ und $\rho = \{Y_j/s_j \ : \ j = 1 \ldots m\}$ die Substitution $\sigma \circ \rho$ als

$$\{X_i/t_i\rho \ : \ X_i \neq t_i\rho\} \cup \{Y_j/s_j \ : \ Y_j \notin \{X_1 \ldots X_n\}\}$$

Aus $X(\sigma \circ \rho) = (X\sigma)\rho$ für alle Variablen X folgt die geforderte Eigenschaft, die Eindeutigkeit dieser Substitution ist mit der Hilfsaussage klar. Die Assoziativität von $\circ$ zeigt man ebenfalls, indem man sie auf allen Variablen testet.

3.2.4 Es gilt $\sigma \circ \sigma = \sigma$ genau dann, wenn kein Term t_i eine Variable aus $\{X_1, \ldots, X_n\}$ enthält. Unter dieser Voraussetzung kann die Gleichung mithilfe der Hilfsbehauptung aus der vorigen Aufgabe leicht gezeigt werden.

3.2.5 Das Induktionsprinzip für eine Formel φ etwa wird durch die Formel

$$(([\varphi]\{X/0\} \wedge \forall X\, (\varphi \to [\varphi]\{X/\mathrm{succ}(X)\})) \to \forall X\, \varphi)$$

formalisiert.

3.2.6 Die folgende Formel drückt aus, daß alle Teiler von X gerade sind, d.h. X eine Zweierpotenz ist:

$$\forall Y\, (\exists Z\, Z * Y = X \to \exists Z\, \mathrm{succ}(\mathrm{succ}(0)) * Z = Y).$$

3.2.7 Wir sprechen das i-te Element in einem Feld A mit $A[i]$ an. Für die Indizes und die Arrayelemente steht die Algebra *Nat* zur Verfügung. Dann ist A genau dann aufsteigend sortiert, wenn die Formel gilt:

$$\forall I\, \forall J\, (I < J \to A[I] \leq A[J])$$

3.2.9 Diese Aufgabe beweist man durch Induktion über den Aufbau einer Formel. Man benötigt dabei im Induktionsanfang eine analoge Aussage für Terme.

3.2.10 Man definiert zu φ die Formel $(\varphi)^*$ rekursiv über den Aufbau:

- $(\varphi \to \psi)^*$ als $\neg(\varphi^* \wedge \neg\psi^*)$,
- $(\varphi \vee \psi)^*$ als $\neg(\neg\varphi^* \wedge \neg\psi^*)$,
- $(\varphi \leftrightarrow \psi)^*$ als $(\neg(\varphi^* \wedge \neg\psi^*) \wedge \neg(\neg\varphi^* \wedge \psi^*))$,

bei den übrigen booleschen und aussagenlogischen Formeln wird der Stern über den jeweiligen Operator durchgereicht, bei atomaren Formeln und Gleichungen stimmt $(\varphi)^*$ mit φ überein.
Die Äquivalenz von $(\varphi)^*$ mit φ wird durch Induktion über den Aufbau von φ gezeigt.

3.2.11 Auch diese Aussage läßt sich leicht durch Induktion beweisen. Die Induktion kann etwa über die Anzahl der logischen Zeichen in φ minus die Anzahl der logischen Zeichen der Teilformel in φ geführt werden.

3.3.1 Man untersucht zunächst, inwieweit ein nichtleeres Programm α echtes Präfix eines Programmes β sein kann: Das ist genau dann der Fall, wenn es ein (nichtleeres) Programm γ mit der Eigenschaft $\beta = \alpha\gamma$ gibt. Bei einer Induktion etwa über die Länge von α zerlegt man α und β in Anweisungen $A_1 \ldots A_n$ bzw. $B_1 \ldots B_m$. Es muß dann A_1 Präfix von B_1 sein oder umgekehrt. Es folgt sofort, daß die beiden Anweisungen vom selben Typ sein müssen. Betrachtet man weiter sukzessive die Teilstücke, die aufgrund von Schlüsselwörtern wie WHILE, ELSE, ..., wegen der Term- oder Formeleindeutigkeit oder aufgrund der Induktionsvoraussetzung notwendig übereinstimmen müssen, erhält man sogar die Gleichheit von A_1 und B_1. Mit der Induktionsvoraussetzung folgt die Hilfsbehauptung, aus der man wiederum die eigentliche Aussage leicht folgern kann.

3.3.2 Dieses folgt mit einer Induktion über den Aufbau von α unmittelbar aus der Definition der denotationalen Programmsemantik.

3.3.3 Diese Aussage ist das Pendant zur vorigen Übungsaufgabe in der Interpretersemantik und folgte also aus der Äquivalenz der beiden Semantiken. Nur haben wir diese Aussage für den Äquivalenzbeweis leider schon benutzt: Daher muß man die Aufgabe etwa durch Induktion über t mithilfe der Definition der Interpretersemantik zeigen.

3.3.4 Auch dieses folgt durch Induktion über t.

3.3.5 Wir definieren: $z[\![$ REPEAT α UNTIL $B;]\!]_A z' \iff$ Es gibt ein $n \geq 0$ und Zustände $z_0, \ldots, z_n$, so daß gilt:

- $z[\![\alpha]\!]_A z_0$
- $z_i[\![\alpha]\!]_A z_{i+1}$ und $\mathrm{val}_{A,z_i}(B) = F$ für $i = 0 \ldots n-1$
- $\mathrm{val}_{A,z_n}(B) = W$ und $z_n = z'$.

Bei einer Definition mithilfe der Interpreterfunktion befindet man sich vor der Schwierigkeit zu modellieren, daß erst nach Abarbeiten von α der Test, ob B gilt, durchgeführt wird. Man benötigt andere Konstrukte der WHILE-Programme, etwa eine IF-Abfrage:
$I_A($ REPEAT α UNTIL $B; \beta, z) =$
$I_A(\alpha$ IF $\neg B$ REPEAT α UNTIL B ELSE ϵ END;$\beta, z)$.

Wir möchten anmerken, daß die Eindeutigkeit der Programmsyntax bei Hinzunahme der REPEAT-Anweisung erhalten bleibt; man benötigt kein abschließendes END, da die abschließende Formel das Ende der REPEAT-Anweisung eindeutig festlegt.

3.3.6 Die beiden WHILE-Programme sind äquivalent, falls für alle Algebren A und Zustände z gilt: $A \models_z B$ oder $z[\![\beta]\!]_A z$.

3.4.2 Die Startzusicherung ist etwa $\{A = B\}$. Als Schleifeninvariante der äußeren WHILE-Schleife können wir etwa die Zusicherung $\{A$ ist eine Permutation von B, A ist bis zum Index I sortiert, die Elemente $A[0] \ldots A[I-1]$ sind kleiner oder gleich den Elementen $A[I] \ldots A[N]$, $I \leq N\}$ verwenden, als Invariante der inneren Schleife die Zusicherung

$\{I \leq J \leq N$, $A[J]$ ist das Minimum der Zahlen $A[I] \ldots A[J]\}$ vereinigt mit der Zusicherung der äußeren Schleife. Als Endzusicherung erhält man dann die Aussage $\{A$ ist eine sortierte Permutation von $B\}$.

Es meint ‚sortiert' in diesem Kontext immer ‚aufsteigend sortiert'. Die umgangssprachlich angegebenen Formeln können in *Nat* exakt formuliert und die Zusicherungen entsprechend dem Hoareschen Kalkül getestet werden.

3.4.3 Ein korrekt kommentiertes Programm hat z.B. die Form:

$$\begin{array}{l}
\{\text{ true }\} \\
Z := A[N]; I := N; \\
\{Z = \sum_{i=I}^{N} A[i]X^{i-I}\} \\
\text{WHILE } I > 0 \text{ DO} \\
\quad \{I > 0, Z = \sum_{i=I}^{N} A[i]X^{i-I}\} \\
\quad Z := A[I-1] + X * Z; I := I - 1; \\
\quad \{Z = \sum_{i=I}^{N} A[i]X^{i-I}\} \\
\text{END}; \{\neg I > 0, Z = \sum_{i=I}^{N} A[i]X^{i-I}\} \\
\{Z = \sum_{i=0}^{N} A[i]X^{i}\}
\end{array}$$

3.4.4 Regel für REPEAT-Anweisungen:

$$\frac{\{\varphi\}\,\alpha\{\xi\} \quad \{\xi \wedge \neg B\}\,\alpha\,\{\xi\} \quad ((\xi \wedge B) \rightarrow \psi)}{\{\varphi\}\text{ REPEAT } \alpha \text{ UNTIL } B;\ \{\psi\}}$$

Regel für IF-Tests ohne ELSE-Teil:

$$\frac{\{\varphi \wedge B\}\,\alpha\,\{\psi\} \quad ((\varphi \wedge \neg B) \rightarrow \psi)}{\{\varphi\}\text{ IF } B \text{ THEN } \alpha \text{ END};\ \{\psi\}}$$

3.4.5 Eine Zählerstruktur steht in $Set_{\,Nat}$ zur Verfügung. Mit der β-Funktion können auch endliche Mengen als eine Zahl codiert werden. Es wird sich aber im nächsten Kapitel eine einfachere Möglichkeit ergeben, Zweiertupel (a, b) von natürlichen Zahlen eindeutig durch eine Zahl $\langle a, b\rangle$ zu codieren, so daß die Decodierfunktion definierbar ist. Dann können wir eine Folge von Mengen M_i einfach durch die Menge $\{\langle x, i\rangle : x \in M_i\}$ codieren.

3.4.6 Wir kürzen das Programm mit α ab. Die partielle Korrektheitsaussage $\{Y = 0, X = Z\}\,\alpha\,\{X = 0, Y = Z\}$ ist gültig. Um sie im Hoareschen

Kalkül abzuleiten, benötigten wir eine Formel ξ mit den freien Variablen X, Y und Z, so das gilt:

$$(Y = 0 \wedge X = Z) \to \xi,$$
$$(\xi \wedge \neg X = 0) \to [\xi]\{X/X-1, Y/Y+1\},$$
$$(\xi \wedge X = 0) \to (X = 0 \wedge Y = Z).$$

Durch Induktion nach X bzw. Y kann man aber zeigen, daß diese Formel in N genau dann gilt, wenn $Z = X + Y$ ist. Das ist hier nicht definierbar, wie man in der Logik zeigen kann.

3.4.7 Es gibt nur endlich viele verschiedene Zustände, und jeder Zustand kann einfach durch eine Formel charakterisiert werden, da man jeden Wert in der Algebra durch einen variablenfreien Term ausdrücken kann. Eine die Menge $\text{spc}_{\mathbf{A}}(\varphi, \alpha)$ definierende Formel erhält man also einfach als Disjunktion der die endlich vielen Zustände in spc beschreibenden Formeln.

3.5.2 Wäre zur korrekt kommentierten Prozedur

```
PROCEDURE { true }
                (P IN X, OUT Y) {Y = X + 1}
BEGIN
        Y := X + 1;
END
```

der Aufruf CALL $P(Y, Y)$; gestattet, könnte man die nicht gültige Zusicherung $\{Y = Y + 1\}$ ableiten.

Hätte man als Vor- bzw. Nachbedingung derselben Prozedur die Zusicherungen $\{X = Z\}$ bzw. $\{Y = Z + 1\}$ verwenden dürfen, so wäre $\{X = Z\}$ CALL $P(X, Z)$; $\{Z = Z + 1\}$ ableibar.

3.5.3 Verwendet man als Prozedurumgebung etwa Prozeduren mit der Nachbedingung $\{true\}$, welche in jedem Fall korrekt kommentiert sind, dann kann man bzgl. der Prozeduren nur Tautologien ableiten.

3.5.4 Wir kommentieren die Prozedur korrekt; wir verwenden die Abkürzung

$$\text{sortiert}(A[L \ldots R]),$$

um auszudrüchen, daß A im Bereich L bis R sortiert ist.

PROCEDURE { sortiert($A[L \ldots R]$), $0 \leq L \leq R \leq N$ } $= \xi$
Bin(IN L, R, A, E, OUT F)
$\{F = \text{true} \to E \in A[L \ldots R], F = \text{false} \to E \notin A[L \ldots R]\} = \chi$

```
BEGIN
     {ξ}
     IF L = R THEN {L = R, ξ}
           IF A[L] = E THEN
                       {L = R, A[L] = E, ξ} F := true; {χ}
                       ELSE
                       {¬A[L] = E, L = R, ξ} F := false; {χ}
           END; {χ}
     ELSE {¬L = R, ξ}
           M := (L + R) DIV 2; {L ≤ M < R, ξ}
           IF A[M] ≥ E THEN
                       {A[M] ≥ E, L ≤ M < R, ξ}
                                 Bin(L, M, A, E, F); {χ}
                       ELSE {A[M] < E, L ≤ M < R, ξ}
                                 Bin(M + 1, R, A, E, F); {χ}
           END;{χ}
     END;{χ}
END
```

3.5.5 Wir erweitern die Algebra *Nat* um die Sorte Tree, welche die binären Bäume beinhaltet, die Funktionen left und right, die den linken bzw. rechten Teilbaum eines binären Baumes liefern, und die Konstante empty, die für den leeren Baum steht. Es sei Knoten(T, X) eine Formel, die ausdrückt, daß der Baum T X Knoten beinhaltet.

```
PROCEDURE {true} Baum(IN T, OUT X){Knoten(T, X)}
BEGIN
     { true }
     IF T = empty THEN {T = empty}X := 0; {Knoten(T, X)}
     ELSE {¬T = empty }
        CALL(Baum(left(T), X1));
        {Knoten(left(T), X1), ¬T = empty}
        CALL(Baum(right(T), X2));
        {Knoten(right(T), X2),Knoten(left(T), X1), ¬T = empty}
         X = X1 + X2 + 1; {Knoten(T, X)}
       END; {Knoten(T, X)}
END
```

Aufgaben in Kapitel 4

4.1.1 Das Lemma 4.1.20 besagt, daß wir auf mehrere Vorgänger zurückgreifen können.

4.1.2 Daß g primitiv rekursiv ist, folgt in diesem Fall nicht sofort daraus, daß man auf Vorgänger zurückgreifen darf, denn die Anzahl der Vorgänger ist hier variabel. Man hat aber die einfache Darstellung $g(x+1) = g(x) + g(x)^2$.

4.1.3 $h(x,y) = x^y$ ist primitiv rekursiv, also auch $f(x,y) = h(2, f(x, y-1))$ für $y > 0$.

4.1.4 f ist entweder die Nullfunktion, oder von der Form

$$f(x) = \begin{cases} 0 & \text{für } x \leq c \\ 1 & \text{für } x > c \end{cases}$$

mit einer Konstanten c, die wir nicht kennen; in jedem Fall aber ist f primitiv rekursiv.

4.1.5 Die Funktion $L(\langle n, m\rangle) = [l(n,m), l(n+1, m-1), \ldots, l(0,0)]$ (Argumente entsprechend der Cauchyschen Paarfunktion durchgezählt) ist primitiv rekursiv, denn man hat für $n = \langle x, y\rangle > 0$ die Darstellung

$$L(\langle x,y\rangle) = \begin{cases} \langle f(x,0), L(n-1)\rangle & \text{falls } y = 0 \\ \langle g(y,0), L(n-1)\rangle & \text{falls } x = 0 \\ \langle h(x-1, y-1, L(n)[n+1-\langle x, y-1\rangle], & \\ \quad L(n)[n+1-\langle x-1, y\rangle]), L(n-1)\rangle & \text{sonst} \end{cases}$$

also ist auch l primitiv rekursiv.

4.1.7 Man kann die Größe einer Nullstelle beschränken, da sie auf jeden Fall a_0 teilen muß.

4.2.1 Man testet solange Ziffernfolgen in π, bis man eine Folge des gewünschten Aussehens gefunden hat, rechnet somit, sofern es sie nicht gibt, unendlich lange.

4.2.2 Man kann Parameter, die beim Berechnen von $A(n,m)$ in den rekursiven Aufrufen der Ackermannfunktion auftreten, in einer Liste ablegen und einen Berechnungsschritt durch eine primitiv rekursive Funktion N, die auf der Liste arbeitet, simulieren (N speichert an der ersten Stelle die Länge der Liste, dann in umgekehrter Reihenfolge die Paramter, die noch berechnet werden müssen): Wir definieren $N(n)$ als

$$\begin{cases} \langle n[0]-1, \langle n[1]+1, \mathrm{rest}^3(n)\rangle\rangle & \text{falls } n[0] > 0, n[2] = 0 \\ \langle n[0], \langle 1, \langle n[2], \mathrm{rest}^3(n)\rangle\rangle\rangle & \text{falls } n[0] > 0, n[2] > 0, n[1] = 0 \\ \langle n[0]+1, \langle n[1]-1, \langle n[2], & \\ \langle n[2]-1, \mathrm{rest}^3(n)\rangle\rangle\rangle\rangle & \text{falls } n[0] > 0, n[1] > 0, n[2] > 0 \\ n & \text{sonst} \end{cases}$$

N ist primitiv rekursiv, und man erhält die Ackermannfunktion als

$$A(x,y) = N^s(\langle 1, \langle y, x\rangle\rangle)[1]$$

mit $s = \mu t. N^t(\langle 1, \langle y, x\rangle\rangle)[0] = 0$.

4.2.3 Sei f streng monoton wachsend. Dann ist n genau dann im Wertebereich von f, wenn ein $m \leq n$ existiert mit $f(m) = n$.

Bei nicht mehr streng monoton wachsendem f gilt die Aussage immer noch, denn entweder ist der Wertebereich von f endlich, oder man kommt beim sukzessiven Berechnen der Funktionswerte über jede beliebige Schranke.

4.3.1 Man hat für berechenbares f die Darstellung $f(x) = h_1(\mu y.h_2(x,y) = 0)$ mit primitiv rekursiven Funktionen h_1 und h_2. Mit Satz 4.1.8 finden wir den Graphen von h_1 bzw. h_2 definierende Formeln H_1 bzw. H_2. Eine den Graphen von f definierende Formel ist dann

$$\exists Z\,(H_1(Z,Y) \wedge H_2(X,Z,0) \wedge \forall U\,(U < Z \to \neg H_2(X,U,0)))\,.$$

4.3.2 Man betrachte die Funktion $\varphi_x(x)$. Angenommen, es gebe eine Fortsetzung zu einer totalen berechenbaren Funktion g. Dann ist auch $g(x)+1$ total und berechenbar, es gibt also einen Programmindex a mit $\varphi_a(x) = g(x)+1$; insbesondere ist auch φ_a total und man erhält $\varphi_a(a) = g(a) = \varphi_a(a) + 1$. Widerspruch.

4.5.1 Sei $\emptyset \neq S \subset \mathbb{N}$ und $x \in S$, $y \notin S$ beliebig ausgewählt. Dann kann man R auf S reduzieren mithilfe der totalen, berechenbaren Funktion

$$f(n) = \begin{cases} x & \text{falls } n \in R \\ y & \text{sonst} \end{cases}$$

4.5.2 Sei S unendlicher Definitionsbereich der berechenbaren Funktion f. Dann ist die Funktion g mit $g(0) = x$ für ein $x \in S$,

$$g(n) = \text{first}(\mu y.(f(\text{first}(y)) \leq \text{rest}(y) \wedge \text{first}(y) > g(n-1)))$$

total, berechenbar, monoton steigend und hat als Wertebereich Elemente aus S. Der Wertebereich ist also eine unendliche entscheidbare Teilmenge von S.

4.5.4 Das Komplement der Menge ist rekursiv aufzählbar, aber nach dem Satz von Rice unentscheidbar, also kann die Menge selbst nicht rekursiv aufzählbar sein.

4.5.5 Die Menge ist nach dem Satz von Rice-Shapiro nicht rekursiv aufzählbar, denn $f(x) = x$ für $x < 5$, $f(x) \uparrow$ sonst, hat eine Wertebereich mit genau 5 Elementen und ist eine endliche Restriktion der Identät. Die Identität enthält unendlich viele Elemente im Wertebereich.

4.5.6 Für $S = \mathbb{N}$ ist die Menge nicht rekursiv aufzählbar, denn die Menge der totalen Funktionen ist nach dem Satz von Rice-Shapiro nicht rekursiv aufzählbar.

4.5.7 Es ist die Relation $\Phi(x,a) \leq t_1 \wedge \Phi(y,a) \leq t_2$ entscheidbar, also die Existenzquantifizierung bzgl. t_1 und t_2 rekursiv aufzählbar. Es gibt also einen Programmindex b, so daß die beiden Programme mit Index x und y genau dann auf a terminieren, wenn $\varphi_b^{(3)}(a,x,y)$ terminiert. Mit dem s-m-n-Theorem erhält man die gewünschte Funktion f, für die $\varphi_b^{(3)}(a,x,y) = \varphi_{f(x,y)}(a)$ gilt.

4.5.8 Angenommen, es gebe so ein f. Sei a Programmindex, so daß $D_a = \{x : \varphi_x(x)\downarrow\}$ gilt. Mit dem s-m-n-Theorem hat man die Darstellung $\varphi_{g(x)}$ für $\varphi_a(x)$, und es ist der Definitionsbereich von $\varphi_{g(x)}$ entweder die leere Menge, oder $\mathbb{N}$. Das ist beides entscheidbar, also ist $f \circ g$ total und es gilt $D_{f\circ g(x)} = \neg D_{g(x)}$, insbesondere also $\varphi_x(x)\uparrow \iff \exists y\, \varphi_{f\circ g(x)}(y)\downarrow$ Widerspruch.

4.5.9 Sei a Programmindex für ein f berechnendes Programm. Man kann die Menge auch durch die Relation $\exists t \exists y\, (\Phi_a(y) \leq t \wedge x = \varphi_a(y))$ beschreiben. Diese ist rekursiv aufzählbar, aber nicht entscheidbar etwa für $f(x) = x \cdot \mathrm{sgn}(\varphi_x(x)+1)$.

4.5.10 Angenommen, so ein Programm $\alpha = \varphi_a$ existierte. Dann gäbe es nach dem Rekursionstheorem einen Index p, so daß $\varphi_p(x) = \varphi_{\varphi_a(p)}(x)$ gilt. Insbesondere wäre $\varphi_p = \varphi_{\varphi_a(p)}$.

4.5.11 Es gibt ein $c \in \mathbb{N}$ mit $x = \varphi_c(x)$ für alle x. Wir wählen ein primitiv rekursives g gemäß dem s-m-n-Theorem, so daß $\varphi_c(x) = \varphi_{g(x)}$ ist. Wir können $g(x) > x$ annehmen, denn ansonsten kann man statt den Code $g(x)$ den Code von demjenigen Programm betrachten, das mit $x+1$ Zuweisungen $V_0 := 0$; startet. Sei d so gewählt, daß $\varphi_d = g$ gilt, und ferner h primitiv rekursiv mit der Eigenschaft $\varphi_d(x) = \varphi_{h(x)}$. Nach dem Rekursionstheorem gibt es ein n mit $\varphi_{h(n)} = \varphi_n$. Wählen wir jetzt a als n und b als $g(n)$, dann sind die beiden Zahlen verschieden und es gilt $\varphi_a = \varphi_n = \varphi_{h(n)} = \varphi_d(n) = g(n) = b$ und $\varphi_b = \varphi_{g(n)} = \varphi_c(n) = n = a$.

4.5.12 Sei $x = f(x) = \varphi_a(x) = \varphi_{g(x)}$ für alle x und geeignetes a und primitiv rekursives g mit $g(x) > x$. $x_1 = g(0)$ und $x_{i+1} = g(x_i)$ erfüllen die Bedingungen.

4.5.13 $\varphi_x(\varphi_x(a))$ ist μ-rekursiv. Die Funktion werde durch das Programm mit Index b berechnet. Sei g primitiv rekursiv mit der Eigenschaft $\varphi_{g(x,a)} = \varphi_b^{(2)}(x,a)$ und $g(x,a) > a$. Seien $c \in \mathbb{N}$ und h primitiv rekursiv mit der Eigenschaft $g(x,a) = \varphi_c^{(2)}(x,a) = \varphi_{h(x)}(a)$. Nach dem Rekursionstheorem existiert ein $n \in \mathbb{N}$ mit $\varphi_n = \varphi_{h(n)}$. Wir definieren jetzt $f(x) = \varphi_n(x)$. f hat dann die Eigenschaft $\varphi_{f(x)} = f \circ f(x)$ und $f(x) > x$. Daher erfüllen $x_1 = f(0)$ und $x_{i+1} = f(x_i)$ die Bedingungen.

4.5.14 In den Fällen $a \geq c$, $b \geq c$ oder $a + b \leq c$ kann man die Frage, ob so ein n existiert, sofort entscheiden. Ansonsten haben die monoton steigenden Abbildungen $x \mapsto a^x + b^x$ und $x \mapsto c^x$ auf jeden Fall genau einen Schnittpunkt in den reellen Zahlen, denn $(a/c)^n$ und $(b/c)^n$ sind Nullfolgen, man muß also nur solange sukzessive für wachsendes $n \in \mathbb{N}$ die Gleichung testen, bis zum ersten Mal $c^n \geq a^n + b^n$ gilt.

4.6.1 Für das zum Index a gehörende GOTO-Programm mit L Labeln und n Variablen kann man die Relation $\tilde{\Phi}_a(x) \leq t$ spätestens nach $L \cdot (t+1)^n + 1$ Interpreterschritten entscheiden, da danach entweder eine Variable einen Wert größer als t angenommen hat oder sich das Programm zweimal im selben Variablenzustand und Label, d.h. in einer Endlosschleife, befunden hat.

4.6.2 Analog zur Simulation von μ-rekursiven Funktionen durch WHILE-Programme kann man induktiv über den Aufbau einer primitiv rekursiven Funktion ein sie berechnendes FOR-Programm angeben.

Umgekehrt geht man wie folgt vor: Zu einem festen FOR-Programm α, das die Variablen $V = \{V_1, \ldots, V_n\}$ benutzt, kann man induktiv über den Programmaufbau eine primitiv rekursive Funktion $f : \mathbb{N}^n \to \mathbb{N}^n$ definieren, so daß für Zustände z und z' über N und V gilt

$$z \, [\![\alpha]\!]_N \, z' \iff$$
$$f(\mathrm{val}_{N,z}(V_1), \ldots, \mathrm{val}_{N,z}(V_n)) = (\mathrm{val}_{N,z'}(V_1), \ldots, \mathrm{val}_{N,z'}(V_n)) \, .$$

Man benötigt dabei Hilfsfunktionen, die die Termauswertung bzw. Auswertung boolescher Formeln simulieren. Anweisungsfolgen kann man einfach durch Verketten der zu den einzelnen Anweisungen gehörigen Funktionen simulieren. Eine Zuweisung modelliert man durch eine geeignete primitiv rekursive Termauswertung, eine IF-Anweisung durch eine Fallunterscheidung und Formelauswertung, eine FOR-Schleife mit Hilfe einer Iteration der den Schleifenrumpf beschreibenden Funktion verknüpft mit dem Hochzählen der Schleifenvariablen.

4.6.3 Eine solche Funktion ξ kann nicht primitiv rekursiv sein, denn ansonsten wäre auch $x \mapsto \xi(x,x) + 1$ primitiv rekursiv und für einen geeigneten Index n folgte $\xi(n,n) + 1 = \xi(n,n)$. Eine totale μ-rekursive Funktion mit der gewünschten Eigenschaft existiert aber: Man kann eine Programmauswertungsfunktion φ auch für FOR-Programme definieren. Diese ist dann μ-rekursiv und zusätzlich total, da durch FOR-Programme berechnete Funktionen total sind, und erfüllt die gestellte Gleichung.

Genauer: Sämtliche Konstrukte (Interpreter, Codierung und codierter Interpreter) übertragen sich wörtlich von WHILE-Programmen, es wird nur jeweils die die WHILE-Schleife betreffende Stelle wie folgt ersetzt:

- I(FOR $V_i = 0$ TO V_j DO α END;β, z)
  $= ((\alpha\, V_i := \mathrm{succ}(V_i);)^{z(V_j)}\beta, z(V_i/0))$

- code(FOR $V_i = 0$ TO V_j DO α END;) $= [9, i, j, \text{code}(\alpha)]$
- Falls $\text{first}(p)[0] = 9$ ist $\iota(< p, z >)$ das Paar

  $< H(\text{first}(p)[1], \tau(\text{first}(p)[2], z), \text{first}(p)[3]) * \text{rest}(p)),$
  $\sigma(z, \text{first}(p)[1], 0) >$

  mit der primitiv rekursiven Hilfsfunktion $H(x, y, z)$, die dafür zuständig ist, daß der Code von α (Stelle z) gefolgt von $V_i := \text{succ}(V_i)$ (in der Stelle x abgelegt) genügend häufig (nämlich y mal) in die Programmliste geschrieben wird.

4.7.1 Sei $(a_i \sim b_i)$ ein PCP über einem einelementigen Alphabet. Es kommt offensichtlich nicht auf die Reihenfolge der einzelnen Buchstaben an, sondern nur auf die Anzahl. Man kann die Wörter genau dann so zusammensetzen, daß die Anzahl der Buchstaben der a_i gleich denen der b_i ist, falls Indizes i und j existieren, so daß $|a_i| \geq |b_i|$ und $|a_j| \leq |b_j|$ gilt. Das ist entscheidbar.

4.7.2 In einem beliebigen Alphabet kann man jeden Buchstaben unär durch eine Anzahl Nullen codieren. Versieht man jede dieser Nullfolgen vorne und hinten mit einer 1, dann kann man aus den sich ergebenden Wörtern über 0 und 1 eindeutig die ursprünglichen Buchstabenfolgen rekonstruieren.

4.8.1 Die erste Funktion ist kein Komplexitätsmaß, da $\Phi_i(n) \leq m \iff \varphi_i(n) \downarrow$ nicht entscheidbar ist.

Die zweite Funktion ist ein Komplexitätsmaß. Die Entscheidbarkeit von $\Phi_i(n) \leq t$ sieht man wie folgt: In Abhängigkeit des beschriebenen Bandplatzes können wir eine Schranke angeben, wieweit die Turingmaschine ohne Richtungsänderung nach links bzw. rechts gehen kann, ohne definitiv in eine Endlosschleife geraten zu sein. Sobald sie nämlich den schon beschriebenen Platz verlassen hat, kann sie maximal $|Q|$ (Q = Zustände der Turingmaschine) Felder in dieselbe Richtung weitergehen, ohne in eine Endlosschleife zu geraten, da alle Felder leer sind. Auf diesen $|Q|$ Feldern wiederum sind nur begrenzt viele Rechnungen ohne Richtungswechsel und Endlosschleife möglich. Induktiv kann man so die maximale Größe des beschriebenen Platzes vor der t-ten Richtungsänderung und daher eine Laufzeitschranke bei t Richtungsänderungen bestimmen.

Aufgaben in Kapitel 5

5.1.1 Haben wir Behälter der Größen $b_1, \ldots, b_n$ vorrätig, dann ist ein zugehöriges verallgemeinertes BPP mit Gegenständen vom Gewicht g_1, $\ldots$, g_m genau dann lösbar, wenn das BPP mit n Behältern der Größe $B = \max\{b_i\} + b_1 + \ldots + b_n$ und Gegenständen vom Gewicht $g_1, \ldots, g_m$, $B - b_1, \ldots, B - b_n$ lösbar ist.

Eine Reduktion der drei Varianten des verallgemeinerten BPP aufeinander erhält man sofort mit Satz 5.1.2. Statt der Anzahl Behälter betrachtet man die Größe $m -$ Anzahl der Behälter. Legt man die Zuordnung einiger Gegenstände auf die Behälter schon fest, erhält man in natürlicher Weise ein verallgemeinertes BPP mit Behältern von entsprechend geringerem Volumen.

5.1.2 Ist $N(k,g)$ der Nutzen, den man mit n Gegenständen vom Gewicht g_i und Nutzen w_i zum Gesamtgewicht g maximal erreichen kann, dann gilt die Gleichung

$$N(k,g) = \max\{N(k-1,g), N(k-1,g-g_k) + w_k\}$$

Ausgehend von $N(0,g) = N(k,0) = 0$ kann man also $N(k,g)$ mit maximal $k \cdot g$ solchen Vergleichen berechnen. Jeder Vergleich benötigt nur polynomiellen Aufwand, da man nur Zahlen, die polynomiell in n sind, addiert bzw. vergleicht.

5.1.3 Es sei eine boolesche Formel in konjunktiver Normalform mit je maximal zwei Literalen in einer Disjunktion gegeben. Seien $\{X_1, \ldots, X_n\}$ alle in dieser Formel auftretenden Variablen. k sei die Anzahl der Disjunktionen. Es werden jetzt sukzessive Variablen mit einem Wert belegt. Variablen, die sowohl negiert als auch unnegiert in einer Disjunktion auftreten, in der das andere Literal schon mit dem Wert 0 belegt ist, heißen widersprüchlich. Variablen, die in einer Disjunktion vorkommen, in der das andere Literal schon den Wert 0 hat, die aber nicht widersprüchlich sind, heißen impliziert. Variablen, die nicht in einer Disjunktion vorkommen, in der das andere Literal schon den Wert 0 hat, heißen frei.
W ist die Menge der schon endgültig festgelegten Variablen, T die Menge der zeitweilig festgelegten, da implizierten Variablen, S speichert maximal eine versuchsweise bestimmte freie Variable, q speichert die Festlegung davon. Zu allen Variablen in W, T und S wird der Wert gespeichert.

1. $W := \emptyset$, $T := \emptyset$, $S := \emptyset$, $q := 1$
2. IF $|W| = n$ melde ERFOLG
3. IF ($\exists X \notin W \cup T \cup S$, X ist widersprüchlich) GOTO 6
4. IF ($\exists X \notin W \cup T \cup S$, X impliziert)
   $T := T \cup \{X\}$, X wird mit dem induzierten Wert belegt,
   GOTO 3
5. IF ($\neg\exists X \notin W \cup T \cup S$, X widersprüchlich oder impliziert)
   $W := W \cup T \cup S$, $q := 0$, $T := \emptyset$, $S := \emptyset$,
   IF ($\exists X \notin W$, X ist frei) ($S := \{X\}$, X erhält den Wert 0)
   GOTO 2

6. IF $q = 1$ melde MISSERFOLG
ELSE ($T := \emptyset$, $X \in S$ wird auf den Wert 1 gesetzt, $q := 1$,
GOTO 3)

Dieser Algorithmus ist korrekt, da in W nur Variablen aufgenommen werden, die keine anderen mehr implizieren oder für deren Widersprüchlichkeit verantwortlich sind. Umgekehrt ist eine freie Variable, die bei keiner Belegung mit den bisherigen Wahlen konsistent ist, tatsächlich nicht schlüssig zu ergänzen, da das jeweils andere Literal in einer Disjunkton entweder getestet wird, oder diejenige Disjunktion schon wahr macht.
Der Aufwand ist polynomiell: In jedem Schritt wird maximal jede Variable und jede Disjunktion einmal betrachtet, jede Variable wird höchstens einmal in S abgespeichert, bei Aufsammeln der temporären Variablen wird jede Variable höchstens einmal betrachtet. Tatsächlich ist dieser Algorithmus sogar linear.

5.1.4 Von jeder Zahl kleiner gleich p zu testen, ob sie p teilt, ist polynomiell in p durchführbar. (Das ist aber nicht polynomiell in der Länge der Darstellung von p, das heißt $\log(p)$.)

5.2.1 Man führt Hilfszustände für jeden Zustand q und Buchstaben a mit $n(q, a) > 2$ ein, so daß δ das Tupel (q, a) sukzessive in je zwei Hilfszustände q_h^1, q_h^2, diese wiederum in q_h^{11}, q_h^{12}, q_h^{21}, q_h^{22}, usw. abbilden kann, bis man $n(q, a)$ verschiedene Möglichkeiten hat, die dann auf die ursprünglichen Möglichkeiten abgebildet werden können. Die Rechenzeit multipliziert sich maximal mit einem konstanten Faktor, da jeder Rechenschritt maximal durch eine in Abhängigkeit vom maximalen $n(q, a)$ beschränkbare Anzahl Simulationsschritte ersetzt wird.

5.2.2 Benutzt man Satz 5.2.2, benötigt man lediglich eine deterministische Turingmaschine, die sukzessive alle Wörter der Länge $\leq p(|w|)$ (Notation wie im Satz) erzeugt. Eine Simulation ruft dann nach der Konstruktion jedes solchen Wortes die deterministische Turingmaschine aus dem Satz 5.2.2 auf und stoppt, sofern eine akzeptierende Rechnung resultiert. Der Aufwand ist exponentiell in $|w|$, da es exponentiell viele Wörter der Länge $\leq p(|w|)$ gibt.

5.2.3 3-SAT* ist in NP, da dieses Problem eine spezielle Variante von 3-SAT darstellt, welches in NP ist.
3-SAT* ist NP-vollständig, da man das NP-vollständige Problem 3-SAT polynomiell auf 3-SAT* reduzieren kann, wie folgt:
Es sei eine Konjunktion $K := D_1 \wedge \ldots \wedge D_k$ von Disjunktionen D_i von je maximal drei Literalen gegeben. Es enthalte o.B.d.A. keine Disjunktion zwei gleiche Literale. $Z_1, \ldots, Z_l$ seien alle in dieser Formel auftretenden Variablen. Jede Disjunktion, die für eine Variable Z_i sowohl Z_i als auch

das Negat $\neg Z_i$ enthält, ist automatisch erfüllt; sei $\tilde{K}$ die ursprüngliche Formel K, in der alle solchen Disjunktionen gestrichen sind. Man betrachtet als $\bar{K}$ die Konjunktion von folgenden Disjunktionen:
jede Disjunktion mit 3 Literalen aus $\tilde{K}$ wird in $\bar{K}$ aufgenommen,
für jede Disjunktion D in $\tilde{K}$ mit zwei Literalen nimmt man in $\bar{K}$ die Disjunktionen $D \vee W_1$ und $D \vee \neg W_1$ auf,
für jede Disjunktion D in $\tilde{K}$ mit einem Literal nimmt man in $\bar{K}$ die Disjunktionen $D \vee W_1 \vee W_2$ und $D \vee \neg W_1 \vee W_2$ und $D \vee W_1 \vee \neg W_2$ und $D \vee \neg W_1 \vee \neg W_2$ auf,
dabei sind W_1 und W_2 zwei neue Variablen.
Es gilt jetzt: K ist erfüllbar $\Longleftrightarrow$ $\tilde{K}$ ist erfüllbar $\Longleftrightarrow$ $\bar{K}$ ist erfüllbar, denn unabhängig vom Wert für W_1 und W_2 hat in wenigstens einer der neu hinzugefügten zwei bzw. vier Formeln der W-Teil den Wert 0. Die Reduktion ist polynomiell, da sich die Menge der Variablen um maximal zwei erhöht und die Anzahl der Disjunktionen sich maximal vervierfacht.

5.2.4 Das Enthaltensein in co-NP ist klar.

Für $p > 2$ testet man, ob p eine Primzahl ist, wie folgt:

- $x \in \{2, \ldots, p-1\}$ wird geraten,
- $x^{p-1} \equiv 1 \bmod p$ wird getestet,
- eine Zerlegung $p - 1 = p_1 \cdot \ldots \cdot p_k$ wird geraten,
- für jedes p_i wird rekursiv getestet, ob es eine Primzahl ist,
- für jedes p_i wird $x^{\frac{p-1}{p_i}} \not\equiv 1 \bmod p$ getestet.

Dieser Algorithmus liefert mindestens eine akzeptierende Rechnung, wenn p eine Primzahl ist. Ferner kann man für zwei Zahlen $\leq p$ die Größen $x + y \bmod p$, $x \cdot y \bmod p$ und $x^y \bmod p$ in durch $\log p \cdot$ Konstante bzw. $\log^2 p$ bzw. $\log^3 p$ beschränkter Zeit berechnen. (Letzteres erhält man, indem man für die Größe $x^y \bmod p$ sukzessive $x^2 \bmod p$, $x^4 \bmod p$, ...berechnet.) Man kann damit induktiv über p den Aufwand dieses Algorithmus durch $\log^5 p \cdot$ Konstante abschätzen.

5.2.5 Man kann 3-SAT* leicht polynomiell auf ILP reduzieren. (Eine Disjunktion $L_1 \vee L_2 \vee L_3$ mit Literalen L_i mit Variablen X_i, X_j und X_k führt auf die Ungleichung $\delta_i X_i + \delta_j X_j + \delta_k X_k \geq K + 1$ mit $\delta_i = 1$, falls $L_i = X_i$, $\delta_i = -1$, sonst und $K = -$ Anzahl der negativen Literale in der Disjunktion, sowie die beiden Ungleichungen $X_i \geq 0$, $-X_i \geq -1$.)
Die Tatsache, daß ILP in NP ist, ist nicht offensichtlich, da eine Lösung des Gleichungssystems nicht notwendig polynomiell in der Eingabelänge beschränkt sein muß. Indem man vom Ungleichungssystem zu einem geeigneten Gleichungssystem übergeht, welches im Falle der Lösbarkeit des Ungleichungssystems eine genügend kleine Lösung hat, und mithilfe der Cramerregel läßt sich auch diese Tatsache zeigen.

5.2.6 3-SAT läßt sich auf das Stundenplanproblem reduzieren. (Die Reduktion ist allerdings nicht offensichtlich.) Wir skizzieren die Idee:
Sei ein 3-SAT-Problem gegeben. Für jede auftretende Variable X_i mit p_i Vorkommen führen wir $5 \cdot p_i$ Schulklassen $C^i_{jk}, j = 1 \ldots p, k = 1 \ldots 5$ ein. Die Schulklassen C_{1j} sind zu den Stunden h_2 und h_3 verfügbar, alle anderen zu den Stunden h_1, h_2 oder h_3. Für jede Variable betrachten wir $4 \cdot p$ Lehrer; von diesen müssen zu h_2 und h_3 verfügbare Lehrer in den Klassen C_{j1} und C_{j2} unterrichten, zu gleichen Zeiten verfügbare in den Klassen C_{j4} und C_{j5}, zu h_1 und h_2 verfügbare in den Klassen C_{j3} und C_{j4} und zu allen Zeiten verfügbare Lehrer in den Klassen C_{j4}, $C_{j+1,1}$ und $C_{j+1,3}$ (mit $p + 1 = 1$). Diese Anordnung stellt sicher, daß die Lehrer der Klassen C_{j3} und C_{j4} diese alle in derselben Reihenfolge unterrichten. Wir interpretieren diese Reihenfolge als Wahrheitswertbelegung von X_i. Schließlich fügen wir noch Lehrer zwischen den einzelnen X_i-Strukturen ein, die garantieren sollen, daß jede Disjunktion des SAT-Problems wenigstens ein erfüllendes Literal beinhaltet. Für jede Disjunktion muß ein zu allen Zeiten verfügbarer Lehrer die drei Klassen C^i_{qj} unterrichten, mit $j = 2$, falls X_i in der Disjunktion zum q-ten Mal und positiv auftaucht, und $j = 5$, falls X_i in der Disjunktion zum q-ten Mal und negativ auftaucht.

Das so konstruierte Stundenplanproblem ist genau dann lösbar, wenn das ursprüngliche 3-SAT-Problem erfüllbar ist.

5.3.1 Man muß sich lediglich überlegen, daß, falls zwei Funktionen f und g bandkonstruierbar sind, es auch die Summe und das Produkt der Funktionen ist.

Aufgaben in Kapitel 6

6.2.1 Sei n zu A nach dem Pumping-Lemma gewählt. Um die Endlichkeit von $L(A)$ zu testen, braucht man lediglich nachzuweisen, daß $L(A)$ kein Wort der Länge $\geq n$ und $\leq 2n$ enthält.

$L(A)$ ist gleich Σ^*, falls das ebenfalls reguläre Komplement von $L(A)$ leer ist. Das ist testbar.

6.2.2 Zu einem deterministischen endlichen Automaten $A = (Q, \Sigma, \Pi, q_0, F)$ wählt man als rechtslineare Grammatik, die die Sprache $L(A)$ erzeugt, das Tupel $(Q, \Sigma, \bar{\Pi}, q_0)$ mit den Produktionen

$$\begin{array}{ll} q_i ::= aq_j & \text{falls } q_i a ::= q_j \in \Pi \\ q ::= a & \text{falls } qa ::= f \in \Pi \text{ für ein } f \in F. \end{array}$$

Zu einer rechtslinearen Grammatik $G = (N, T, \Pi, Z)$ findet man den endlichen Automaten $(N \cup \{f\}, T, \bar{\Pi}, Z, \{f\})$, der die von der Grammatik erzeugte Sprache erkennt, mit den Produktionen

$$\begin{array}{ll} A_i a ::= A_j & \text{falls } A_i ::= aA_j \in \Pi \\ Aa ::= f & \text{falls } A ::= a \in \Pi \end{array}$$

6.2.3 Wäre die angegebene Sprache L regulär, dann auch $L \cap \{0^n 10^m : n, m \in \mathbb{N}\}$. Aus dem Pumping-Lemma folgt sofort, daß $\{0^n 10^n : n \in \mathbb{N}\}$ nicht regulär ist.

6.2.4 Wäre die angegebene Sprache L regulär, dann auch $L \cap \{0^n 1^m : n, m \in \mathbb{N}\}$. Das ist nicht der Fall.

6.3.1 Wäre die angegebene Sprache kontextfrei, so könnte man nach dem uvwxy-Theorem eine hinreichend große Primzahl p zerteilen in $p = p_1 + p_2 + p_3 + p_4 + p_5$, so daß für alle $n \in \mathbb{N}$ auch $p_1 + p_3 + p_5 + n \cdot (p_2 + p_4)$ eine Primzahl und $p_2 + p_4 \neq 0$ ist. Wählt man p hinreichend groß, dann kann man $p_1 + p_3 + p_5 \geq 2$ wählen. Das ergibt einen Widerspruch für $n = p_1 + p_3 + p_5$.

6.3.2 Auch diese Sprache ist nicht kontextfrei, wie man unmittelbar aus dem uvwxy-Theorem folgern kann.

6.3.3 Sei A ein deterministischer Kellerautomat und $x \neq \epsilon$ und y Wörter aus $L(A)$ mit $y = xr$. Bei einer Akzeption von y verarbeitet A wegen des Determinismus notwendig den Beginn von $q_0 y$ wie bei einer akzeptierenden Rechnung von $q_0 x$, d.h. man erhält die Rechnung

$$q_0 y \vdash \ldots \vdash fr$$

für ein $f \in F$. Dieses kann nicht weiter verarbeitet werden, da der Kellerinhalt leer ist. Es folgt $r = \epsilon$.

6.3.5 Die Grammatik ist eindeutig, es gibt für jedes Wort also maximal eine akzeptierende Rechnung des LL- bzw. LR-Akzeptors.

Hätte der LL-Akzeptor die endliche Vorausschau n, würde er das Anfangsstück von $0^{n+1} *_f 0$ genauso verarbeiten wie $0^{n+1} *_i 0$, nämlich beides zu $F\#0^n \ldots$ oder beides zu $I\#X0^n \ldots$

Analog würde der LR-Akzeptor bei endlicher Vorausschau n bei Akzeption der Wörter $0^n *_i 0$ und $0^n *_f 0$ beidesmal dieselbe produce-Produktion $Z\# ::= I *_i I\#$ oder $Z\# ::= F *_f F\#$ anwenden.

6.4.1 Sei G eine erweiternde Grammatik. Man kann G leicht so abändern, daß es nur Regeln der Form $A_1 \ldots A_n ::= B_1 \ldots B_m$ und $A ::= a$ und evtl. $Z ::= \epsilon$ enthält. (Vgl. Nomalform ϵ-frei und normierte Terminierung bei Konstruktion der Chomsky-Normalform zu einer kontextfreien Grammatik.) Dann werden noch die Regeln der Form $A_1 \ldots A_n ::= B_1 \ldots B_m$ umgewandelt in die Regeln

$$A_1 \ldots A_n ::= C_1 A_2 \ldots A_n$$
$$C_1 A_2 \ldots A_n ::= C_1 C_2 A_3 \ldots A_n$$
$$\ldots$$
$$C_1 \ldots C_{n-1} A_n ::= C_1 \ldots C_n B_{n+1} \ldots B_m$$
$$C_1 \ldots C_n B_{n+1} \ldots B_m ::= C_1 \ldots C_{n-1} B_n B_{n+1} \ldots B_m$$
$$\ldots$$
$$C_1 B_2 \ldots B_{n+1} \ldots B_m ::= B_1 \ldots B_m$$

mit neuen Nichtterminalsymbolen C_i.

6.4.2 Wir skizzieren die Idee:
Sei ein linear beschränkter Automat A gegeben. Ist $\epsilon \notin L(A)$, dann hat eine erweiternde Grammatik, die die von A akzeptierte Sprache erzeugt, etwa folgende Funktionsweise: Ausgehend vom Startsymbol wird ein Wort $\#xf$ mit einem neuen Symbol $\#$ und $x \in (N \cup T)^*$ erzeugt. Dann kann ein Wort $\#iy$, falls y von A akzeptiert wurde, mithilfe der Regeln $r ::= l$ für alle Regeln $l ::= r$ von A abgeleitet werden. (Diese Regeln sind erweiternd.) Zum Schluß erhält man y selber durch die Regel $\#iya ::= a$ für alle $a \in T^*$. (Das ist nicht erweiternd, daher muß die Grammatik insgesamt leicht modifiziert werden: Statt die Zustände von A in die Nichtterminale der Grammatik zu übernehmen, betrachtet man in G durch Tupel aus $(N \cup T \cup \{\#\}) \times Q \times (N \cup T)$ indizierte Nichtterminale; obige Regel hat dann die Form $q_{\#ia} ::= a$ für alle $a \in T$, etwa die Regel $q'a' ::= qa$ wird zu $q_{bq'a'} ::= q_{bqa}$ für alle $b \in N \cup T \cup \{\#\}$.)

Ist umgekehrt eine erweiternde Grammatik G gegeben, ist die Arbeitsweise eines simulierenden linear beschränkten Automaten folgendermaßen: Erhält der Automat ein Wort x aus $L(G)$, dann markiert er das linke Ende von x, (indem das linkeste Zeichen a durch ein neues Zeichen $^\bullet a$ ersetzt wird,) rät und markiert das rechte Ende (ebenfalls durch Ersetzen des rechtesten Buchstabens durch ein neues Symbol) und sucht in dem Wort solange rechte Seiten einer Produktion $l ::= r$ in G und ersetzt sie durch l, bis das Startsymbol erzeugt ist. Problematisch hierbei ist, daß ein Automat gleichzeitig nur ein Zeichen -nicht eine ganze rechte Seite einer Produktion- lesen kann. Abhilfe bietet eine ‚Fenstertechnik': Statt einfach nur obige Operationen steuernde Zustände zu betrachten, verwendet man als Zustände verschiedene Fenster, die eine Anzahl schon gelesener Zeichen speichern können. Man muß dabei die Maximalanzahl begrenzen. Dieses ist in Abhängigkeit von den Produktionen aus G möglich.

Literaturverzeichnis

[1] Wilfried Brauer. *Automatentheorie: Eine Einführung in die Theorie endlicher Automaten.* Teubner, Stuttgart, 1984.

[2] Michael R. Garey, David S. Johnson. *Computers and intractability: A guide to the Theory of NP-Completeness.* Freeman, San Francisco, 1979.

[3] Douglas R. Hofstadter. *Gödel, Escher, Bach: Ein endloses geflochtenes Band.* Klett-Cotta, Stuttgart, 1985.

[4] John E. Hopcroft, Jeffrey D. Ullman. *Introduction to automata theory, languages, and computation.* Addison-Wesley Publishing Company, Reading, Massachusetts, 1979.

[5] Jacques Loeckx, Kurt Sieber. *The foundations of program verification.* Teubner, Stuttgart, 1984.

[6] Piergiorgio Odifreddi. *Classical recursion theory: The theory of functions and sets of natural numbers.* North-Holland, Amsterdam, 1989.

[7] Volker Sperschneider, Grigoris Antoniou. *Logic: A foundation for computer science.* Addison-Wesley, Wokingham, 1991.

[8] Hartley Rogers. *Theory of recursive functions and effective computability.* McGraw-Hill, NewYork, 1967.

[9] Ingo Wegener. *Theoretische Informatik: Eine algorithmenorientierte Einführung.* Teubner, Stuttgart, 1993.

Symbolverzeichnis

Sachverzeichnis

ENDE!

Springer-Verlag und Umwelt

Als internationaler wissenschaftlicher Verlag sind wir uns unserer besonderen Verpflichtung der Umwelt gegenüber bewußt und beziehen umweltorientierte Grundsätze in Unternehmensentscheidungen mit ein.

Von unseren Geschäftspartnern (Druckereien, Papierfabriken, Verpackungsherstellern usw.) verlangen wir, daß sie sowohl beim Herstellungsprozeß selbst als auch beim Einsatz der zur Verwendung kommenden Materialien ökologische Gesichtspunkte berücksichtigen.

Das für dieses Buch verwendete Papier ist aus chlorfrei bzw. chlorarm hergestelltem Zellstoff gefertigt und im pH-Wert neutral.